U0934324

语言与文化研究

（第五辑）

主　　编　朱文斌　庄伟杰

光明日报出版社

图书在版编目（CIP）数据

语言与文化研究. 第5辑 / 朱文斌，庄伟杰主编 . —
北京：光明日报出版社，2016. 10
ISBN 978-7-5194-2233-2

Ⅰ. ①语…　Ⅱ. ①朱…　②庄…　Ⅲ. ①文化语言学—
文集　Ⅳ. ①H0 - 53

中国版本图书馆 CIP 数据核字（2016）第 249460 号

语言与文化研究　第5辑

主　　编：朱文斌　庄伟杰

责任编辑：谢　香　李　倩　　责任校对：傅泉泽
封面设计：李尘工作室　　责任印制：曹　净

出版发行：光明日报出版社
地　　址：北京市东城区珠市口东大街5号，100062
电　　话：010-67078248（咨询），67078870（发行），67019571（邮购）
传　　真：010-67078227，67078255
网　　址：http://book. gmw. cn
E - mail：gmcbs@ gmw. cn
法律顾问：北京德恒律师事务所龚柳方律师

印　　刷：北京荣泰印刷有限公司
装　　订：北京荣泰印刷有限公司
本书如有破损、缺页、装订错误，请与本社联系调换

开　本：787 × 1092　1/16
字　数：250 千字　　印　张：17
版　次：2016 年 10 月第 1 版　　印　次：2016 年 10 月第 1 次印刷
书　号：ISBN 978-7-5194-2233-2

定　价：30. 00 元

目录

前言

名家讲坛

人文视界

专题研究

当代诗学

序跋评述

后记

Contents

Preface

Celebrity Forum

Humanities Horizon

Monographic Study

Contemporary Poetics

Comments on Prefaces and Postscripts

Postscript

前　言

延续写作生命的三大因素

◎［澳］庄伟杰

大千世界，芸芸众生。走在路上，情状各异。一个诗人作家最后的结果会是如何？他到底能走多远，能延续多长的创作生命，能获得多大的文学成就，能为我们带来什么，或为后世留下什么？这些都是十分有趣而引人深思的问题。除了具有天赋、才情、禀性等先天性因素外，作者自身的阅历、学养、能量和气度，同样不容忽视。因为文学不仅是观念和美学问题，也不只是技巧和方法问题，还有作家自身的问题、时代语境的问题、潜在文化结构等问题。就此而言，所有的写作者笔下的文字，与其所处的时代环境息息相关。

不同时代、不同作者均有着不同的文字气味，说明文字不仅是有生命的，而且往往决定了作者自身的写作生命。就以20世纪中国诗人作家为例吧：郭沫若风华正茂之时就写出新文学史上富有划时代意义的诗歌杰作《女神》，然而新中国成立之后，其诗歌写作越来越糟糕越差劲；何其芳在20世纪三十年代写出散文经典《画梦录》，过些年又写了《我歌唱延安》，到了后来散文写作几乎停滞了；丁玲从《莎菲女士的日记》到获奖长篇《太阳照在桑干河上》，文风发生了巨大变化；沈从文、曹禺以及诸多同辈诗人作家到了新中国成立后，或者说到了生命晚期几乎封笔了。反之，像冰心、巴金，还有穆旦、蔡其矫等诗人作家健在时，即便走向岁月的黄昏，依然笔走龙蛇，后劲十足，佳作迭出。台湾的余光中、洛夫、王鼎钧等诗人作家如今虽年届高龄，但一直以来始终保持旺盛的创作态势。如此等等，颇为耐人寻味。其中的缘由相当复杂，并非三言两语能够述尽。

如果说学识和阅历皆是后天养成，才华乃是拜先天所赐；那么，学识可以托起皓首穷经的鸿儒，阅历足以产生洞烛幽深的智者，而才华所造就的应是天地间的精灵，既能俯仰于天地，又能自由而灵动。有的人天生为文字而生，他们的文字思想深刻，语言丰美，充满睿智而不乏温情，令人为之叹服。这样的写作，甚至颠覆了传统意义上的文字写作，是天赋和才华的体现。而大多数作者的写作，则依赖于生活、积累、勤奋以及后天的修炼。世界上除了极少部分作家属于文学天才之外，包括许多知名作家在内的大多数写作者都属于后者（参见王韵：《文学正道是沧桑》，《文艺报》2016 年 7 月 29 日）。由此可见，一个写作者想要延续写作生命，卓然成为真正意义上的作家，更需要勤奋和悟性。同时，需要不断学习，需要拥有超前意识，需要心怀敬畏文字之心，并且在融会贯通中做足后天储备乃至境界格局的提升。通过一番粗略分析和思考，可以看出，有三大因素（条件）起到关键性、甚至决定性的作用和影响：一是成长阅历，二是知识结构，三是精神能量。

说起成长阅历，我们可以从外格和内质的综合来看，起码有三种：一是读的历程，一是走的历程，还有就是心的历程。可以说，一个写作者的阅历大致包括读书、行走和心路这三重层面。前者的阅历大多来自于第二自然，即对经典书本的阅读、理解和把握；中者的阅历多指来自于第一自然，即对大千世界的亲近，与自然万物的对话，包括如何看世态，察人情；后者主要来自于自我，包括自我对话、心灵跋涉和个人的内在定力。中国古代先贤早已道出其中之奥妙，留下了警醒的至理名言：“读万卷书，行万里路”。环顾当下，多数诗人作家往往急功近利，一旦小有名气就很少读书看报，有的甚至把反文化反知识反传统当作“先锋”行为，把读书，尤其是阅读经典当成可有可无的事儿。某些诗人一辈子固守在小圈子内，走的路实在太少了，有的连国门都没有跨出，还在那里自我吹嘘自我炫耀，存在着夜郎自大、故步自封的心态，甚或产生“自恋”情结。是故，视野、眼界、见识大打折扣，令人不敢恭维。尽管特定的地域性（环境）对诗人作家的写作有着深浅不一的影响，而寻找属于自己的创作视界或精神根据地显得至关重要。当然，“他山之石，可以攻玉”。作为一个写作实践者，走出与回归、借鉴与更新同样重要，不可或缺。纵观古今中外大诗人大作家，庶几是读万卷书，走万里路的有心人。在华人作家中最早获得诺贝尔文学奖提名的文学大师林语堂，就是“两脚踏东西文化，一心评宇宙文章”而走向世界的。

何谓知识结构呢？同样可从三个层面来理解，它包括一个人的求知、积累和涵养。但知识必须转换成智慧和能力方能发挥作用。一个明智的诗人作家，要学会在广泛吸取营养中吐故纳新，要以不安分又不守成的姿态走出书斋，善于在与自然与世界的对话中，求新求变，做最好的自己，不断涵养自我人生，如是，才能永葆前倾姿态。知识结构往往随着年龄的递增或时间的流逝而退化，倘若抱残守缺，意识陈旧，思维滞后，创作水准会因为视野的局限、知识的匮乏而停滞不前，甚至如江郎才尽，更遑论超越和突破。对此，当代文坛巨擘王蒙先生曾强调：作家必须学者化。这不仅是经验之谈，而且提出了一个并非是真理，却具有相当说服力的艺术命题。

目前诗界文坛普遍存在一种现象，即过于注重或强调常识，或则一味反知识反文化，这是一种致命伤。其实，日常生活常识是无须过分强调的。懂常识，是每个生存的个体必须具备的，哪怕是目不识丁的老妪，也有最起码的生存常识，何况作为创作主体的诗人作家。其实，常识本身是另一种知识，是最基本的日常的那一小部分“知识”，是人之所以为人的生存根据和普通要求。在笔者看来，诗人可以反常识，但不可以反知识。譬如，李白的“白发三千丈，缘愁似个长。”在物理（常识）上反拔的夸张，在情理上却是一种审美（知识谱系），这是诗人把日常生活常识通过语言修辞转化为诗性智慧的结果。可见，知识反不得，反了，诗就失去其艺术魅力。如果诗人仅仅局限于常识，把白发的长度如实地写上，像说明文那样，诗就失去味道了，写“愁绪”就缺乏艺术表现力，或如白开水一样。当下的“口水诗”往往存在此症状。

所谓精神能量，应涵纳一个人的精神资源和生命容量。对于一个作家来说，精神能量可以从四个基点来加以理解：一是审美理想和生命姿态，二是写作伦理和精神底蕴，三是悲悯情怀和超越意识，四是人格魅力和思想境界。一个人的艺术生命境界与自身的人生修养是相辅相成的。是什么样的人就写出什么样的东西，有什么程度的境界就写出有什么境界的作品。清代沈德潜《说诗晬语》云："有第一等襟抱，第一等学识，斯有第一等真诗。如太空之中，不着一点；如星宿之海，万源涌出；如土膏既厚，春雷一动，万物发生。"显然，能够保持长久而旺盛生命力写作状态的作者（学者亦然），其精神能量一定是相当巨大的，而且总是具有心怀天下的胸襟、包容万物的气度。或者说，能够给人带来正能量，并从中感受到生命的温润和力量。

中国历代经典名家无不认为，从事写作应从修身养气入手，而不能徒然劬劳憔悴于章句之间。是故，"器大者声必闳，志高者意必远。"这种修养，包括高尚的品德、宽阔的襟抱、广博的学识和丰富的见闻。至于如何提升生命境界和人生修养，或以为"养而致"，或主张"学而能"，或则从"不平则鸣"、"文穷后工"等角度，强调人生阅历和社会实践对于开拓情怀、积聚文思的重要作用。"读万卷书，行万里路，胸中脱出尘俗，自然丘壑内营，自成郛郭，随手写出，皆为山水传神。"（明·董其昌《画旨》）尽管董其昌是针对绘画而言的，但这种见解同样适合于文学创作。正如清代文学家张潮所言："文章是案头山水，山水是大地文章"。

絮叨至此，足可窥见，人生阅历的局限、知识结构的欠缺、精神境界的低俗，乃是制约或阻碍诗人作家延续写作生命的主要瓶颈。人生与文学，归根结底就是一种选择。生存或者毁灭，停滞不前或是汹涌向前，这是个问题，也是一种选择。人生百年，说长也长，说短也短，自己能做什么，生命和激情往哪里投注？同样是一种选择。要选择当诗人当作家，到底当什么样的诗人当什么样的作家？应写什么样的题材和作品？应以怎样的姿态去写作以及怎样写？这一切，皆是一种相当个人性的选择。说到底，写作是一种手工劳动、思想劳动、生命劳动，是一种纯粹的个人化的事业。但这并不说明写作仅仅是为了宣泄自己，或表达个人的小情绪、小意见。被誉为"世界华语诗坛泰斗"的诗人洛夫说过，写诗不仅是一种写作行为，而是有价值的创造。我对诗歌有自信，才如此几十年如一日地追求。对诗人来说，写诗就是为了回家，追寻自己的精神家园。洛夫长达半个多世纪的创作生涯和心路履痕便是最好的注脚。其诗歌世界之广阔、思想之深致、表现手法之繁复多变，以及诗人在现代与传统、西方与中国之间进行整合和交融的美学嬗变，上下求索的精神历程以及持久性的写作，可谓令人刮目，也令人为之心驰神往。

认真说来，一个能够持久延续写作生命的创作者，就是一个心灵的挖掘者，一个生命的耕耘者，一个灵魂的探险者，一个精神的引领者。而这，恰恰是作者自身具有深厚的修养、独立的思考和自在的生命精神使然。因而，无论是创作实践还是学术研究，都需要丰厚的积累，包括知识、阅历和情感的积累。至于写作的过程，其实就是作者寻找自己、突破自己、创造自己，完善和提升自我的过程，更是充分展示清新、自由、深刻、睿智和广阔而又不失灵性的艺术生命过程。一个作者要延长自己的写作生命周期，让写作朝着有序而健康的方向运行，重要的是如何不断地超越自身的局限，具有永不满足的探索精神。或者说，只要在不满现状中寻找突破口，探寻新方向，拓展新局面，并对写作在品质上进行某种不同程度的突围，就能在自觉和创新中延续自己的写作生命。谨此，不妨借引星云大师的《生命之歌》作结吧——

春天不是季节 / 而是内心

生命不是躯体 / 而是自性

老人不是年龄 / 而是心境

人生不是岁月 / 而是永恒

2016 年 8 月写于泉石堂

名家讲坛

文学史叙述：陈寅恪式与鲁迅式

◎郜元宝

“中国现当代文学史研究”尽管有其特殊性，但好歹也算是一门历史科学，然而如果和其他历史类人文学科（社会史、制度史、思想史、文化史、学术史）相比，似乎仍然感到底气不足。你的“历史癖与考据癖”与人家的“历史癖与考据癖”不是一码事！

首先，文学之“史”和其他学科之“史”，都是“史”，但总显得没那么货真价实。文学史尽管非常肥硕，讲述内容气象万千，但长期以来占据统治地位的文学史模式是在交代了一定的客观历史背景之后，尽量凸显作家主体的思想意识和文学手法的流变。换言之，将文学史的主体设想为浪漫主义的主体精神史和心灵史及其外在投射的艺术形式的嬗变史，其中主体精神史和心灵史亦即文学作品通过作家主体所反映的一个时代情感想象的流变，乃是确定不移的重中之重。

如此设想的作为文学史基本追求目标的情感想象偏于主观世界，很难外化和落实为公共知识谱系。社会史告诉我们某年某月发生了某事，这是确凿无疑的，或者是作为确凿无疑的事实被讲述出来，但文学史家若说某年某月中国人的情感想象如何如何，肯定得不到普遍认可。他顶多只能说某年某月某位作家某部作品的某个方面传达了某种情感想象。这种文学史叙事即使有说服力，它所揭示和描绘的内容比起真实发生的历史事件来，还是没有同等的重要性和“学术价值”。在长期奉行辩证唯物史观的中国学者们看来，文学史处理的“史”是在其他学科更大更确凿的“史”的框架内发生的精神现象，它始终是从属性衍生性的，是“上层建筑”的一部分。

其次，所谓文学反映一个时代的思想感情，并非像古人所相信的“诗言志”那样简单的有感而发，往往受制于一个时代占统治地位的意识形态，最终是一种扭曲的反映，不能直接传达当时大众真实的思想感情。这样问题就更大了，文学史家辛辛苦苦挖掘的材料，包括从作品中精心阐释的“意义”，究竟有没有资格充当历史研究的材料？早就有社会学家质疑五十至七十年代文学的“红色经典”对于研究那个时期的中国社会究竟有多少史料价值。[①]对人文学科的公共学术平台（或“学术共同体”）来说，“中国现代文学”之“史”的研究所提供的“知识”与其他历史研究很难融通，也很难进行平等对话。

这就毫不奇怪，“中国现当代文学史”作为专门史学的存在理由一直饱受怀疑。当然这也不只是针对“中国现当代文学”，一般的中国（历代）文学史也遭遇到相同的问题。文学史和社会史的界限究竟何在？有真正独立的文学史吗？从文学本身能看出文学史的发展脉络吗？如果说文学史也是一门“专史”，我们可以一视同仁地看到它和其他领域的“专史”吗？这类问题甚至逼迫文学史家们不得不回过头去，重新检讨现代中国的文学史撰述的世界学术潮流和意识形态背景，对现代中国的文学史撰述之史的追问一度成为学术热点。[②]但这主要发生在古代文学史领域，而以黄修己教授为代表的现代文学史编纂的反思则展开了很不相同的学术路径，有关文学史撰述的经验总结仍然局限于中国学者的文学史编纂工作内部，并没有跨出专门的文学领域，而与其他“专史”领域进行融通和对话。但 90 年代以来，对“现当代文学史研究”更尖锐的发问不是来自文学史的编纂队伍，而是来自于“中国现当代文学史”“共时”的现当代中国历史的研究者。比如最近就有学者认为，一定要写现当代文学史，只有党史专家才有资格。不懂党史，许多文学史过程很难讲清楚。[③]话说得很满，但也不能说毫无道理。还有专家指出，胡风问题急转直下，出手那么重，大大超出周扬等人意料，主要是因为毛不满周恩来插手文艺问题，胡风实际上是毛周微妙矛盾一个小小牺牲品。[④]如情况属实，过去大家研究的胡风与周扬、夏衍等人的恩怨、30 年代左翼文学内部的分裂、胡风文艺思想——所有这些和“胡风事件”的关系不就都要改写了？但这种“后台操作”的秘密有几个文学史家能轻易获得？难怪洪子诚先生感慨，研究当代文学史最大的困难是许多档案都未解密，有的可能永远也不会解密，文学史家只能“耐心地等在门外，看有关的人士是否还能从门缝里递出来更多一点的材料”。[⑤]

正因为有上述种种对“现当代文学史”学科价值和合法性的质疑，在许多从事具体历史研究的学者看来，文学史家很可能是最没学问的低层次学者。现当代文学史从业人员本身也有一种挥之不去的自卑感，总觉得矮人一等。

这就造成现当代文学史研究近年来一些值得注意的转变，或者说新的风尚与趋势。

其一，干脆改行做别的。许多优秀的现当代文学史研究者在 90 年代纷纷改行从事思想史、文化史、制度史或“文化研究”去了。这一部分研究者尽管还想时时反顾旧乡，希望从文学中继续寻找新的研究的所需要有用的材料，但如此“征用”文学作“材料”，往往会“误读”文学。比如，“文化研究”与“中国现当代文学研究”如何很好地结合起来，至今还没有得到很好的解决。

其二，原来从业人员尽管恪守本职工作，但越来越不满足于过去单纯的文学研究，而总想将自己的文学研究朝“史”的方向做大做强。强大到何种程度才好呢?就是取得和其他历史研究学科平等对话的资格。在方法论具体操作上，就是尽量使文学研究所追求的“史”的“知识”挣脱“纯文学”的束缚，进入“真正的历史研究”，以至于能和“党史”融通，和现代中国的政治史、制度史、思想史、学术史、宗教史、人口史、外交史、教育史、语言变迁史、翻译（文化交流）史、性别史、民族史、地方志、租界史——诸如此类的“史学”融通。[⑥]

以文学史和思想史关系为例，“新世纪”之初就有人指出，现代文学研究“越来越往思想史靠拢”，这很可能脱离文学而被“思想史”问题所左右，强调文学史和思想史的分野应该予以注意。[⑦]2002 年 1 月中国社会科学院文学研究所、上海社会科学院文学研究所、华侨大学在福建泉州联合主办“中国思想史与文学史”学术研讨会，讨论“中国思想史与文学史的互动关系”、“中国思想史对文学史发展及特征的影响”、“具体的学术思潮与断代各体文学的关系”、“思想家对文学家的影响”等主题，多数代表肯定文学史与思想史的关联研究，只是强调不能忽视文学史研究的独特性而已。[⑧]

上文列举 80 年代中期以来方兴未艾的“中国现当代文学研究”之“史”的探究，许多内容仍然局限于传统的“中国现当代文学史”学科范围，仅仅在时间空间上做一些补苴罅漏的工作，但不可否认也有大量论著突破了传统文学史框架，深入到文学运动所依托的“大历史”中，从文学的角度出发，试图与中共党史、民国史、城市史、战争史、灾祸史、外交史、思想（思潮）史、学术史、宗教史、语言史（语言政策与语言规划史）、性别史（尤其是妇女史）、租界史——等专门史学构成直接对话关系。近三十年“中国现当代文学研究”队伍获得更新的显著标志，就是从文学研究领域涌现了许多偏重史学研究的中青年学者。但毕竟本业是文学，史学训练大多属于后天“恶补”，屡屡被“正宗”史学研究者指出破绽，也在所难免。

以上说的是“中国现当代文学研究”和中国现当代“大历史”研究的其他学科努力融合。如果把范围再缩小一点，对文学活动直接依托的“文学体制与文学生产”的探索，也显示了一种强烈的深度历史研究的意识。近年来中国现当代文学史“体制研究”、“制度研究”蔚然成风，文艺政策、文学领导和组织机构、新闻出版和各种媒体、重要报纸杂志、大学与文学教育、文学会议、稿酬制度、文学奖励和扶持等等，成了“中国现当代文学史研究”的“显学”，青年学者趋之若鹜，新作新著迭出，是一个特别值得注意的现象。

关于“文学体制与生产方式”（洪子诚），后发的当代文学史研究成绩似乎要超过现代文学。与洪子诚先生的研究同时，杨匡汉、孟繁华、旷新年、李洁非、贺桂梅、王尧、路文彬、吴俊、王本朝、洪治纲、黄发有、斯炎伟、张均、王秀涛、蔡新水、邵燕君、董丽敏、何平等研究“共和国文学”、“国家文学”概念弥合破碎的“当代文学”的可能性（与“民国文学”的倡导相呼应），“十七年文学”与同一时期国家政治的关联，“文革文学”与文学领导机构及文艺政策变迁，“新时期文学”的发生与性质界定，整个当代文学时期关键报刊、文学会议和文学奖励与扶持制度对创作于批评的影响，“先锋文学”周边环境，网络上下对文学生产方式的改写——皆引人注目。这可能是因为现代“文学体制与生产方式”研究起步虽早，但在现代文学史编纂高潮的80年代中期前后，关于现代中国社会和文学的大历史观基本定型，难有突破，[9]同时新材料的发掘也遭遇瓶颈，而且不管是“现代文学”还是“民国文学”，其“文学体制与生产方式”对文学进程乃至作家个性的制约似乎没有达到洪子诚所谓当代文学“一体化”之后那种无远弗届无微不至的程度，或者说，现代时期的“文学体制与生产方式”更加多样化，但因此也就激发不起研究者们特别浓厚的兴趣，只是因着具体研究对象的差异而加以个别的处理，难以从“文学体制与生产方式”这个角度形成统一的文学史叙述模式。当代文学则相反。首先，长期以来“当代文学”主要是“文学批评”处理的对象，来不及纳入“文学研究”的范围。一旦“文学批评”让位于“文学研究”，人们发现被印象式的“文学批评”忽略的“文学体制与生产方式”原来大有用武之地，不仅许多材料和问题从来不曾被利用被提出，而且当代“文学体制与生产方式”对文学进程和作家个性乃至作品形式的影响远超现代，因此正如洪子诚所说，即使你不喜欢这种似乎远离文学的研究，但“文学体制与生产方式”的许多问题深深嵌入了当代文学史各个角落，“你想要躲也躲不开”。[10]

比起传统的研究模式，研究“文学制度与生产方式”确实容易“出成果”，因为这跟以往研究文学史时套用现成历史叙述，简单讲讲社会历史背景，或者为了个别研究（尤其作家传记）的需要做些零星考证，有了根本的区别，即希望在研究某一文学现象时真正系统而全面地进入包括文学在内的“大历史”，同时尽可能避开先验历史叙事的干扰，用自己的材料和方法挖掘文学进程背后或之中的真实历史。“文学体制与生产方式”探讨的都是看得见摸得着的政策导向、制度设施、人事变更，比捕风捉影阐释作者“寄予”或“反映”的“思想情感”显得更加确凿，也比80年代风行一时的“结构主义”、“形式主义”、“符号学”和“新批评”多少有些迂阔神秘的研究更能直击要害。[11]

这也是洪子诚先生倡导“文学制度与生产方式”研究在“专史”方向上超越前辈学人的地方。如前所述，自有新文学史研究以来，就不断有人主张新文学史是一门科学的“专史”。比如周作人就说过，“既然文学史所研究的为各时代的文学情况，那便和社会进化史，政治经济思想史等同为文化史的一部分，因而这课程便应以治历史的态度去研究。至于某作家的历史的研究，那便是研究某作家的传记，更是历史方面的事了。这样地治文学的实在是一个历史家或社会学家，总之是一个科学家是无疑的了。”[12]王瑶先生80年代初明确指出，“文学史既是文艺科学，也是一门历史科学，它是以文学领域的历史发展为对象的学科，因此一部文学史既要体现作为反映人民生活的文学的特点，也要体现作为历史科学，即作为发展过程来考察的学科的特点。”为此他一再强调“文学史”不能写成“作家作品论的汇编”，“作为历史科学的文学史，就要讲文学的历史发展过程，讲重要文学现象的规律性”和“来龙去脉”，“文学史不仅要评价作品，还要写出这个作品在文学史上出现的历史背景，上下左右的联系，它给文学史增添了什么，做出了什么样的贡献，对后来的文学发展有什么样的影响”。[13]但王瑶先生理解的“文学史”之“史”仍然限定在“文学”的范围，很难走到这个范围之外。这是王瑶先生那辈学者的学术环境有以致之，尽管他们的历史意识非常强烈，但除了遵循政治权威的既定历史论述，一般很难对于包括文学在内的大历史的“来龙去脉”上下议论于其间，所谓“文学史”之“史”只能是局限于文学内部的“小历史”，只能在这个被小心翼翼切割出来的相对独立的“小历史”中寻找“发展规律”，所以王瑶先生特别推重的还是古代文学史叙述中常见的那种作家之间互相影响的事实，特别是一定思潮流派中后起作家对前辈作家的“继承与发展”，所谓“因变”、“通变”的关系。王瑶的下一辈学者也基本秉承这一文学史叙述模式，如黄修己先生就一再强调，“论述作家作品的历史地位、历史作用，应该是文学史著的重要使命”，[14]“寻找作家创作的家族关系，这也是文学史家所应负的责任”。[15]这样的文学史叙述自然容易给人造成一种印象，似乎文学史是相对封闭自足的一条以文学精神与文学形式为主体的特殊历史线索，这条线索和外部环境等“大历史”的关系，除了政治权威既定解释之外，就无法呈现更加丰富的细节真实。所以尽管黄修己先生在 1990 年代初理直气壮地说，“新文学史可以名正言顺地归于史学，为专史之一”，但同时又不得不承认，“新文学史作为专史，除了具有史学的一般共性，还有它专门研究文学历史的特性，但有关这方面的知识，并没有多少现成的、系统的东西”。既坚持新文学史是“专史”，又承认这个“专史”还没找到自己的“特性”，关键是因为这个“专史”和其他“专史”的关系没解决，用黄先生自己的话说，就是“长期以来对新文学史的文史双重性格，缺乏足够的认识”。[16]简单地说，就是在 1990 年代以前，中国新文学或现代文学史的研究主要还是局限于“文学本身”的“小历史”，未能真正将文学这个“小历史”融入“大历史”，从文学的“小历史”出发，真正取得对“大历史”独立发言的资格。

相比之下，洪子诚这辈学者及其学术上的追随者们走得更远些，他们不满足于在所谓文学史内部谈论文学的历史发展过程（这也谈不清楚），而试图走出文学研究者自我设置或被他人所规定的藩篱，努力去触碰那些可能对文学起“决定性影响”的“外部因素”，也就是以往相对自足封闭的文学史进程之外的那些和文学息息相关的“大历史”的问题。“文学制度和生产方式”之所以受到特别的重视，就因为这是“文学史”和“大历史”之间最重要的中介。“中国现当代文学史研究”在“史学”方向上取得真正的突破，并非首先发生在一向具有“学科优势”的“现代文学史”研究领域，而是势不可挡地发生于一向比较贫弱的“当代文学史”研究领域，这似乎有点令人感到意外，其实也在情理之中：一方面当代文学史研究者们有更多接触当代文学史之外的“大历史”的热忱与材料，另一方面，不同于现代文学史研究者们长期饱受更具“学科优势”的“现代史”的压力，1990年代以后当代文学史研究者们并不觉得“当代史”有什么压迫性的“学科优势”，许多当代文学史研究者掌握的当代大历史的材料未必逊色于研究当代中国其他领域的“专史”学者，因此他们可以真正“出入文史”，一举克服黄修己先生所谓“新文学史的文史双重性格”带来的问题。

因此，尽管80－90年代之交“向内转”的文学理论声犹在耳，但“中国现当代文学研究”已经不可逆转地被压缩为“中国现当代文学史研究”，而“中国现当代文学史研究”通过一系列“向外转”的操作，又进一步从“内部研究”彻底转向主要着眼于历史的“外部研究”。似乎这才脚踏实地，有点“史学研究”的模样了。这就好比在“红学界”，老老实实研究小说《红楼梦》不被承认，只有从小说《红楼梦》跳出去，研究作者的家世生平，时代背景，版本源流，甚至研究小说所影射的清代政坛秘辛，才算有学问。

这是90年代至今“中国现当代文学研究”一种普遍趋势，我姑且称之为“由文向学”或“由文向史”，即不管是放弃“中国现当代文学研究”，还是将“中国现当代文学研究”改造和提升为“中国现当代文学史研究”，努力靠向真正的历史研究，总的思路无非都是认为文学研究本身不算学问，非要放弃文学研究，或者对文学研究来一番彻底改造，使之成为一种够资格的专门“史学”，这才有希望上升到“学问”“学术性”高度，和其他史学研究平等对话、知识共享。

上述观察可能很不全面，但这个趋势基本上有目共睹，或许是思考与“中国现当代文学研究”有关的全部问题的一个基本出发点。

说到“中国现当代文学研究”的历史化趋势，不能不首先想到陈寅恪先生的“诗史互证”。一些致力于将“中国现代文学研究”史学化的学者也确实喜欢引陈寅恪为有力的援助，比如王彬彬教授批评“中国现代文学研究与中国现代历史研究两不相干的现象”，提倡“中国现代文学研究与中国现代历史研究的互动”，就反复举陈寅恪为例。[17]但有了这个参照，恰恰也更容易看出“中国现代文学研究”史学化在目前存在的问题。

这主要表现为，虽然对“中国现当代文学研究”进行了“由文而学”或“由文而史”的改造与提升，但毕竟大多数学者的主业在“文”而不在“史”，所以史料的搜集、甄别和解读皆甚感吃力，同时“文”这一面往往又不能兼顾，以至于出现“有史而无文”的偏枯。尤其在“新历史主义”和福柯等人的“话语政治”、“话语权力”理论的影响下，许多现当代文学研究者轻易取消了原来认为是文学所特有的一些问题，他们相信所谓文学所特有的问题其实都可以转换和消弭为历史（主要是政治史）。似乎一旦讲清楚了某个政治史的关节，文学问题就迎刃而解，或干脆不在话下了。结果，历史问题的考索既不清楚，原本要解决的文学问题也被搁置一边。比如，应该怎样看待鲁迅晚期杂文对国民党不抵抗政策的批评？一些研究者从民国史角度出发，挖掘鲁迅当年很难知悉的国民党上层对日谋略和国共两党复杂关系的细节，从而得出鲁迅的批评不得要领的结论。姑且不管这个结论是否可靠，能否据此解决鲁迅晚期杂文的全部问题呢？显然不能，因为鲁迅晚期杂文之得失并不完全取决于当今学者所追认的“政治正确”。关于鲁迅与“三一八惨案”，鲁迅与苏联的关系的研究，都存在类似的偏颇，即以实际上并不能成为定谳的零星考据和后人眼里的“政治正确”充当文学史评判的唯一标准，用“大历史”的眼光看待文学的“微历史”，鲁迅所说的“文艺与政治的歧途”在这里似乎可以完全合并起来了。

对柳青《创业史》的评价也有类似问题。目前通行的观点是在否定柳青的合作化主题与阶级分析方法的前提下，承认其丰富的生活细节和传神的人物描写，甚至认为其生活细节和人物描写也被合作化主题和阶级分析方法系统改造和扭曲过了。另一种观点则认为柳青对合作化运动一直有独立见解，这主要表现在他不满毛泽东1956年批邓子恢“小脚女人”，一窝蜂搞高级社，违背了1953年毛亲自制定的相对务实稳健的过渡时期总路线思想。不仅如此，柳青与这以后的大跃进、人民公社和农业学大寨的潮流都格格不入。正是这种异端思想带来了《创业史》第一部的辉煌，也使得《创业史》后续几部迟迟不能完成。[18]这两种观点都着眼于历史，针锋相对，但思考方式很接近，都是用优先考虑“政治正确”的所谓历史研究来取代文学研究，结果都认为柳青是一位令人遗憾的被糟蹋的天才。《创业史》成功只能归于柳青在政治上的先见之明，《创业史》失败也只能归于柳青在政治上的赶潮流。总之作家完全被外在政治历史所决定，判断《创业史》的成败，只要看柳青在政治历史中的表现就可以了，小说本身不值得深入研究。

看来，如何在“由文而学”、“由文而史”的同时保持文学研究的一些看家本领，自由地“出入文史”，做出精当的“诗史互证”，应是今后“中国现当代文学研究”追求的目标。

王彬彬注意到这个问题，所以他强调“互动”，希望“中国现代文学研究”和“中国现代历史研究”能够出现“你中有我、我中有你”的局面，不是一边倒，以历史研究完全取代文学研究。他还特别为此批驳了《陈寅恪评传》作者、历史学家汪荣祖对陈氏“诗史互证”的误解。汪荣祖说，“寅恪以史证诗，旨在通释诗的内容，得其真相，而不在评论诗之美恶与夫声韵意境的高下，其旨趣与正统诗评家有异。”王彬彬认为，“陈寅恪的以史证诗，出发点固然主要不在诗的艺术价值。但是，如果认为以史证诗，全然与对诗的审美鉴赏无关，全然无助于对诗的艺术价值的评说，则又是颇为谬误的。实际上对文学的‘内容’、‘真相’的了解，与对其艺术性的鉴赏，往往是相关联的。对其‘内容’、‘真相’的了解越准确，对其艺术性的鉴赏就越到位。陈寅恪在以史证诗时，也决不只是‘通释诗的内容，得其真相’。他常常在指出某种史实的同时，或多或少地引申到对诗的艺术性的评说。”这个批评很有道理，道出了“史诗互证”的真相。

或许也正是有感于此，洪子诚坦言，“从内心上讲，我很讨厌这个问题（按指他本人提倡和擅长的“文学体制与生产方式”），有时候会觉得离我想象中的‘文学’很远”。[19]洪先生一直感到文学史研究的“文学”与“历史”界线不好划定，“文学史到底是‘历史’，还是‘文学’”，真不容易说清楚。他把这个问题概括为“文学史研究中的‘文史之争’”，“‘文学’和‘历史’之间确实存在一些矛盾和冲突的方面。按照一般的要求来说，历史研究带有一种刚才说到的‘真实性’或‘可检验性’，但是文学本身的阐释更多地带有强烈的主观性。这两者怎么结合起来，这是一个问题。”尽管有此困惑，洪先生还是采取了他所说的文学史研究第一种“趋势”，即“把它写成像‘历史’，关注演变过程，关注事实的联系，而且更多地强调文学作品的外部因素，重视外部因素对文学事实产生的决定性影响”。[20]他的《中国当代文学史》就偏重这些“外部因素”，具体说就是“文学体制和生产方式”，而这确实是过去当代文学史研究忽略的方面。该书揭示中国当代（尤其50－70年代）文学的社会政治和文化环境的细节极其丰富，多方面的创见、突破和对青年学者的引领之功显而易见。该书以及稍后出版的姊妹篇《问题与方法：中国当代文学史研究讲稿》的学术辐射力至今还远远没有充分展示出来。[21]

但姑且勿论“文学体制与生产方式”是否真能说清楚，即便乐观地估计这项工程最终能够完成，文学史的主体部分也未必就能水落石出，所以洪著《中国当代文学史》还是留下了许多空白。他以太多篇幅处理“文学体制和生产方式”，关注作家作品自然就不够。在“文学体制和生产方式”的知识背景下，读者主要看到作家主体被决定的命运。洪先生十分注意的作家“身份”在他笔下发生了根本性转移，即从精神体验、反抗和创造的主体转变为社会活动的主体，作家的社会活动、社会交往、文学论争、文坛际遇始终被置于文学史叙述的前景，洪先生引用过的普鲁斯特所谓跟作家日常身份不同的真正创造作品的另一个身份，亦即自我否定自我创造的那个相对隐秘的想象性“自我”的精神流变史，不得不大受压抑。

洪先生对此也颇感困惑，但他清楚地意识到首先要梳理文学史外部环境的问题，至于作家作品内部那些更隐秘和“神秘”的因素，应该在此之后予以考虑，“如果我们完全接受‘新批评’的观点，那实际上可能就没有文学史，或者文学史写成单独的文本阐释的组合。过分地强调作家的独创性，作家作品的不可替代性，这种文学史会变成什么样子呢？很可能变成作家作品评论的‘流水账’”，“希望有一天，我们会有机会来试试看，试试看这种强调‘独创性’、‘文学性’标准的文学史写作，会暴露什么样的矛盾和问题”。

中国并没有“完全接受‘新批评’的观点”写成的文学史，但任何一个对过去流行的文学史著作稍有接触的人都会赞同洪先生这个说法，因为过去流行的文学史普遍无力处理文学发展的外部环境，故而不得不把重心放在“‘独创性’、‘文学性’标准”上，这就部分地暗合了后起的“新批评”。这是洪先生对文学史老问题切中肯綮的批评。但他又承认，“像我那样的挖空心思，为每个作家设计一个座位，这也反过来证明，文学史有时是多么乏味，多么没有意思”。[22]凡读过洪先生《中国当代文学史》的人恐怕都会有同感，不妨把这理解为洪先生在解决文学史老问题时遭遇的新问题。

现当代文学史研究是否非要变成韦勒克所说的“外部研究”才算真正达到了“史”的研究水平？其实韦勒克并无一锤定音的解答，他自己对此也颇为困惑：“写一部文学史，即写一部既是文学又是历史的书，是可能的吗？应当承认，大多数的文学史著作，要么是社会史，要么是文学作品中所阐述的思想史，要么只是写下对那些多少按编年顺序加以排列的具体文学作品的印象和评价”。[23]我们不妨顺着他的思路继续追问下去：包括文学在内的现当代中国人的思想情感果真完全受制于可见的“外部”历史？共同经历的可见的“外部”历史固然极易被遮蔽，所以“外部”历史的发掘工作显得极其艰难而珍贵，但是否因此就应该压抑相对来说不可见而同样容易被遮蔽的“内部”历史吗？除了洪先生所说的缝隙中偶尔仅存的一些“‘自由表达’的可能”之外，“内部”历史是否完全受制于“外部历史”而绝无“自由表达”之可能？“外部”历史不也是一种被决定的主体活动的结果吗？那么决定“外部”历史的除了文学之外的社会政治，作家和同时代大多数国民“主观内面生活”是否也是决定性因素之一呢？抑或这里所说的“外部”和“内部”压根儿就是历史的两个面相，之所以被区分为“外部”和“内部”，只是因为我们不善于一眼看出二者的血肉联系？洪先生敏锐地提出，“中国当代作家艺术的普遍衰退，跟外部环境有非常重要的关系，但是也不能完全把责任归到环境归到外部压力上，在作家的心性结构、价值观念、文化修养上，或者说‘内部因素’上，会出现一些什么问题？”[24]既然如此，那么作家主体，包括整个“文学场域”的主体性参与者，他们的“主观内面生活”之重要性真的逊于“文学体制和生产方式”诸如此类“决定”文学史进程的“外部因素”吗？

这样的追问或许又会迫使我们重新回到20世纪60年代初普实克和夏志清那场争论所涉及的一系列问题，或者从他们的问题再出发，将文学史“内”和“外”两个问题真正糅合起来加以思考。

能否开展这样的工作，关键还是要看文学史研究者能否紧紧抓住文学史参与者“主观内面生活”这个中介，也就是“人”的因素。说穿了，“文学体制和生产方式”这些“外部因素”如果真如洪子诚先生所说，对文学进程起着“决定性影响”，那么这种“决定性影响”最终仍要落实为文学史中一个个具体参与者的行为意愿。如果一切都被“外部因素”决定好了，这样叙述出来的文学史究竟要诉诸怎样一位不可知的“决定者”和怎样一双“看不见的手”？文学史如果始终由“决定者”和“看不见的手”在书写，那么作家、批评家、文学机构的组织和领导者、普通读者的思想、情感、想象、下意识、梦幻、选择、意愿，以及包含所有这些内容的个人应该承担的历史责任，又该落在何处？撰写一部全然不诉诸个人主体性的“被决定”的文学史，意义何在？

所以我觉得，与其推崇陈寅恪的“诗史互证”，不如重新审视鲁迅对中国古代文学和新文学的论述，特别是《中国小说史略》《魏晋风度及文章与药及酒之关系》《上海文艺之一瞥》《中国新文学大系小说二集序》等经典的文学史描述方式，即牢牢抓住作家主体为中介来考察社会政治、思想文化与文学演变的关系。

从“中国现当代文学史研究”现状看，最大的问题还是“作家缺席”。不是说这些文学史著作没有举出作家们的生平活动、作品和创作谈，也不是说这些文学史著作不曾致力于给一个个作家安排适当的文学史位置，“排座位，吃果果”（洪子诚），而是说都不曾像鲁迅那样对于作家，无论他们处于怎样的思想文化潮流，无论受到怎样的“文学体制和生产方式”这些“外部因素”影响，都能“秉持公心”，画出他们在这些复杂环境和过程中所显示的心态和灵魂的本相，如鲁迅对“魏晋名士”、明清小说作者、才子＋流氓的“革命文学者”的心态与神情的描摹。

这样的描绘才是有血有泪有哭有笑的活的文学史，即使到头来仍然证明是被决定的，至少也让读者看到了文学史通过怎样的主体遭际而被决定着。目前一些现当代文学史著作最大的遗憾就是仅仅告诉我们，现代作家多半是自由挥洒的，当代作家则都是被绳捆索绑。前者显得过于潇洒和飞扬，后者又显得过于窝囊而沉闷。现代作家被写得过于潇洒和飞扬，因为他们有相对宽松的政治制度做保障；当代作家被写得过于窝囊而沉闷，因为他们生活在严格管控的政治制度中。无论现代还是当代作家都是被决定的，文学史主体不是作家，而是决定作家的政治制度以及商业手段。现当代（尤其当代）作家在这种姑且假定是真实的被决定状态下心里究竟怎样想，文学史家都还缺乏力透纸背的描绘。

这绝不是说，要取消或弱化对“文学制度与生产方式”的研究，取消或弱化包括对文学在内的各种社会思潮的研究，取消或弱化对重要作品的细读，而是说，所有这些方面的研究都要进一步得到加强，以至于真正可以和作家主体的心态沟通，看到作家主体在所有这些方面所呈现的精神活动的真相——在这一层面，文学史的叙述或许不必那么烦琐，那么长篇大论，那么迂回曲折，而很可能只需要三言两语的评骘。鲁迅分析“魏晋风度”，主要只是告诉读者“名士”们的精神为何显得“清峻，通透”，他们的作品为何显得“华丽，壮大”，“非汤武而薄周孔，越名教而任自然”的真实心态是什么，为什么有人整天喝酒吃药，有人喜欢“扪虱而谈”，或者一生气就拿着宝剑追杀苍蝇。文学史研究在别的方面做得再好，倘若缺乏这副笔墨，就是“明乎礼仪而陋于见人心”，画龙而不能点睛。

令人特别困惑的是，一些最有影响力的当代文学史著作的编撰者们都曾经（或仍然）是他们所经历的不同阶段“当代文学”的亲历者和与之发生密切接触的批评家，他们对作家们的情况比较了解，也有大量独立的作家作品的精彩论著，可是一旦进入文学史描述，或者说一旦他们的身份从批评家转换为文学史家，以往对作家们的抵近把握似乎就一律派不上用场，难以放置到各自的文学史框架之中。

当代文学史读者最不好理解的问题，是那些从“现代”跨入“当代”的作家们的创作和人格为何出现巨大反差，前后判若两人，中间始终缺乏对主体内部变化的合乎情理的解说。这个看似明白却似乎永远也说不明白的问题，如果完全推诿给起“决定性影响”的“外部因素”，那么文学史家至少也应该合情合理地描述出这些作家在被决定状态下怎样一步步完成思想、人格和创作上的“改造”，否则读者只好像当年郑振铎先生那样奇怪阿 Q 竟然要革命，革命之后为何又要被“咔嚓”，人格上似乎是两个人。当代文学史家们能否令人信服地说明，这些作家从“现代”跨入“当代”之后出现的巨大反差，尽管使他们外表上看起来似乎判若两人，而实际的思想变化还是有迹可循——就像鲁迅当年负责地告诉郑振铎，革命前后的阿 Q 在人格上还是一个？

80 年代以来，现代文学研究一个很大的麻烦是既要为大部分“鲁迅骂过的作家”逐一平反，同时又不得不在根本上继续保持对鲁迅的高度评价，其间出现了种种有趣的解决之道，一时也难备述。比如，抬高“鲁迅骂过的作家”的同时，在逻辑上不得不暗地里批评鲁迅“骂错了”，沿着这个思路就会进一步思考鲁迅既然这么容易“看错人”，一定还有哪些地方也很不恰当，于是不断“扩大战果”，逐渐形成高抬“现代文学”、“民国文学”而贬低鲁迅的风气，好像鲁迅不属于“现代文学”、“民国文学”，好像那时候只有鲁迅独自发狂，战斗，到处“乱骂人”。另一种作法也是暗地批评鲁迅“骂错了”，不过调子缓和得多，就是认为之所以“骂错人”，是大水冲了龙王庙，一家人不认一家人，鲁迅和被骂的人之间精神上是相通的，都属于“自由主义”，都具有“民国范”。这两种解决鲁迅与当时文坛左中右三种力量全面对抗关系的“历史研究”势必把鲁迅的社会批判和文明批判的合理性慢慢从“现代文学”或“民国文学”挪开，而往下延伸到“当代文学”中来，结果“现代”或“民国”的鲁迅批评民国的时候，许多地方基本上都错了，而如果让鲁迅继续活着，帮我们批评“当代”，倒恰到好处，得其所哉！这显然是隔断历史的做法。

被隔断的“现代”与“当代”的关系，在“现当代文学研究”不断历史化的过程中被部分地重新提出。早在80年代陈思和的“中国新文学整体观”与钱理群、黄子平、温儒敏等人的“二十世纪中国文学”的提法，其实已经是旨在“打通现当代”了。但如何打通？当时主要着眼于文学思潮、流派的历史断裂与重新接续。到了90年代，“当代文学史”研究的“一体化”概念提出来之后，就更清楚地落实到从20年代中期“革命文学”理论与初步实践、30年代以上海为中心的左翼文学运动、江西苏区红色文化、30年代末至40年代初以延安为中心的新民主主义文学与“工农兵文学”的雏形、50－70年代的“社会主义文学”的一脉相承。这些不同阶段的文学相互之间存在复杂的差异性甚至激烈冲突，但先后接续的基本谱系总算梳理得比较清晰了。这种文学史梳理主要以“文学制度与生产方式”为主要着眼点，某种程度上也确实成功地“打通”了现当代，却依然无法描写出那些“跨代作家”乃至“跨代”知识分子群体的心理流变。正是在这一点上，鲁迅描写“革命”前后阿Q的生态与心态及其最终命运时所把握到的历史的深层脉动，仍然值得我们深思。鲁迅写阿Q，视野绝不局限于一个无业游民的心理，而是想着全体国民。人所具有的阿Q基本都兼收并蓄了。阿Q也生活在一个易代之际，也算一个“跨代”国民。如果阿Q识文断字，也是一个“跨代作家”。文学史家能否像鲁迅写“革命”前后的阿Q那样烛照“跨代作家”们的灵魂深处呢？

若能做到这一点，那么夹在“现代文学”和“新时期文学”之间的“当代（社会主义）文学”（1950－1970）对于今天的广大青年读者的陌生感与异质感或许可以得到部分的消除。否则，无论对于起“决定性影响”的“外部因素”的历史重建如何完备，这段文学史的许多现象还是会显得非常有“异质感”而难以理解。换言之，难以理解的主要不是1950至1970年代“文学体制与生产方式”，而是在这种“文学体制与生产方式”作用之下发生急剧变化以至于和之前的“现代文学”几乎无法接续、和之后的“新时期”与“新世纪”文学也无法“相认”的那些“当代作家”的真实内心。

但怎样才能知道“被决定”着的作家们的真心？既然可靠的文学史材料多半来自“决定”文学史进程的“外部因素”，那么即使有“鉴别灵魂”的文学史家站出来，又能让他从哪里去寻找可以见出作家们真心的材料？依靠极少数较能披沥真心的“潜在写作”？依靠写作年代难以确认的“抽屉文学”、“地下文学”？还是老老实实以公开发表的作品为材料进行正面强攻，或者避开正面，从可能存在的文本缝隙中抓住偶尔漏出的一点光亮？

这样写出的文学史将呈现怎样一种形态？比如，1950 至 1970 年代“当代（社会主义）文学”是“五四”新文学直至“新世纪”文学百年历史中一个脱出常轨的“异数”，还是仍然和前后不同阶段的文学保持着深刻的历史关联和巨大的历史同一性？[25]继 50－70 年代“异质性”或“被异质化”的文学阶段之后崛起的“新时期文学”真的“回归并超越了五四新文学”吗？90 年代至“新世纪”的文学新变和“新时期文学”又具有怎样的内在联系，抑或纯粹是“后新时期”特殊的社会政治与思想文化这些“外在因素”（后现代精神、全球资本）直接作用的结果？如何理解上述文学史各阶段的断裂与连续的关系？

这还联系着另一些问题：“文学史”所治之“史”可以悉数还原为普遍的权利运作的历史过程，还是具有高于这种冷冰冰的历史的文学的特殊性，如亚里士多德所言，诗比历史更具有普遍性？文学史是对真实存在的过去的忠实记录，还是被一定的立场方法和价值标准的持有者主观叙述出来的图景？换言之，文学史是对外部决定性因素的重建，还是对内部被决定因素的重新阐释？“文学史”所提供的历史“知识”究竟如何才能和其他历史类的人文学科所提供的“知识”进行对话和共享？

这些问题恐怕还要一直存在下去，不断挑战中国现当代文学史的研究者们。

2016 年 8 月 6 日初稿

2016 年 8 月 20 日改定

注释：

① 如杨念群《“风景”的再发现与“劳动”的再定义》对蔡翔《革命/叙述：中国社会主义文学—文化想象》的批评，见《读书》2012 年 5 期。

② 清末两部冠名《中国文学史》的著作，即黄人（1857～1914）《中国文学史》（国学扶轮社印行，无出版年月，可能在 1900 年至 1914 年作者于苏州东吴大学执教期

间）和林传甲（1877～1921）《中国文学史》（武林谋新室出版，日本宏文堂1910年初版）一度成为许多中国学者研究的课题。

③ 商昌宝、徐庆全、胡守常：《不尽如人意：史学视域中的文学史》，《名作欣赏》2016年3期。

④ 余不洁：《潘汉年案与胡风案的巧合之处》，共识网2015年12月9日发布。

⑤ ⑩⑲⑳㉒㉔洪子诚《问题与方法——中国当代文学史研究讲稿》，三联书店2002年8月第1版，第197、203、205、45－46、46－47、59页。

⑥ 关于中国现代文学研究与中国现代专门史学的融通，这里仅举数例，恕不展开。比如从50－60年代至今以丁景唐、王观泉、倪墨炎、陈铁健、王铁仙、郑择魁、胡明、袁小伦、王锡荣、王彬彬等学者对瞿秋白、陈独秀、张闻天、鲁迅、茅盾和“左联”的研究，温泽远、王培元、黄昌勇、朱鸿召、袁盛勇等对丁玲、王实味和“延安文学”的研究，李辉等对“胡风集团”的研究，就深刻体现了打通“现代文学史”与“党史”的愿望。其他如汪晖对现代思想史与文学史关系的研究，杨剑龙、袁进、王本朝、许正林等对中国现代基督教史与现代文学的研究，马有义、马燕、马梅萍、何清等对汉语伊斯兰教文学的研究，张福贵、张中良、朱晓进、倪伟、李怡、张全之等对三十年代民国政治与文学的研究，李永东等对现代租界与现代文学的研究，钱理群、吴晓东、李怡、陈青生、刘晓丽对大后方、上海“孤岛”和东北沦陷区文学的研究，陈平原、姚丹、王彬彬、谢泳、罗岗、李光荣等对现代高等教育（民国教育）与现代文学的研究，杨扬等对民国出版与文学的研究，沈永宝、王晓明、李楠等对现代文学与民国报刊史的研究，朱晓进、郜元宝、高玉、文贵良、刘进才、刘琴、张昭兵等对现代汉语史与现代文学之互动关系的研究，李今、毛尖等对现代文学与电影史的研究，都从不同角度追求文学研究与某一现代中国专门史学的结合。

⑦ 温儒敏：《思想史能否取替文学史》（《中华读书报》2001年10月31日）、赵宪章《也谈思想史与文学史》（《中华读书报》11月28日）。

⑧ 相关文章还可参看贺照田《为什么转向思想史》（2003年2月24日《中国社会科学院院报》），贺文认为文学史研究进入思想史研究乃由文学史问题的复杂性所决定，不可避免，也不必忧虑。此外，《天津社会科学》2006年1期“思想史与文学史关系研究”专栏刊载张宝明《问题意识：在思想史与文学史的交叉点上》、张光芒《思想史是文学史的风骨》、姚新勇《由“文学史”到“思想史”：原因、张力与困

惑——关于由文学史转向思想史研究现象之思考》、林岗《思想史与文学史》，大部分作者也都基本肯定转入“思想史”领域会有利于“文学史”研究的深入。

⑨ 80年代中期乃至以后关于“现代文学”大的史观基本定型，许多新说法，如基于“启蒙与救亡的双重变奏”理论的各种文学史写法和提法，各种关于“现代文学”定性和阶段划分方式，甚至和现代文学有关的40年代开始的当代文学“一体化”的提法，仔细辨析起来，都可以追溯到50年代初期王瑶、蔡仪、张毕来、丁易、刘绶松以及起步于60年代初而完成于80年代初的唐弢三卷本文学史的基本框架，比如作为这三十年现代文学史编纂集大成的“唐弢本”对现代文学的基本定性，仍然是“新民主主义论”的框架，但表述更细致，即认为现代文学是“无产阶级、革命小资产阶级和资产阶级三种不同力量在新时期实行联合的结果，其各个组成部分之间有着原则的区分”，同时也指出一些成员（如何其芳等）在不同阶级之间的转换，最后强调“居于主导地位、占有绝对优势并获得了巨大成就的，则是无产阶级领导的人民大众的反帝反封建的文学，亦即新民主主义性质的文学”。这种表述以及与之保持高度统一的对文学史各阶段的划分与阐释实际上涵盖了后来几乎所有貌似新颖的提法。

⑪ 最早提倡从“文学体制与文学生产”角度研究当代文学史的洪子诚先生就说过，“80年代在理解新批评派的文本中心，或文本自足的观念时，还颇有点费劲；或者说，这种‘痼疾’（按指从社会政治背景来理解文学的习惯），使我一直没有办法完全认同新批评的观点”。参见《问题与方法——中国当代文学史研究讲稿》，三联书店2002年8月第1版，第191页。

⑫ 周作人：《中国新文学的源流》，《周作人自编文集》之《儿童文学小论·中国新文学的源流》，河北教育出版社2002年1月第1版，第8–9页。

⑬ 王瑶：《关于中国现代文学研究工作的随想——在现代文学研究会学术讨论会上的发言》，《中国现代文学研究丛刊》，1980年第4期。

⑭ ⑮⑯黄修己《中国现代文学史编纂史》，北京大学出版社1995年5月第1版，第240、280、1–2页。

⑰ 王彬彬：《中国现代文学研究与中国现代历史研究的互动》，原刊《文艺争鸣》2008年1期，收入王彬彬著《应知天命集》，人民文学出版社2014年12月第1版。

⑱ 参见刘可风《柳青传》所附“柳青和女儿的谈话”之“四”，《未完成的〈创业史〉的构想》和之“七”，《对合作化的长期研究和思考》，人民文学出版社2016年1月

第1版。

㉑ 关于洪子诚《中国当代文学史》对当代文学研究的学科意义，参见《文艺争鸣》2010年9期一组文章：谢冕《一束鲜花的感谢——祝贺〈洪子诚学术作品集〉出版》，赵园《有感于洪子诚先生文集的出版》，曹文轩《一个人与一个学科》，张志忠《建构复杂性的诗学——洪子诚的学术品格略论》，陈晓明《“一体化”：封存还是开放——洪子诚的文学史思想论略》，孙民乐《重塑文学史的知识品格——洪子诚文学史研究的意义》，张洁宇《学者姿态与学科意识——谈洪子诚先生的当代文学研究》，贺桂梅《文学性与当代性——洪子诚的当代文学史研究》，以及贺桂梅《穿越当代的文学史写作——洪子诚教授访谈录》（《文艺研究》2010年6期）。贺桂梅《文学性与当代性》开头一段话很有概括力：“洪子诚的《中国当代文学史》于1999年出版时，许多人认同钱理群先生的感叹：这本书标志着当代文学终于‘有史了’。显然，这里的有‘史’并不是指当代文学此前没有历史叙述，而是指这种历史叙述的有效性。”所谓“历史叙述的有效性”，主要是指超越以往局限于个别作家作品分析和浮面的社会思潮介绍的那种文学史叙述，努力呈现文学史得以展开的更丰富而系统的那些决定性的外部因素及其相互关联，也就是当代文学研究的“史学化”追求，而其方法论的核心统领，就是对“文学制度和文学生产”的优先关切。

㉓ 勒内·韦勒克、奥斯汀·沃伦著《文学理论》，刘向愚、邢培明、陈圣生等译，江苏教育出版社2006年版，第302页。

㉕ 钱理群把这一时期文学延伸到40年代，认为40至70年代中国文学是“毛泽东时代的文学”或曰“共和国文化”、“中国式的社会主义文化”，“它与中国传统文化和五四新文化自然有着深刻的联系，也显然受到外来文化（首先是马克思列宁主义）的深刻影响。但应该承认与正视，它是一种有别于传统文化、五四新文化与外来文化的独立的文化形态，它在近半个世纪的发展中已经形成了与特定的政治、经济体制相适应的自己的观念、哲学，自己的思维方式，心理结构，情感方式，伦理道德，行为准则，甚至有自己的文体，话语方式，并且经过半个世纪的体制化的灌输，已经渗透到大陆人的心灵深处，成为集体无意识，形成了新的国民性。”这就提出了消解这段历史时期文学的陌生化与异质感的一种思路，用洪子诚的话说，是“在‘全球化’的历史语境”如何理解文学史“这种‘异质化’，这种‘异类’的声音”。对这段文学史及相关学术研究，洪子诚本人提出如下思考：“我和另一些人

经常使用‘一体化’的说法。这个说法不是意味着这个时期的文化、文学的单一性，事实上仍存在复杂的，多种文化成分、力量互相渗透、摩擦、调整、转换、冲突的情况”。“这个时期文学思想艺术存在的严重阙失，恐怕难以否认。在这种情况下，它的研究的魅力来自什么地方？一方面——现代中国的革命及其文化问题与成果，并未为‘历史’所尘封，仍具有现实的急迫意义。另方面，这种研究将可能尖锐地检验我们在处理存在争议、也让研究者困惑的历史和文学问题时的能力”。参见赵园、钱理群、洪子诚等《20 世纪 40 至 70 年代文学研究：问题与方法》，《中国现代文学研究丛刊》2004 年 2 期。

（郜元宝，男，安徽人，文学博士，当代著名学者，复旦大学中文系教授，博士生导师，教育部长江学者特聘教授，主要从事中国现当代文学研究）

人文视界

《狂人日记》的象征主义艺术

——兼谈沃尔夫冈·伊瑟尔的“游移视点”

◎王维燊

《狂人日记》是一篇“划时代的作品，标志了中国近代文学，特别是小说的新纪元，也宣告了中国的现实主义文学的发轫”，“《狂人日记》是中国革命文学进军的宣言”，是鲁迅“小说作品的总序言”[①]——茅盾在《狂人日记》发表三十周年写的《论鲁迅的小说》一文中，对《狂人日记》在鲁迅小说和中国现代文学史上的历史地位的精辟评价，近半个世纪已被广大研究者所采纳。

《狂人日记》一发表，立即引起读者瞩目。吴虞据作品而写的《吃人与礼教》一文[②]，也震动了思想界，不过那只是文化而不是审美反应。

不像阿Q那样一出世就引起研究者的争议，对《狂人日记》的不同理解，出现在这篇作品问世的四五十年后。严家炎归纳出三种不同看法：

一种意见认为，狂人并不真狂，他是清醒的反封建战士。“只是他周围的人都被统治阶级愚弄得麻木了，反而说他是疯子”，有的著作说“‘狂人’只是封建统治阶级强加给他的名称”，是封建统治者对一个“顽强战士”的“诬陷”，有的说“他是受迫害的革命者”，“是鲁迅所理想的同旧社会战斗的英雄”。

第二种意见认为，狂人的确是狂人，他的发狂不是假的。持这种意见者不同意狂人不狂，是“清醒的战士”的说法，认为作品中狂人言行举止无不说明他“确实是个狂人”。不过，他们认为这不是一般的狂人，而是一个战士被折磨得发了狂，是发狂了还没停止战斗的战士。

第三种意见认为，狂人不但是真狂人，而且是“普普通通的狂人”，不能说狂人是一个战士被折磨发了狂，发了狂还不停止战斗的战士。他们说，一个真正的战士怎么那样脆弱，那样容易发狂？真发了狂又怎么还能进行战斗？发狂时还能战斗，为什么病好了反而进封建官场去“候补”——向反动势力投降呢？他们认为

《狂人日记》之所以有很强的战斗性，那不是狂人在那里进行战斗，而是作者鲁迅把自己的反封建思想巧妙地寄寓到狂人的日记中，通过狂人的口用双关语言讲了出来，暗示给了读者。[③]

见解的分歧涉及对文学文本的解读问题。当代接受美学理论大师沃尔夫冈·伊瑟尔在《阅读活动——审美反应理论》一书中指出，文学文本有待读者破译其“密码”，发掘其意义，“未定性”和“意义空白”构成文本的基础结构，即“召唤结构”，它呼唤读者合作；文本结构只是提供一个可资交流的框架之一极，读者对文本结构的理解活动处于另一极，“本文[④]对将由阅读活动所生成的一切只起一种导引作用，它自身并不就是这种生成”[⑤]，接受者以常规的惯例和某一审美尺度为参照系——有的以早期作品，有的以社会历史规范，有的以文本产生的历史文化背景——解读文本，文本的实现过程是文本和读者互动交流的过程。《狂人日记》文本的“未定性”和“意义空白”与读者解读的参照系不同，导致上述几位学者对狂人形象不同的理解和把握，不足为怪。

严家炎在1978年写的《〈狂人日记〉的思想和艺术》一文中，不同意第一种看法，认为第二、第三种意见各有正确方面，也有偏颇方面。论者以鲁迅学过医，懂得精神病患者的心理，以鲁迅曾观察过一个发疯的表兄弟，并以狂人的日记中故意错写一些字，错记一些事，显出狂人语误颇多为据，做出新的评价：鲁迅“采取了严格的现实主义手法”塑造“一个活生生的疯子形象”[⑥]。这个论断面临一个悖论：疯子的形象和作品“意在暴露家族制度和礼教的弊害”[⑦]这一重大而深刻主题两者的矛盾。论者着重从医学知识方面剖析疯子的心理逻辑和思想逻辑来阐释这一悖论，比如论证“‘迫害狂’病人一方面经常有很多错觉和幻觉，偏执而好幻想，‘语颇错杂无伦次，又多荒唐之言’，另一方面又并非全无思维能力，不但有知觉有记忆，还能写日记并在内容上有所贯穿（所谓‘间亦略具联络者’）”，进而推导出下述结论：

> 作者正是有目的地掌握和利用了狂人思维上这种不正常状态，通过他敏感多疑、愤懑狂乱的特定心理，通过他反抗邪恶、直言无忌的思想性格，去说出自己想要表达而在通常情况下不易表达的那些最大胆、最猛烈地攻击封建制度和礼教的思想。在这个作品中，深刻的含意是借助狂人的

> 心理和语言传达出来的，真理是以疯话的方式披露的。作者既塑造了一个活生生的狂人形象，又得心应手、恰到好处地寄寓了自己强烈的反封建思想。作者将这一点实现得如此圆满，以致读者丝毫不会产生作品中的人物似乎是作者传声筒的感觉。这里的关键何在？关键就在于作者坚持现实主义创作方法，坚持从人物、从生活出发。[8]

从20世纪50年代到70年代，大多数论者用受理论界尊崇的现实主义文艺观研究《狂人日记》。现实主义要求典型地描写生活真实，包括细节描写的真实性。从前面几位学者的论著中，从严家炎着力分析“迫害狂”患者的心理特征和他对狂人形象的总体评价中，可看出他们都是以现实主义文艺观为参照系解读《狂人日记》的文本。不过，由此也给论者带来某些尴尬，如判定狂人是“一个活生生的疯子形象”，如说狂人只是“初步觉醒的封建家庭的叛逆者”，他只有“若干进步思想”，他的行为未能“够得上是个战士”。果如此，那么，他为什么竟能说出“那些最大胆、最猛烈地攻击封建制度和礼教的思想”？此外，还可从论文找出一些令人疑惑或难以自圆其说的问题。

伊瑟尔提出，“游移视点”这个概念，描述接受者和本文相互作用的动态过程，其理论依据是“整体本文的各个部分绝不可能在任何一个短暂的瞬刻被同时感知”[9]。与站在客体外面观察外部世界那些既定客体不同，入乎其内解读文本是接受者掌握文学文本这一“客体”的独具方式，“知觉的发生呈阶段性，每一阶段包含着构成对象的某些方面，但不管哪一阶段都不能完全表现它”，关键在于“文学阅读中存在着一个必不可少的理解的游移视点在其内部不断运动”[10]，“它连贯持续于游移视点运动的各个阶段。”[11]视点一旦游移，文本中的语词、形象和意蕴随之呈现出新的面貌。

这一情况出现在上文的同一论者。时隔三年，严家炎随着阅读中视点的游移，他对文本有了新的理解和发现，认为应该从“现实主义与象征主义经纬交错的作品”这样的视角来阐释狂人形象。在坚持前文的“作者采取的是严格的现实主义方法：千方百计刻画一个真实的狂人”这一基本论点的同时，引进了象征主义创作方法，并作了一个重要的修正和补充：“然而，仅仅是这样一个现实主义的作品，仅仅塑造这样一个活生生的狂人，它的思想性毕竟有限，难以完成向几千年封建制度和封建礼教发起猛烈进攻的任务。鲁迅《狂人日记》的巧妙之处在于：作者同时运用了象征主义的方法，赋予已有的现实主义骨架和血肉以新的生命和光彩；在狂人一些关键性的疯话里，精心地安装了双关的含有深意的尖锐地揭露封建制度本质的内容（却又并不破坏'疯话'的特质）；使作品原有那些单纯的'实'处，因变'虚'而显得富于思想性。这样，《狂人日记》就可以有两种读法：顺着现实主义的路，读到的是一个地道的疯子所说的生动的疯话；顺着象征主义的路，读到的是最清醒的战士所说的具有反封建深意的真理。[12]论者认为，长期以来，"狂人"是狂人或"狂人"是战士各执一端的争论，究其原因，"都没有从两种创作方法的同时并用这个角度去把谜底揭开来"。[13]

这篇研究《狂人日记》的思想和艺术具有重大突破的论文，说明"游移视点"的一个重要特质："如果刺激读者去回忆一些业已湮入记忆的事物，他将会携之向记忆深处回溯，将先前的事件置于特殊语境之中，而不是孤零零地去苦思冥想事件自身。这种回忆表明语言符号具有某种实效。因为本文中的词只是一个参照符号。而不包括它的语境；它与语境的连接须通过读者的保留记忆。回忆语境的范围和本质不受语文符号的控制。现在，如果把唤起的参照符号置于某种语境之中（不过语境总是变动不居的），人们便可以从一个外在的基点来观察它，于是，事件的各个方面顿时豁然彰显，而先前存入记忆时晦暗不明的状况则一朝廓清……易言之，事实自身得到表现，过去的语境和综合状况也得到表现，同时，再评价的潜势也得到表现。"[14]典型的例证是前文中只提到《狂人日记》文本中"使用的一些比喻和象征性的语言，也都很有特色，概括了作者长期研究社会历史所得到的精辟见解，含义丰富，耐人思索"，[15]而在文本中移到象征主义"外在的基点来观察它"，这是解读《狂人日记》新的参照系，而不仅仅是"使用的一些比喻和象征性的语言"；它串通"事件的各个方面"，"廓清"了论者在前文中"晦暗不明"的问题，为自己尚存疑惑的部分，找到一个相对来说较为合理的阐释，而《鲁迅小说的历史地位》便是论者"再评价的潜势"之表现。

严家炎说到《狂人日记》是"现实主义与象征主义经纬交错的作品"时，强调"现实主义骨架和血肉"之"经"，那么，作为象征主义之"纬"居什么地位呢？如果它只是依附于"现实主义骨架和血肉"的皮毛，那就成不了"纬"了。倘若不把《狂人日记》看作是"现实主义与象征主义经纬交错的作品"，只"顺着象征主义的路”来解读文本行吗？

这并不是新鲜话题。早在 1923 年雁冰（茅盾）就赞扬《狂人日记》是一篇“前无古人的文艺作品”，并对它的艺术特色做出精辟评价：“这奇文中冷隽的句子，挺峭的文调，对照着那含蓄半吐的意义，和淡淡的象征主义的色彩，便构成了异样的风格，使人一见就感着不可言喻的悲哀的愉快。”⑯1948 年写的《论鲁迅的小说》一文中又说：“《狂人日记》是寓言式的短篇。惟其是寓言式，故形象之美为警句所盖掩；但是因此也使得主题绝不含糊而战斗性异常强烈。”⑰从“淡淡的象征主义的色彩”到“寓言式的短篇”，可看出茅盾是以象征主义为参照系来解读文本。

余秋雨在《艺术创造工程》一书中，谈及“象征的天地”时，区分四种象征：符号象征、氛围象征、寓言象征、本体象征。认为前两者属于“部件象征”（意指构成全篇作品的某些“部件”），后两种属于“整体性象征”（意指整篇作品具有象征性）。可不必忙于在概念上先去界定《狂人日记》归属“寓言象征”，还是归属“本体象征”，而且“寓言象征”和“本体象征”这两种体式有交叉、重叠部分，有的作品就难以界定它的归属。譬如被该书列入“本体象征”的范例之一的《老人与海》，其作者海明威写给美国艺术史家伯纳德·贝瑞孙的信中说：“没有什么象征主义的东西，大海就是大海。老人就是老人。孩子就是孩子，鱼是鱼。鲨鱼全是鲨鱼，不比别的鲨鱼好，也不比别的鲨鱼坏。人们说什么象征主义，全是胡说。更深的东西是您懂了以后所看到的东西。”伯纳德·贝瑞孙见信后写了一段话回答他：“真正的艺术家既不象征化，也不寓言化——海明威是一位真正的艺术家——但是任何一部真正的艺术品都散发出象征和寓言的意味。这一部短小但并不渺小的杰作也是如此。”⑱当然，这并不排斥对象征主义艺术的研究，贝瑞孙和海明威的对话启示人们：对“任何一部真正的艺术品”，都不应忽视，反之应更加重视探究它的“象征和寓言的意味”表现在哪里，又是如何表现的。

象征主义作品一般都有双层架构，即表层结构和深层结构，透过故事、人物、环境等组合的表层结构，分明可窥探出作品深层结构中蕴藏着的意蕴。《狂人日记》的表层结构是：“无名村庄”（无地址、无村居、无田地）、“空壳家庭”（无任何陈设的狂人之家）、“类型人物”（或有姓无名，或无姓无名），三者构建简约化、类型化的环境。由村人围观狂人、医生给狂人治病、狂人吃蒸鱼、被关闭在书房中的狂人的妄想和梦境等淡化的细节和故事，配以讽喻性、象征性话语的叙写，诸如狂人“把古久先生的陈年流水簿子，踹了一脚”，“狼子村”打死了一个“大恶人”之类；至于人物形象的配置，也划出“吃人者”和“被吃者”地位互换了九九归一的吃人者类型人物系列。奇怪的是“吃人者”都自觉或不自觉地存有“吃人”的“心思”，受其影响的还有小孩子，他们规避狂人的态度也同大人一样。《狂人日记》构建的表层结构是简约化、类型化，越适合作为“吃人”的封建制度和封建礼教渗透进社会各个不同阶层、各个不同家庭、各种不同人物的载体，也越能表现出《狂人日记》的象征主义艺术特色。

《狂人日记》的意蕴也易于理解。“凡事须得研究，才会明白”的狂人，他“研究”历史，从写着“仁义道德”的字缝里“明白”了“吃人”的本质；他“研究”现实中人与人关系，“明白”了从家庭到社会都在“人吃人”，只是“他们的心思很不一样，一种是以为从来如此，应该吃的；一种是知道不该吃，可是仍要吃，又怕别人说破他”，由此狂人思考这一漫长而普遍存在的“人吃人”问题：“还是历来惯了，不以为非呢？还是丧了良心，明知故犯呢？”于是狂人发出“犹愤深广”的呼声：“你们可以改了，从真心改起！要晓得将来容不得吃人的人活在世上。”“你们要不改，自己也会吃尽。即将生得多，也会给真的人除灭了……”抨击几千年来封建制度和封建礼教不仅在肉体上，更重要在精神上“吃人”，这一涵盖着纵长历史时间和广阔社会空间的主题，本身就极富有象征性。

这样的主题融进了《狂人日记》的文本。不论是谈作品意蕴，还是谈狂人形象，都不能离开或肢解文本中的十三则日记。如果鲁迅塑造的是真狂人，如何承载这样的主题？如果是真狂人，能如此透彻认识“狮子似的凶心，兔子的怯弱，狐狸的狡猾”的“吃人者”的本性吗？如果是真狂人，能识破周围的人预备给自己加上“疯子”的名目以便“吃”掉的“老谱”吗？如果是真狂人，能有人人想遮掩，只有他偏要问起“吃人的事，对么”、“从来如此，便对么”这样重大而深刻问题的“勇气正气”吗？……从狂人的第一则日记，说他直到那天晚上，才看到三十多年没见到月光（只是一般的“月光”吗），“才知道以前三十多年，便是发昏”，这些隐喻性叙述话语，不禁使人想起鲁迅创作《狂人日记》的契机：“偶阅《通鉴》，乃悟中国人尚是食人民族，因成此篇。此种发见，关系亦甚大，而知者尚寥寥也。”[19]从后续日记到最后一则日记发出“救救孩子”的呼声，人们可读出鲁迅的这一“发见”，读出鲁迅在狂人身上寄寓着期盼出现不再“吃人”的“真的人”的意愿。

鲁迅说：“恶魔者，说真理也。”[20]套用鲁迅的话，狂人者，说真理也。具有民族忧患意识、拯救意识，还具有自省意识、自忏意识（“有了四千年吃人履历的我”）的狂人形象，是鲁迅用象征主义创造出的一个旧制度叛逆者和新时代先驱者的象征形象。

站在时代前沿的叛逆者和先驱者，因其对现存的社会制度、思想体系的反叛，因其思想之新，理想之高远，往往不被同时代人所理解。鲁迅赞扬的“摩罗诗人”拜伦、雪莱，就不见容于祖国，不见容于家庭，甚至被骂为“疯子”。曾主张“逐满独立”的章太炎，被朋友们视为“疯癫”、“叛逆”，他因《苏报》案被囚狱中三年，1906年获释赴日，对着集会欢迎他的七千余东京留学生，他发表的《演说词》中说道：“凭他说个疯癫，我还守我疯癫的念头……大凡非常可怪的议论，不是神经病人，断不能想，就是想也不敢说，说了以后，遇着艰难困苦的时候，不是神经病人，断不能百折不回，孤行己意。所以古来有大学问，成大事业的，必得有神经病才能做到……近来有人传说：某某有神经病，某某也是有神经病，兄弟看来，不怕有神经病，只怕富贵利禄当面现前的时候，那神经病立刻好了，这才是要不得呢！”[21]章太炎一生三次入狱、七次被捕而革命之志不移。研究章太炎其人其言，远比研究发了疯的鲁迅表兄弟的生活原型重要得多；尤其是被引用的《演说词》中最后一句话，有助于理解作品“小序”中说到狂人病愈“赴某地候补矣”这句话，狂人不狂后被周围环境所同化的悲剧启人深思，也是理解鲁迅“忧愤深广”的不可疏漏的内涵之一。

不可忽视安特来夫（今译安德烈耶夫）作品“虽然很多象征印象气息，而仍然不失其现实性”[22]的艺术手法对鲁迅创造象征主义形象的影响。鲁迅和周作人合译的《域外小说集》中，收有安特来夫的《默》（今译《沉默》）、《谩》。在《域外小说集·杂识》中，鲁迅赞扬安特来夫“其文神秘幽深，自成一家”[23]。安特来夫艺术手法独具一格处，就在于他主要不是创造个性化人物，而是善于创造某种善或恶力量的象征性人物，剖析、抨击当时俄国社会的弊端，表达自己对现实的愤懑的主观感受。当代评论家把安特来夫看作是现实主义向现代主义过渡的代表作家，把他的《沉默》列入广义现代派作品。

《狂人日记》中确有一些对“迫害狂”患者多疑、惊恐、幻觉等病态心理的写实笔墨；但更大量的是贯通文本始终的狂人对历史、现实、未来的或写实或象征的笔墨，而不仅仅是“一些关键性的疯话”。如何看待写实和象征两种笔墨并存于同一文本中？

象征并不排斥写实，某些细节的表层写实，为的是通向“抽象”，通向哲理性象征。《狂人日记》象征主义艺术构思巧妙处，恰恰在于用串联全篇的五十多处“吃人”二字，把它的表层结构和深层结构互为表里地交织在一起，用似真似假、又实又虚、似荒唐又真实的反差性、讽喻性、怪诞性的叙述话语，通向历史和现实的哲理性象征，通向似狂非狂的象征性狂人形象，开拓出一个“未定性”和“意义空白”的开阔地带，让读者在独立自主的想象中重构人物形象，在独立自主思索中体悟作品的意蕴。

从象征主义解读《狂人日记》这一例析，说明：“视点的转换产生了一种文本视角的聚合作用，像舞台上的聚光灯，追踪角色的表演，诸视点依次相互往复，成为赋予每一新前景以特殊形状和形式的影响背景。当视点再次移易，这一前景也被融进背景。它业经修正，现已对另一新前景发生影响……这样，在阅读过程的时间流中，过去和未来就不断会聚于现在的瞬间。游移视点的综合运演使本文能够通过读者的思维成为不断扩大的联结之网……”㉔

正因为文本中潜藏着“未定性”和“意义空白”，正因为文本是“召唤结构”，能唤起读者在阅读中不同的想象和感知的审美反应，《狂人日记》必将召唤读者以新的视角再解读和再评价，因为杰出文本的“潜在性永远不能充分实现，这反而成为提供多种选择的基础”。㉕

注释：

① 原载香港《小说月刊》1948 年 10 月第 1 卷第 4 期。本文引自《茅盾论创作》，叶子铭编，上海文艺出版社 1980 年版，第 139 页。

②《新青年》1919 年 11 月 1 日第 6 卷第 6 号。

③ ⑥⑧⑮严家炎：《〈狂人日记〉的思想和艺术》，《六十年来鲁迅研究论文选》下，李宗英、张梦阳编，中国社会科学出版社 1982 年版，第 450 – 451、452、457、469 页。

④ 沃尔夫冈·伊瑟尔所说的“本文”，现通译为“文本”。下面所引《阅读活动——审美反应理论》中的“本文”同此。

⑤ ⑨⑩⑪⑭㉔㉕［德］沃尔夫冈·伊瑟尔：《阅读活动——审美反应理论》，金元甫、周宁译，中国社会科学出版社1991年版，第127、129、130、130、139、138－139、141页。

⑦ 鲁迅：《中国新文学大系·小说二集·导言》，《中国新文学大系·小说二集》，鲁迅编选，上海良友图书印刷公司1935年版。本文引自上海文艺出版社影印本1981年版，第2页。

⑫ ⑬严家炎：《鲁迅小说的历史地位》，《文学评论》1981年第5期。

⑯ 雁冰：《读〈呐喊〉》，《时事新报》副刊《文学》1923年10月8日第91期。本文引自《茅盾论创作》，叶子铭编，上海文艺出版社1980年版，第105－106页。

⑰ 茅盾：《论鲁迅的小说》，香港《小说月刊》1948年10月第1卷第4期。本文引自《茅盾论创作》，叶子铭编，上海文艺出版社1980年版，第139页。

⑱ 余秋雨：《艺术创造工程》，上海文艺出版社1987年版，第231页，第232页。

⑲ 鲁迅：《书信·1918年8月20日致许寿裳》，《鲁迅全集》第11卷，人民文学出版社1981年版，第353页。

⑳ 鲁迅：《坟·摩罗诗力说》，《鲁迅全集》第1卷，人民文学出版社1981年版，第82页。

㉑《民报》第6号，转引自王瑶：《鲁迅作品论集》，人民文学出版社1984年版，第20页。

㉒ 鲁迅：《译文序跋集·〈黯淡的烟霭里〉译后记》，《鲁迅全集》第10卷，人民文学出版社1981年版，第185页。

㉓ 鲁迅：《译文序跋集·杂识》，《鲁迅全集》第10卷，人民文学出版社1981年版，第159页。

（王维燊，男，福建福州人。笔名王为之、卓立，福建师范大学文学院教授，曾任福建省中国现代文学研究会副会长，研究方向为中国现代文学）

一场写尽悲欢离合的梦

——杨绛《我们仨》读解

◎袁勇麟

摘　要：杨绛先生晚年的力作《我们仨》，是一部“写在人生边上”的大书，它凝聚了老人近一个世纪深刻的人生参悟。面对“我们仨”散失的痛苦现实和苍凉晚景，杨绛先生选择用梦来讲述，她把真实的梦、梦中梦魇以及梦幻般的现实融在一起，营造了一组梦中有梦，亦真亦幻的图景。

关键词：杨绛《我们仨》梦

前记：杨绛先生写《我们仨》这本书时是2003年，那时的她已经92岁高龄了。钱钟书先生和钱瑗都早已离世，她一个人在“我们仨”当年一起快乐生活的三里河公寓孤独地生活着。我曾经想象她一个人的生活应该是这样的：一个孤苦伶仃的老人，常常独自一人坐在客厅里，回忆当年“我们仨”的日子，看窗外的太阳升起、降落，看倒映在家中地面的树影变长变短，最后回忆和树影以及她的身体，都被黑暗与孤寂所吞噬。然而，事实上她不仅不像其他的老人那样无为地消磨所剩无几的日子，而且比大部分的年轻人更加用功。在身体健康的日子里，杨绛先生笔耕不辍，92岁写了《我们仨》，96岁完成哲理随笔《走在人生边上》，102岁编选出版250万字的《杨绛文集》八卷。此外，她还亲自参与钱钟书先生读书笔记手稿集《容安馆札记》（三册）、《中文笔记》（二十册）、《外文笔记》（四十八册）的整理出版工作。杨绛先生说，《钱钟书手稿集》的出版让“死者如生，生者无愧”。《外文笔记》的责编感慨，这一工作“实现了杨绛先生的一个梦”。杨绛先生的精勤与豁达，足以让梦中已荒芜的家园那口枯井重新开出一朵灿烂的葵花。

一、家园荒芜，耄耋老人，守候万里长梦最后一程

《我们仨》出版后，在海内外引起强烈反响，一时洛阳纸贵，好评如潮。不过，“一千个读者有一千个哈姆雷特”，对于这部书的主题，论者评家见仁见智，或曰“一部梦幻般的怀人大书”，或曰“一本钱杨夫妇心境写真”，甚至还有人把它当作秘史来读，认为是一本“隐私大书”，是一本“钱钟书晚年生活实录”，是一本“小说《围城》的脚注”，是一本“文革细节史”。

“有一晚，我做了一个梦。”这是《我们仨》开篇的第一句。当我打开书看到这句话时，便又把书合上了。许多人曾经将《我们仨》误读为一个关于中国最著名知识分子一家三口家庭的幸福故事，但事实上，杨绛先生于开篇的第一句话已经表明了立场：向公众展示知识分子家庭的幸福完全不是这本书的本意。写这本书时，“我们仨”只剩下一个孤独的杨绛先生了，一个美好的家庭早已经失散。所以，这本书怎么可能是个童话般的故事？我不忍心读下去。刚结痂的伤口，又要重新剥开来看，于心何忍？我不明白杨绛先生哪来的勇气。或许只因为这是当年和爱女钱瑗的一个约定，出于对爱与誓言的尊重，出于让更多人了解真实的“我们仨”，她忍住悲痛写了这本书。就这么看几页合上，隔几天再拿出来读，一本不到两百页的书，我断断续续读了半个多月才看完。整个读书的历程，仿佛是做了一场很长很长的梦。“我们仨”的一生就像杨绛先生于文中所引用的诗句：“世间好物不坚牢，彩云易散琉璃脆。”其中固然包含有消极的宿命论观点，然而破解无方，唯一的解脱方法是把它看作一场梦了。

“人生如梦，一樽还酹江月。”中国人总喜欢把人生比喻为一场梦。即使是宋代最豁达的大诗人苏轼，也将人生阐释为一场梦境。《我们仨》以梦为开篇，既表达了杨绛先生的孤寂之感，同时也体现了她对人生的参悟。人生在世，只是寄居在地球这颗星球上，所谓的家不过是驿站。钱钟书先生晚年病重住院，杨绛先生将通往死亡的过程喻为古驿道，将病房喻为古驿道河上的一艘船。这艘船每天都在漂移，随着时间的流逝，越漂越远。最后载着钱钟书先生的小舟，“随着瀑布冲泻出来，一道光似的冲入茫茫云海，变成了一个小点；看着看着，那小点也不见了。”对于一个耄耋老人来说，眼睁睁看着最爱的人离开，那该忍住多大的痛楚才能平静地把

它讲述出来。

现实是残酷的，再不平凡的人，再可歌可泣的爱情，最终都得化为一场梦。别离是注定的，而相聚只是偶然的。如何接受这个难以接受的事实？唯有把它看作一场梦了。面对着躺在病床上的钱钟书先生，杨绛先生说：“我曾做过一个小梦，怪他一声不响地忽然走了。他现在故意慢慢儿走，让我一程一程送，尽量多聚聚，把一个小梦拉成一个万里长梦。”只是，“离别拉得长，是增加痛苦还是减少痛苦呢？我算不清。但是我陪他走得愈远，愈怕从此不见”。眼睁睁地看着爱人遭受病痛与衰老的折磨和让爱人脱离病痛永别人世比起来，到底哪个更痛苦？这个选择题很残酷，谁又能给得了答案？死别之后，再无相见之日。无论如何，都得想方设法延长爱人的生命。但假如延长他的生命的代价是让爱人遭受更长久的病痛折磨，又于心何忍呢？当苟活等于残喘时，人的痛苦是难以言说的。仿佛独立于高耸的石柱上，往前看是空，往后看也是空。其无助与绝望之感，只能自己体会。唯愿，这只是一场梦罢！

“我们仨”先散失了爱女钱瑗，紧接着一年后钱钟书先生也散失了。最后一程，只剩下杨绛先生一个人。杨绛先生于全文的结尾写道：“我清醒地看到以前当作‘我们家’的寓所，只是旅途上的客栈而已。家在哪里，我不知道。我还在寻觅归途。”一个耄耋老人的最后一程回到已经荒芜的家园，就像《十五从军行》中写的：“舂谷持作饭，采葵持作羹。羹饭一时熟，不知贻阿谁？出门东向看，泪落沾我衣。”面对如此苍凉的晚年景象，我们只好把这看成一场“万里长梦”：既是一个老人的真实人生，又彻头彻尾完全是梦。

二、梦中有梦，离愁别恨，古驿道之旅亦幻亦真

梦有个好处，那就是可以随意编织。所以，当杨绛先生不能接受“我们仨”散失的痛苦现实时，她选择把这段令人绝望的经历当作梦来讲。而最见文学功力的是她把真实的梦、梦中梦魇以及梦幻般的现实融在一起讲，营造了一组梦中有梦，亦真亦幻的图景。

梦中有梦，即在梦中知道自己梦魇了，于梦中看到现实里正在发生的事。文中最具代表性的是写到钱瑗病重后杨绛先生连夜噩梦，在钱瑗去世的当天，她梦见爱

女钱瑗的灵魂前来古驿道的客栈与父母道别的场景。梦中，钱瑗拉着母亲的手说："娘，你曾经有个女儿，现在她要回去了。爸爸叫我回自己家里去。娘……娘……"然后钱瑗的身影"就在光天化日之下，一晃眼她没有了"。此时作为母亲的杨绛先生，在梦中感应到了躺在西山医院的女儿离世的信号，心痛无比。文中，杨绛先生把女儿比作心头肉，而这块心头肉却硬生生地从心上剥离下来："胸中的热泪直往上涌，直涌到喉头。我使劲咽住，但是我使的劲儿太大，满腔热泪把胸口挣裂了。只听得噼嗒一声，地下石片上掉落下一堆血肉模糊的东西。迎面的寒风，直往我胸口的窟窿里灌。我痛不可忍……"读到这段文字，我感到毛骨悚然。毛骨悚然绝不是害怕，而是读到令人震撼的文字时，毛孔全都自然张开耸立了。我既被杨绛先生所描述的这一难以用科学解释的具有神秘主义倾向的灵魂感知现象所威慑，同时又被一位老母亲失去爱女的巨大悲痛之情所震撼。

相对于躺在病床上的钱钟书先生释放出来的将不久于人世的信号，杨绛先生虽然不愿意接受，但内心深处她还是可以接受的。毕竟人老了都会死，这是不可逆转的结局。而钱瑗毕竟年轻，去世那年还不到六十岁。人于晚年时最悲惨的遭遇，莫过于白发人送黑发人。而人最大的勇气，莫过于敢于面对悲痛的现实。杨绛先生最终还是把爱女钱瑗去世时的场景写出来了。钱瑗的夫家为了避免钱钟书先生和杨绛先生悲痛过度，并未及时把钱瑗去世的消息及时告知二老。所以，当杨绛先生独自赶到的时候，护工已经在打扫病房了。她最终并没有见到钱瑗，只看到正在清扫的垃圾里，其中有一只是爱女钱瑗穿的鞋子。爱女就这么散失了，跟做梦一样。在这一情节的艺术处理上，杨绛先生通过先写做梦，再写梦中梦魇，接着写挣扎着挣脱梦境，最后写独自直奔西山医院。对爱女去世当天的行为与心理感受，采取了亦真亦幻的艺术处理手法，把她最初不愿意面对爱女去世的事实，到最后毅然选择直面人生悲剧的心理过程描绘得淋漓尽致。

所有人到晚年都逃避不了噩梦般的现实。身体机能老化，记忆力大不如前。当衰老的身体连自身的体重都无法承载时，还能承受得了痛苦吗？所以，记忆力散失既是大脑皮层老化的体现，同时也是减轻痛苦的自然调节。老年痴呆自然什么都忘了，连痛苦也忘了。

可怜的是，躺在病床上的八十几岁的钱钟书先生，虽然身体羸弱，意识却依然清晰。在得知不到六十岁的女儿钱瑗去世的消息时，他该是怎样的一种悲痛。杨绛先生在文中这样描绘钱钟书先生的痛苦：“老人的眼睛是干枯的，只会心上流泪。钟书眼里是灼热的痛和苦，他黯然看着我，我知道他心上也在流泪。我自以为已经结成硬块的心，又张开几只眼睛，潸潸流泪……”如果此时的钱钟书先生已经老年痴呆了或许更好，忘了女儿的存在，也就忘了她去世的事实。可是他还是意识清醒的，杨绛先生只能赶紧安慰他：“自从生了阿圆，永远牵心挂肚肠，以后就不用牵挂了。”“钟书点头，却闭着眼睛。我知道他心上不仅痛惜圆圆，也在可怜我。”读到这里，不禁令人仰天长叹：“如果这只是一场梦该多好！”钱瑗去世一年后，钱钟书先生也去世了。我想，这一年中所感受到的痛苦，对于钱钟书先生来说，一定是这辈子最漫长、最难以承受的一场痛苦了。钱钟书先生若能把人生看作一场梦，若能真的全忘了，包括忘了女儿钱瑗，或许会更好。唯有这样，他能更超脱一点。

三、今生有缘相聚，是梦非梦，唯愿后院枯井旅葵花开

“我们仨”能在这个世界相遇在一起，属天作之合。“我们仨”不仅个个都是人中翘楚，而且在家庭里互相关爱，成就中国百年来美好知识分子家庭的典范。也正因为这点，更多人看到的是“我们仨”家庭的美好幸福，却没有几个人明白“我们仨”和那个时代所有的人一样，经历了这段历史中的所有灾难和痛苦。

钱瑗的一生是坎坷的，自小身体病痛的原因以及历史的原因，她几乎没有完整上过学。杨绛先生在文中讲到钱瑗的成长历程时，多次表达了对爱女的心疼。小时候钱瑗肠胃不好，所以不让吃东西。“她能看着大家吃，一人乖乖地在旁边玩。”有一次大家都在吃白沙枇杷，而钱瑗被安排一个人在旁边玩，“忽见她过来扯扯我的衣角，眼边挂着一滴小眼泪。吃的人都觉得惭愧了”。就写了这么个关于吃的小故事，一个乖巧懂事却不得不饱受委屈的女孩儿形象，跃然纸上。1947 年冬，钱瑗得了骨结核。这么小的孩子在听说了自家病情之后，竟然流泪说：“我要害死你们了。”虽然年纪小，心理却十分成熟，已然如大人样为别人着想了。“文革”期间和所有的孩子一样失学了，然而却想方设法解救父母，帮助父母从清华大学逃离到北京师范大学避难。除了乖巧懂事外，钱瑗自小记忆力惊人，同时遗传了父亲钱钟书先生“格物致知”的敏锐观察力，是个“可造之才”和“读书的种子”。然而钱钟书、杨绛夫妇为爱女钱瑗最终没有成为文学大师深感遗憾，其中的原因自然是

“生不逢时”：“她上高中学背粪桶，大学下乡下厂，毕业后又下放四清，九蒸九焙，却始终只是一粒种子，只发了一点芽芽。”历史的复杂性，注定了钱瑗虽然成长于如此优秀的知识分子之家却无法成为文学大师的命运。然噩梦般的历史是不容小民谈论的，杨绛先生在《我们仨》的文中，将钱瑗与大师无缘的原因以她和钱钟书先生的一场对白中的省略号为潜台词的艺术手法处理：“我们家的阿圆是个可造之才，可惜……”

虽然钱钟书先生在中国文坛的地位极高，然而真实的经历却是多次在清华大学遭受排挤，在家里也不受父母待见，在父亲的眼里，钱钟书先生是需要弟弟扶持的“憨兄”。“我们仨”一直颠沛流离，居无定所，直到1977年，钱钟书先生六十七岁时才有了一套定居的房子——三里河公寓。而“我们仨”在此公寓一直住到过世，不曾再买房子搬家。

更难得的是，杨绛先生本身是个才女，然而为了钱钟书先生却多次放弃学习和工作的机会，甘心成为“背后的女人”，秉持中国传统女性勤俭持家的美德：在国外旅居时放弃读书，在家里做家庭主妇，伺候钱钟书先生；回国后给人做家庭教师，当小学老师，在清华大学当“散工”；“文革”期间，下放到干校，负责清洗厕所……时时刻刻把主要精力放在照顾丈夫和孩子上，业余闲暇时间写作翻译。

另外，在此不得不提的是“我们仨”的民族气节。钱钟书先生一家人本来有机会留在国外，但是他们毅然放弃了，在当时中国最混乱的时刻回到祖国的怀抱。由此，“我们仨”和所有平民一样经历了中日战争以及后来国共内战的一场又一场战乱，吃掺了糠和沙子的高价米，烧混了泥土的劣质煤。而且为了躲避战乱，颠沛流离，经常搬家。为了谋生，一家三口常常不得不分居两地。即便是这样，仍有机会再次出国定居的他们依然留在了中国。杨绛先生于文中写道：“我们如要逃跑，不是无路可走。可是一个人在紧要关头，决定他何去何从的，也许总是他最基本的感情。我们从来不唱爱国调。非但不唱，还不爱听。但我们不愿逃跑，只是不愿去父母之邦，撇不开自家人。我国是国耻重重的弱国，跑出去仰人鼻息，做二等公民，我们不愿意。我们是文化人，爱祖国的文化，爱祖国的文学，爱祖国的语言。一句话，我们是倔强的中国老百姓，不愿做外国人。”这段话发人深省，它充分展示了钱钟书、杨绛先生等老一辈文化人真正的文人气质和高贵的人格精神。

很可悲的是，世界如此不公。卑劣的“文化人”偏偏可以在和平年代享受着荣华富贵，而具有高尚民族气节的学者却要遭受历史性灾难的折磨。颠沛流离的时光消磨了这些可怜的学者不少精力，以至无法专注于学术研究工作。历史不允许我们有假设的可能性，但如果能给我一次假设的机会，我深信："我们仨"假如出生在没有历史性灾难的时期，中国的学界将会因为他们的出现，有更大的突破性的成就。

历史是命运的背景，个人无法选择。哪怕是一场梦，梦的背景也是基于历史的。"我们仨"的梦不幸以这段历史为背景，除了叹惋，又能奈何？所幸，"我们仨"能苦中作乐。在漫漫人生羁旅中，虽然颠沛流离，家园"中庭生旅谷，井上生旅葵"。只要有美好的人存在，只要"我们仨"并肩站在一起，家园中枯井里的旅葵开了，也同样是一幅美景啊。

"我们仨"的一生，是一场写尽国家与个人悲欢离合的梦。虽然是梦，虽然"我们仨"如今都散失了，但钱钟书先生一家人对中国文坛和学界的贡献却是真实存在的。在中国历史长河里，他们仨"合体"出现宛如昙花乍现，其光辉照耀一代人前行的路。

倘若一定要说这本书的遗憾，那也是有的。"我们仨"的关系，宛如金字塔一般紧密结实，密不透风。外面的人轻易走不进他们的世界。哪怕是钱瑗的丈夫"老伟"，在这个家庭里也是被边缘化了的人物。从这点来看，这也许对"老伟"是不公平的。

（袁勇麟，男，两岸协创中心福建师大两岸文化发展研究中心教授、博士生导师，福建师范大学协和学院院长，研究方向为台港澳暨海外华文文学）

论曹文轩儿童文学创作的古典美

◎滕万滨　刘红英

摘　要： 曹文轩承袭了京派作家的创作风格，将恬淡优美而又有节制的艺术美发挥到极致。在取材上多以儿童为主体，以上世纪六七十年代的乡村田园生活为背景，借由丰富多变的儿童视角为读者营造了一个颇具古典美的艺术世界。本文从曹文轩的写作模式进行考究，对书中少年人的行为与习性进行分析，最终发掘曹文轩创作的美学风格与艺术特征。

关键词： 曹文轩　京派文学　古典情怀　人性　美学风格

20世纪30年代，以沈从文、废名、朱光潜等人为主要代表的京派作家以满溢田园诗情的创作在当时的文坛上小负盛名。他们提倡自然、质朴的人性本真，回归自然而然的生命形态，期望能够涤荡社会万象的污浊，淡薄人面百态的焦躁与浮夸，具有浓重的写实主义风格。在当下的现实社会中，工业化步伐逐步稳健，这种形而上的思想潮流过于纯粹与缥缈，令人难以代入现实的感官和审美意识。换句话说，猛烈的电子浪潮在席卷了整个社会后，使其变得快餐化和商业化，京派文学所倡导的传统的理想主义特征已经很难在浮躁风气的罅隙中苟存，当代作家中很少有能够不遗余力地扛起这面返璞归真的大旗。而曹文轩便是其中的一位。

一、京派文学创作模式的承袭与突破

曹文轩作为江苏盐城人氏，一方面将颇具南方特色的浪漫情怀与古典美兼并，另一方面，他又继承了京味小说流派传统的意象美风格，在整体框架的局限性外做了突破。作为一位严谨的创作型学者，曹文轩在撰文上多采用诗与自然双栖的形式。以京派作家废名为例，周作人曾在其文章中这样称道，“我觉得废名的著作在现代小说界有他独特的价值者，其第一的原因是其文章之美。”[①]废名作品多种意象的融合梦幻且宛转，却又处处针锋相对。这种一明一暗交织的现实境况中的惶惑不安，处在理智和感情的碰撞之中，像是为了探寻生存而构建的信仰乌托邦。当我们参考曹文轩瑰丽而不失气节的文本时，我们深掘到其背后庞大的阐释空间，探询自然意象所承载的内涵意蕴时，可以发现两者存在一脉相承的关系。

曹文轩以崇高的审美情趣和绝伦的表达技法将看似毫不相干的两种物事寄以千丝万缕的联系。法国古典主义戏剧家高乃依在《论悲剧》中指出：“只有那些以主人公虽经顽强抗争，但由于不可改变力量的作用，最终仍然遭受失败为主要内容的悲剧，才真正具有震撼人心的净化力量。”[②]古典思潮催生的文学作品，不可否认地具有浓厚的人文主义情怀，然而这种情愫无法通过一般的事物架构得到突出的体现。而曹文轩铺在令人眼花缭乱的意象建构之外，恰如其分地通过破灭与唯美之间的多方位联系来展示受难后的崇高、相互扶持的温馨和殷殷情爱。这种留有缺憾的悲剧描绘使文本人物的鲜明性格跃然纸上。借由牺牲生命使人格得到升华，死难赋形了读者全新的洞感。这是而今成长文学中少见的态势，曹文轩将之拿捏得妥帖恰当，悲剧继发的快感正是从此类形式中所抽象并提炼出来的。他并没有在人物形貌方面过多着墨，但举手投足间人物心性可窥一斑。轻喜剧式般的悲剧反倒使人浅尝到淡淡的温暖，这种以西方古典主义着色的人文主义情怀奠定了曹文轩的美学基调。正如他自己所言：“艺术是一种节制。我甚至想把苦难和痛苦看成是美丽的东西，正是他们的存在，才锻炼和强化了人的生命。”[③]由此及彼，他细小慎微地决定着自己的情感代入比例，虽构筑了众多写实与浪漫并存的悲剧故事，但他并不崇尚悲观主义。这种忠于现实却又耽于幻想的文学作品使他的创作具毕了古典美的肉与魂。

二、“缺陷”儿童与人性崇高

曹文轩创作被很多读者喜欢，这和他写作中所采用的儿童视角是分不开的。少年人的心境纯粹、质朴，天真无邪，在他们的眼里，一切都变得单纯与亮丽。如《道德经》所言：“我独泊兮，其未兆；沌沌兮，如婴儿之未孩。”[④]然而，这却只能作为一种想象，年纪渐长，欲望也日益增多。曹文轩恰到好处地把握了这一点，从儿童的无欲角度出发，从成长路上的悲恸喜乐架构到少年与大人相异思想的碰撞，不仅能突出少年人的清纯，也能触及成长心灵的震荡，语言的表层背后隐含着对人性的探索。

缺憾美是曹文轩创作的特征之一，这也表现在他对儿童形象的塑造上。他笔下的儿童形象总是具有某种缺失，身体上的缺陷或家境上的罹难。但正是这样，越是彰显了人性的善与恶，低俗与崇高。《草房子》中的陆鹤，因秃头常被同学们耻笑，甚至夺走他的帽子挂在树梢，让他难堪，这使他变得沉默寡言。而在会操中，他刻意扔掉帽子，露出锃光瓦亮的秃头，分散大家的注意，致使会操表演失败。当大家一度讨厌他、唾弃他的时候，他却能够挺身而出，顶替了班级话剧中空缺的秃头连长戏份。在寒冬腊月的天气刻苦地投入训练，最终完美地诠释了这一角色。陆鹤能够不计前嫌，放弃他的个人利益，用实际行动为班级赢得了集体荣誉，使他的人格得到了升华。《细米》中的同名主人翁。少年细米是一个秀气怯生的男孩。他生长在一个居地褊狭的小山村，然生性却并非如同殊乡荒野一般局隘。有一天，大江里的一叶云帆捎来了遥远的苏州城沓至寻芳的女孩们。她们冰洁渊清，兰质蕙心，如大自然花鸟蛱蝶般的端庄顽丽。其中的梅纹姑娘尤以崇高而温柔的精神境界感化着细米。时光如梭，他们之间暗暗升起了一种很特别的情愫，教人心神悸动却又莫可名状。细米在潜移默化间蜕变成一个乖巧、上进的男孩儿。然而时光如梭，当梅纹终究离开了这片芳草地，回到了苏州，细米便知道她再也不会回来了。往日的一切像是做了一个很长的梦……《草房子》中的少年杜小康，他家在油麻地称得上是典型的“富二代”，在这样的环境下，杜小康自视甚高，平日里的待人接物多有不令而信、居高临下之感。但是少年的心肠是善的。他能在关键时刻为集体利益着想，不惜动用家里的耕犁抑或器皿为同学带来方便。与小说的主人公桑桑相比，他更能够正视自己犯下的谬误，果敢地承认行径并向众人致歉。乃至红门落败之后，他不顾往日树植的高傲形象，为维持家的生计而甘愿走上街头做一个卑恭的小贩。他早前用以御寒的光泽鲜亮的绸衣而今已换成打着补丁的粗布衣衫，这是世道命俗的沦落。可在这样的日炙风筛下，杜小康又能够安然秉持着一颗炎炽的心而不至熄灭，不消作者明说，显然是弥足珍贵的。[8]

另外，曹文轩常以死亡或是巨变来衬托人格的升华，当主人公抵御外界的那层坚冰骤然垮塌时，人性本善的光芒一瞬间便暴露无遗。在作品《阿雏》中，主人公阿雏因父母的死对全村人怀有戒心，尤对师长不敬，形貌邋遢，游手好闲。他讨厌与己年纪相仿的伙伴大狗，一天日落时分，哄骗大狗到荒僻的坟丘边，害得大狗因惊吓大病一场。阿雏此先并不以为然，继续以捉弄大狗为乐，然而有一次却出乎了意料外，大坝不知怎的溃塌了，决堤的潮水将阿雏与大狗乘坐的船舶卷持到一个杳无人烟的芦苇滩上。日子一天天过去，他们用芦根充饥，等待过往船只的营救。这时阿雏再没有气力去做那取闹捣蛋之事了，他在余下的日子里把自己的裤衩和背心都脱给了大狗，他不顾锋利的野草芦苇进入滩涂的深处去掏野鸭蛋，只为给虚弱的大狗果腹。最后，阿雏为了抓野鸭给大狗充饥，不慎跌入湖中，再也没能回来……结局让人唏嘘，却又讶异于这个世界比饥饿更为严酷的人情淡漠，两者互衬，阿雏的“善”在死亡的结局下得到更深层次的彰显。曹文轩借由古典主义的笔触，字斟句酌，影射了六七十年代乡村的巨大革新和人性蜕变。在人性变异的背后，却又极尽挖掘善与美的因子，赋予众多具有这样那样“缺陷”的儿童以人性善的内核，在艺术上呈现为残缺之美。

三、自然乡音与古典美学

中国文学历来以意境美见长，情景交融是营造意境最重要的方法。作家（诗人）们在对自然细致而逼真的描摹中，融入了对世界和人生的深切体悟，从而达到一种和谐的情景状态，呈现出自然的本真色彩。就曹文轩小说中的意境而言，他营设了一个个淡雅略带凄美的情景。从温婉尔雅的纸月到孱弱素净的教师都是如此。“纸月不太像乡下的小女孩，在这样的夏天，她居然还是那么白。她的脸以及被短袖衫和短裤留在外面的胳膊与腿，在玉米丛里一晃一晃地闪着白光”⑤。油麻地小学任教的教师温幼菊，长年守在药寮里，一只红泥瓦做的小罐陪她度日，“这是一只红泥小炉，样子很小巧。此时，炭正烧得很旺，从药罐下的空隙看去，可以看到一粒粒炭球，像一枚枚蛋黄一样鲜艳，炉壁似乎被烧得快要溶化成金黄色的流动的泥糊了。”⑥甚至是长病卧床的秦大奶奶，“走进一个将死之人的卧室，并没有想象中那种难闻的气味，反倒有一种干净的很好闻的味道。”⑦

一般而言，乡民多不拘小节，外貌不修边幅，素面朝天。然而置身于曹文轩的小说中，浑然不见乡野莽夫的粗鄙和不堪，每个人都是以清爽的姿态示人。这类取材于黄土地却“出淤泥而不染”的创作手法带来陌生化的审美效果。一方山水育一方民，由此可循，山水也有如乡间畜音般澄澈清远。“一船茅草简直就像一船金子，华贵的亮光，映得岸上观望的人，脸也成了金色。”[⑧]景情相映，韵味久远，喜悦之情溢于言表，无须过多的辞藻润色。又如，“冬天的田野似乎是静止的。风车不转了，牛歇在牛棚里，船拴在河边上，云也不再飘动，乌鸦也很少飞翔。在白天的大部分时光里，它就那样缩着脖子站在田埂上。”[⑨]这是一个插队女知青来乡村教书前的景象，静谧深沉，波澜不惊，却又予人以盘桓压迫之感，在唯美的世界中又多出来某些不和谐。这种氛围的营造，仍然和曹文轩的“残缺美”风格一致。曹文轩椎心泣血于现代文学作品中景物具象与美感的缺失。现代的人们已经不满足于涉猎那些擘肌分理的文字了，他们更需要实在的，能够从直觉上撩拨心弦的东西，譬如物质化的思维方式，这些都束缚着人们的内心情感体验。曹文轩认为现代小说因为过多地追逐商业化的脚步，遗弃了大自然赋予我们浑然天成的河流、原野、天空、归鸟等具有实体的意象，所以文本的中心变得枯涸，有如一潭死水，平淡无波，了无生气。

小说的美学意识是作家经由长时间对于生活的细致观察决定，而美学形态却要由丰富的、颇有象征意味的具象所堆砌和打磨。某种程度上说，曹文轩没有逃脱形而上文本转型的固有窠臼，然而他的文风已然自成一派，独领风骚。在这个争名逐利的现代文坛，他的作品能够不落俗套，受众广泛，已实属不易。

注释：

① 周作人：《看云集》，河北教育出版社，2002 年 1 月版，第 48 页。

② 高乃依：论悲剧［A］，《西方美学史资料选编》［C］，上海人民出版社，1987 年版，第 189 页。

③ 曹文轩：《草房子》（序跋），北京作家出版社，2009 年 9 月版，第 2 页。

④《道德经注》·二卷（附《阴符经注》·一卷），洗马刘权之家藏本影印，1997 年版，卷一百四十六。

⑤ ⑥⑦曹文轩：《草房子》，北京作家出版社，2009 年 9 月版，第 58、125、150 页。

⑧ 曹文轩：《青铜葵花》，江苏少年儿童出版社，2005 年 4 月 1 日版，第 79 页。

⑨ 曹文轩：《细米》，上海文艺出版社，2003 年 6 月 1 日版，第 112 页。

（滕万滨，男，浙江宁波人，本科，研究方向为中国现当代文学；刘红英，女，山西长治人，博士，浙江越秀外国语学院中文学院讲师，研究方向为台港澳及海外华文文学）

吴文化的精灵：凌鼎年小说创作论*

◎邓全明

摘　要：凌鼎年的小小说具有鲜明的吴文化特色，主要体现在对内柔外刚的根本精神的表现、对文人士大夫的塑造和雅俗共赏的审美价值上。同时，他小小说中建构性价值导向对于新乡土苏州想象的建设具有积极意义。

关键词：苏州作家　价值重建　小小说　凌鼎年　吴文化

谈到苏州新时期以来的小说创作，人们可能更容易想起陆文夫、苏童、范小青、荆歌、叶弥、朱文颖等，而可能忽视苏州另外一个非常重要的小说作家凌鼎年，这大概与小小说在文学大家族中的地位相关。其实，在小小说界，在海外华文文学界，凌鼎年影响甚广，但就如同小小说一样没有得到足够的重视意义，凌鼎年在苏州小说中的地位没有得到足够的重视，特别是在凌鼎年对吴文化的表现和建构性价值取向上。凌鼎年在表现吴文化/娄东文化魅力、挖掘其在价值建构方面的意义可谓不遗余力，完全可以说，他是吴文化的精灵。凌鼎年小小说从吴文化特色和建构价值的把握，主要体现在三个方面。

一、内柔外刚的士绅精神：吴文化灵魂之铸造

美国人类学家罗伯特·雷德菲尔德认为文化有大传统与小传统之分，前者指以城市为中心，社会中少数上层人士、知识分子所代表的文化，处于主导地位，后者指在农村中多数农民所代表的文化，多受前者的影响①。钱穆则将文化分为上层和下层，并说："欲考较一国家一民族之文化，上层首当注意其学术，下层则当注意

---

* 本文为2015年江苏省教育厅哲学社会科学基金项目《从建构性价值导向看诗意江南的失落与重构》（编号：2015SJD601）阶段性成果。

其风俗”[②]，同样表明不同层次的文化在整个文化的地位是不同的。这对我们考察吴文化的基本精神是有启发的。实际上，吴文化研究学者徐茂明在把握吴文化的基本精神时，也主要从江南士族、士大夫入手的。凌鼎年小小说对吴文化的表现也首先体现在对士绅形象的刻画及其人文精神的表现上。据不完全统计，凌鼎年以文人士大夫为主人公的小小说有上百篇，《菊痴》《画·人·价》《误墨》《天下第一桩》《第五竹》《法眼》《狂士郑无极》《高云翼造园》《荷香茶》《柏峥嵘与柳临风》《斗茶》《春云出岫》《鱼拓》《古兰谱》《书女魂》《憩园春秋》都是其中的重要作品。这些文人，面貌不一，品性不一，有心高气傲的第五竹，将心爱收藏拱手送人的阮大头，“日日作画，日日焚画”的陶少闲，爱荷如命的周寒冰，看似傲视群雄实则虚怀若谷的狂士郑无极，凡钓到大鱼或特别之鱼就要做鱼拓的鱼怪子，可谓一人一面，形神俱异，但都有一个共同点：柔中有刚。朱永新和汪长根都认为内柔外刚是吴文化的重要特征之一，徐茂明则将刚柔相济视为吴文化与一般特征、具体特征不同的根本特征。凌鼎年在刻画江南文人时首先将目光聚焦在其内柔外刚的文化心态上。所谓“柔”就是温文尔雅，尚文不崇武的风尚。徐茂明认为在经过两晋南朝北方士族对南方士族的排挤压制和明初朱元璋对江南士人的残酷杀戮后，南方的士人“将政治上的追逐转化为精神上的执着，将其心智全部倾注到文化事业上去，以丰厚的文化成就来弥补权力的失落”[③]，可谓指出了吴文化“柔”的选择策略及其真正实质。所谓“刚”实际上是“柔”的另一方面，一方面，士从残酷的政治斗争、权力斗争和世俗的功名利禄中隐退，但另一方面又在坚持自我操守和某些价值原则。作画不为名、不为利，只为怡情养性的陶少闲，养殖名贵荷花奇货可居却毫无俗念的周寒冰，他们自觉与芸芸大众、蠢蠢世俗保持一定的距离，是退，是柔，也是刚——柔中之刚。在某些特殊的时刻，他们的“刚”也会以金刚怒目的方式体现。石痴钟先生、憩园主人周汉章、弇山书楼的媳妇闻洁如、无名无姓的鱼怪子，或与日寇同归于尽，或宁可园毁人亡也不让名园落入敌手，或面对残暴大义凛然，或为捍卫历史真实不惜牺牲性命，无不彰显这种“刚”的铮铮铁骨的一面。当然，作为一种根本精神的大传统不可能只是阳春白雪，它也会渗透到下里巴人。

在凌鼎年的小小说《扫晴娘》《酒香草》《血经》《了悟大师》我们也同样看到了内柔外刚的精神。剪纸阿婆是一个柔弱的寡妇，靠无师自通的剪纸手艺谋生，但就是这样一个大字不识、连姓名也没有留下的弱女子，面对日本鬼子的淫威时，毫无畏惧，并用自己的生命捍卫了个人的尊严、吴文化的尊严、民族的尊严——这无疑是“威武不能屈”的精神的体现。嗜酒入命的阿九，以血写经的弘善法师，斥退清军的了悟大师，都体现了吴人内柔外刚的根本精神。

二、精巧细腻的景观世界：吴文化“具体特征”之诗化

精神是文化的内核，是一切文化现象的灵魂，但精神是内在的，一种具有生命力、影响力的文化还必须渗透到文化的一般特征和具体特征，必须物化为人的生存环境、娱乐活动、社会风俗等，吴文化刚柔相济的根本特征、根本精神最终也会物化为具体特征，通过园林、盆景、园艺、古玩、美食、书画、戏曲、民俗、节庆、养生等物质载体来体现。

凌鼎年小小说除了着力刻画作为文化上层主体的士人及其精神外，也表现了作为人的精神投射的外部环境——吴文化的一般特征。文人作为文化上层的创造者、总结者，也更为集中体现文化的精神，这种精神固然体现在宏大历史中，也体现在日常生活中——往往后者更能看到其整体面貌，凌鼎年小小说对吴文化的把握也体现在对文人雅趣的表现和文化产品的描绘上。正如有论者提到的那样，南方的士族在政治的打压下，将生命力转移到文化的创造上——通过更具影响力和生命力的文化活动来彰显生命的价值。正因为他们在文化上投入大量的精力、财力，使他们文化活动如阳春白雪超凡脱俗，文化产品精巧细腻、巧夺天工。茶馆是娄城东南角七雅园——因花雅、树雅、石雅、水雅、亭台楼阁雅、书画雅、主雅、客雅而得名；喝茶的地点是临水的双梧水榭；放茶的紫檀木的长几；坐人的矮脚官帽椅，无不透出古朴雅致的气息。他们的茶具更是精致，宜兴丁蜀镇的紫砂提梁壶，明德化窑三足白瓷杯，光绪年间的粉彩百花茶盏碗，著名竹雕艺人之手的老竹根茶碗，各具风采；茶叶则有君山银针、蒙顶黄芽、西湖龙井、东山碧螺春、祁门红茶；不仅喝茶，还要诵诗，“驱愁知酒力，破睡见茶功”、“茶爽添诗句，天清莹道心”，如世外高士，尘埃洗尽，这就是《斗茶》中描写的场景，诗、茶、人融为一体，诗如茶、人如诗，真可谓风流倜傥，足见文人雅趣。《盆景王》中层次分明的山水盆景“白银盘里一青螺”、两百多年树龄的榕树桩盆景“闻鸡起舞”、苍老古朴的柽柳树桩“春风拂面”；《荷香茶》中用龙井茶放在开放的荷花中过夜以吸收其香气的荷

香茶；《药膳大师》“王记药膳菜馆”各种养生又美味的各式菜肴，狂士郑无极的画，无不精美、雅致，尽显吴文化的精巧细腻和创造这文化的人的高雅。《鱼拓》中的鱼怪子更是狂狷，他将艺术的触角伸向动物标本，将自己全部的生命热情投入到鱼拓的制作中，将苏州文人的文化热情推向极致。

凌鼎年小小说不仅将苏州文化的各种元素、具体特征收入其中，尽显吴文化的精彩、魅力和历史底蕴，更重要的是文化这些具体特征，被诗化、升华，上升到一种具有生命的东西，与人物融为一体，文化与人的关系如同王维诗中如画的关系——诗中有画、画中有诗，这也使凌鼎年的文化底蕴小说具有深远的意境。如《鱼拓》《春云出岫》《书女魂》《了悟大师》，都显示作者在营造意境方面高超的艺术造诣，其堪比世界战争小说《米龙老爹》。另外，值得注意的是，凌鼎年小说中文人士大夫、各种苏州古典文化元素，如同金庸小说的“后古典性”，不能“简单地等同于中国古典文化本身，而只是它的现代性形式，即体现出浓烈的现代后古典性特征”，而是通过对吴文化“对于一种新中国性形象即中华性的文化认同和想象”④。

三、小小说之“小”：吴文化审美取向之承袭

凌鼎年自80年代开始小小说创作，至今已有30余年，发表各种文字900余万字，创作小小说近2000篇，写小小说理论、小小说评论、小小说随笔数百篇，且仍保存旺盛的创造力，其小小说创作数量之多、创作时间延续之久，在中国小小说界恐难找第二人。凌鼎年与一些小小说家不同：在小小说有了一定的成绩后转而开始写中长篇小说——以此提高写作的层次，他一直坚持小小说创作。在接受姜广平的访谈时，凌鼎年说道：“我不是坚守‘小’，我是选择‘小’”⑤，这表明凌鼎年坚持小小说创作，是他的一种创作自觉，是他的写作追求，是他审美情趣的体现。至于为什么在经过一段时间的探索后，选择小小说作为自己的一亩三分地，凌鼎年并未详谈。不过，他在访谈中提到一个有趣的事实：他是明代《拍案惊奇》的作者凌蒙初的后裔，他的祖父凌公锐毕业于日本早稻田大学，著有《万国史纲要》《法制理财》。我们知道《拍案惊奇》明代拟话本——通俗白话小说——的翘楚，与《醒世恒言》《喻世名言》《警世通言》齐名，被合称为“三言”“二拍”。“三言”“二拍”是明朝白话小说的典范，浓厚的市井生活气息、雅俗共赏的审美取向是其重要

特征。笔者以为，凌鼎年对小小说的坚持既是流淌着先人的血的体现，同时也是他对吴文化的自觉追求。朱永新以为浓郁的市井文化气息是吴文化的一个重要特征，汪长根则将“浓郁的市民文化特色”[⑥]作为吴文化的突出表现。无论是市民文化，还是市井文化，都是大众文化，但值得注意的是吴文化中的大众文化，由于有深厚的士绅文化的熏陶，或者说有其做底蕴，往往呈现出雅俗共赏的特点，这在“三言”“二拍”的小说、“吴门四家”的绘画中都得到体现。因此，我们可以说凌鼎年对小小说的坚持，实际上就是对吴文化雅俗共赏的审美倾向的自觉继承，他的小小说也同样体现出雅俗共赏的审美特点。

凌鼎年的小小说具有通俗文学的一般特征：具有较强的故事性，情节引人入胜、跌宕起伏；人物形象个性鲜明，能抓住读者眼球；贴近大众生活，为大众所喜闻乐见——他的小小说较高的转载率和他小说受到市场的追捧足以说明问题，对此，笔者在本文中不想做深入的分析，本文想谈的是他小小说“雅”的一面。著名小小说评论家杨晓敏认为“鼎年在作品中所注入的文化蕴含，或者说通过人物，故事的描写叙述所透露出来的文化韵味，却是独树一帜的”[⑦]，凌鼎年小小说中的文化韵味，正是“雅”的体现，人们把他的小小说称为“文化意蕴小小说”，正是对凌鼎年小说“雅”的品性的把握。杨晓敏说的“雅”主要指凌鼎年小小说中人物的身份——文人士大夫，也包括这些人的情趣、生活，即本文的第一、第二方面的内容。凌鼎年小小说的“雅”除了体现在人物和整个精神氛围上，也体现在表现形式上。凌鼎年小小说重故事情节，也重意境营造。如：

> 穹隆山是座好山，古树参天，浓阴蔽日，山泉清澈，飞瀑如练，有野兽出没，无家居人迹。[⑧]

这是小说《铸剑》的开头，寥寥数句，将铸剑大师剑雄的周边环境勾勒出来，而且这环境不再是简单的“物”、客体，而是一个世外高士精神的投射。《侠骨柔情》文末写道：“丁丁侠走时，风萧萧，落叶飘飘，枣子又红了。”“风萧萧，落叶飘飘”，使人想到“风萧萧兮易水寒”的苍凉、悲壮；而“枣子又红了”，又为无边的苍凉染抹上一抹红色，令人振奋，看到无穷的希望，落差很大的自然景物，不仅表明季节的变换，也暗示了作品的主题：正义与邪恶并不是简单的邪不压正，通常是恶人当道、小人得势，不过正义始终也不会屈服于邪恶，人类历史也是邪与正的斗争史。《草色青青》，也是这方面的代表之作。“四哥环顾四野，四野草色青青，一派生机”的结尾，真可谓言已尽而味无穷。

范小青谈到凌鼎年的小说时说：“读凌鼎年的小小说，使人想起苏州，想起苏州的园林，苏州的街巷，苏州的风格，苏州的人。”[⑨]我想，这是同为苏州人的范小青对凌鼎年小说在吴文化继承方面的努力的积极评价。其实，凌鼎年对吴文化的表现，也包含他对建构性价值导向的一种认同。如果说金庸小说是直接从中国形象、中国人物、中国器物来重构“中华性”的话，凌鼎年小说则是从吴文化的角度间接地建构“中华性”，因为，我们知道，后陆文夫时代的苏州作家，或出于超越的困难，或受后社会主义时期普遍性的否定性价值导向影响，苏州/吴文化中的腐败气息、死亡气息占主要地位，诗意江南、浪漫江南从苏州小说创作中隐退。从这个意义上说，凌鼎年小小说对吴文化的自觉，其意义不仅局限在苏州，对中国后社会主义时期文学建构性价值导向的重塑也具有积极的意义。

注释：

① 叶舒宪：《中国文化的大传统与小传统》，《党建》，2010 年第 7 期，第 49 页。

② 钱穆，转引陈金圣：《学术权力制度安排中的规范要素与文化认知》，《高教探索》，2013 年第 4 期，第 29 页。

③ 徐茂明：《论吴文化的特征及其成因》，《学术月刊》，1997 年第 8 期，第 77 页。

④ 王一川：《文化虚根时段的想象性认同——金庸的现代性意义》，《天津社会科学》，2001 年第 5 期，第 114、115 页。

⑤ 凌鼎年、姜广平：《“我不是坚守‘小’我是选择‘小’”》，《西湖》，2010 年第 10 期。

⑥ 汪长根：《论吴文化的特征》，《学海》，2012 年第 2 期，第 88 页。

⑦ 杨晓敏：《倾情写作与遍地开》，《文学港》，2013 年第 2 期，第 145 页。

⑧ 凌鼎年：《让儿子独立一回》，东方出版社，2008 年第 8 期，第 50 页。

⑨ 范小青：《以小见大，以少胜多》，见汪放主编《凌鼎年与小小说》，光明日报出版社，2013 年版，第 174 页。

（邓全明，男，江西萍乡人，文学硕士，副教授，研究方向为中国当代文学）

城乡书写与时代言说

——傅泽刚小说创作述评

◎艾自由

摘　要：从傅泽刚别具一格的“昆明都市小说”、充满悲情的“农村题材小说”、一波三折的“官场讽刺小说”、满怀忧虑的“环保生态小说”和精彩纷呈的“探索小说”五个方面，述评了傅泽刚厚积薄发小说创作呈井喷之势。作为游走于城乡书写与底层叙事的多面手，其点多面广的小说创作在云南省内外文学圈受到关注和好评。

关键词：傅泽刚　小说创作　述评

2007 年以来，傅泽刚在《人民文学》《中国作家》《十月》《钟山》《小说月报》（原创版）、《上海文学》《作家》《清明》《长城》《小说界》《山花》《西部》《大家》《边疆文学》《创作》等全国多家文学期刊发表多篇中短篇小说，并被《作品与争鸣》、《百家》等文学选刊转载。其中中篇小说《红殇》在《边疆文学》2013 年第 9 期头条推出后被《中华文学选刊》、《小说月报》等刊转载，入选《2013 中国中篇小说佳作选》，荣获首届“金圣担保·边疆文学大奖”中篇小说奖。2012 年由云南人民出版社出版小说集《一棵树或另一棵树》，2014 年由作家出版社出版长篇小说《雪落高原》，成为云南小说圈的一匹黑马。作为游走于城乡书写与底层叙事的多面手，其点多面广的小说在云南省内外文学圈受到关注和好评。

别具一格的“昆明都市小说”

云南当代都市小说，一直是云南当代文学的软肋和瓶颈。云南著名文学评论家宋家宏在《被遮蔽的云南城市文学》一文中对此表达深深的忧虑：“云南的城市文学，无论创作还是理论研究都处于起步阶段，这与北京、上海、广州、武汉等城市相比，有不小的距离。当然，就中国当代文学来说，城市文学的发展也还是贫弱的，云南更突出而已。更深层的原因在于，我们还没有建立起都市的审美意识”。他真诚呼唤：“昆明作家中应该生长起属于这个城市的作家，能写出这个城市神韵、这个城市人的性格的作家，能代表这个城市的作家。如老舍、王朔笔下的北京，林希、冯骥才笔下的天津，池莉所写的武汉，张欣的广州。然而，纵观昆明小说家的作品，我们却说不出谁是昆明这个城市的代表性作家”。[①]在此背景下，我们来读傅泽刚的系列“昆明都市小说”，就别有一番风味和惊喜了。春城这个西南大都市的独特韵味和都市人的性格特征，在云南当代小说家笔下首次逐渐清晰、丰满起来！

傅泽刚的“昆明都市小说”均为中篇，有滋有味，富有昆明地域特色。小说大多采用第一人称和昆明真实地名，调动自己作为画家得天独厚的艺术积累，尽力拉近和读者的距离，让小说真实起来。这不是小说技巧，而是真实生活的文本再现，或者说这本身就是生活的启示。其中最典型的是其小说处女作、又是其小说成名作《中国作家》2007 年第 9 期作为“小说精品”头条隆重推出的《夜色降临》[②]。文中的景区街道、娱乐场所、酒店饭馆，全是“确有其名”的滇池、海埂、西山睡美人、昙华寺、东风广场、滇池路、北京路、红都娱乐城、难忘时光舞厅、昆都、浪漫故事酒吧、高原大浴场、春城酒店、秦朝瓦罐、小肥羊火锅城等昆明地标，让熟悉昆明的读者和昆明读者有一种身临其境之感，产生是否“确有其事”的阅读欲望和是否“确有其人”的阅读联想。

众所周知，塑造人物形象是小说创作的核心。写活了人物，自然就写活了小说。傅泽刚就是通过栩栩如生的人物性格和曲折起伏的人物命运来含蓄、隐晦地表达自己对生活的感悟和理解。关于《夜色降临》，云南省的唯一文学选刊《百家》2010 年第 12 期头条选刊了该小说，一木在《纷繁的意趣——本期〈百家〉小说点评》一文中认为：“作为一位早年成名又一度沉寂的作家，傅泽刚复出之后的短短几年间，在全国有影响的杂志频繁亮相，显示出了旺盛的创作态势。他刊发在《中国作家》的中篇小说《夜色降临》，以第一人称讲述了一个寻找妻妹的故事：报纸上血淋淋的碎尸案、妻妹的神秘失踪、叙述者内心的隐疾，让这部中篇小说产生了一种难以言说的期待。但是，作者并不急于去回答报纸报道的碎尸，是否就是失踪已久的妻妹，而是用从容的笔调，去呈现夜总会、摸摸舞厅以及桑拿室这些都市元素下面隐藏着的晦暗人生，从而将读者引入到一个苦心构筑的叙述陷阱里。小说的结尾，是一个出人意料的结局：妻妹并非被谋杀，她只是玩了一回行为艺术，最终毫发无损地完成她的体验之旅，安全归来。但是叙述者在寻找妻妹过程中结识的女子旺依倬，却真的被人奸杀碎尸，小说仿佛开始了又一个寻找的轮回”。[③]在谈到《夜色降临》的创作体会时，傅泽刚说：“在昆明五光十色的夜晚，有一盏灯叫红灯，还有一片和红灯相关的区域，作为一个用良知、细节和情感记录历史和现实的书写者，我不应该回避这个区域，社会也不应避开这片区域，理所应当用心去抚摸这片夜色，用心去对待，或者说去尊重小说里的每个人物和场景，让一种另类的生活变得温情和庸常，甚至让一些另类的人物真切、美丽和可爱起来，这是我的责任。”

在《谁是小偷》[④]中，傅泽刚为我们展现的是一种“都市另类情感”。著名画家大巴和大学钢琴美女老师秦月为证明大巴的清白联合抓“小偷”而建立起来的默契情感，在虚拟化的抓“小偷”中，大巴还是抑制不住埋藏在血肉里已久的欲望和冲动，在秦月的丈夫因贪污银铛入狱的一个夜晚，还是像“小偷”一样轻手轻脚走向秦月栽着三角梅、有盏为他而亮绿灯的家，情不自禁地陷入“偷情”的泥淖。小说写到这里，谁是小偷并不重要，重要的是作家把小偷的概念引向了三种人，即偷艺者、偷财者和偷情者。

在《淡紫色的纱巾》中，傅泽刚为我们展现的是两个省游泳队女运动员的一个小赌注而引起的一场“一见钟情惹的祸”。就读艺术学院美术系的大学生“我”因在滇池北岸的海埂所救红衣美女无意留下的这块淡紫色的纱巾，伴随“我”对这个酷似著名演员张瑜的梦中情人的“爱情”幻想了二十年，冷落了外秀内慧的娇妻芳菲，甚至友好离婚，最终醒悟后，又自然回到娇妻芳菲身边。而这一切，通过对远逝青春充满诗情画意的追述，傅泽刚似乎是为了表现这样一种爱情婚姻观：“人世间的大多数婚姻都只是一个真实的存在，却不是爱情的存在，爱情的本质似乎就是虚无缥缈，美丽动人，而婚姻却是一个庸常生活和亲情的存在。”《淡紫色的纱巾》写得富有诗情画意、罗曼蒂克，体现了柏拉图式的爱情内涵，所以《清明》作为中篇小说头条刊发。[⑤]

在《风雨玫瑰》[⑥]中，傅泽刚为我们演绎了一段现代大学校园的“师生恋”，并将这种才子佳人式的“师生恋”推向“绝恋”。为了追求在黄果树瀑布偶遇的在春城艺术学院音乐学院的院花玫子，美术学院的年轻老师高原，想方设法从重庆调到春城艺术学院美术学院，凭着风雨无阻的鸿雁传书和玫瑰传情，高原追求到了自己的浪漫爱情。但是随后玫子由于得白血病接受化疗，一个美少女逐渐变成了脸色苍白的面目全非的憔悴光头女，而当高原千方百计筹集到骨髓移植所需的三十万费用时，玫子却因迟迟不能动手术而离开人世。随着高原将动手术的钱砸向天空，一个哀婉美丽的悲剧爱情也在夜空飘飞，从而对当前大学校园很随意、很泛滥的游戏式恋爱发出了无声的挑战。更为深刻的是，对现时医院因费用原因，对生命熟视无睹，提出了严厉的抗议，并对医院“救死扶伤和人道主义”的宗旨提出了质疑。蓦然回首，读者会发现，当如花似玉的院花玫子因为病魔即将消失的时候，我们感觉到心灵的震撼；当爱情变得纯洁高尚的时候，的确不是仅仅能用金钱来衡量的，虽然交不齐钱就不能动手术就不能抢救曾经美丽无比的生命。在这个物欲横流、情感泛滥、真情难觅的年代，这显然是近年来很难读到阔别已久的感人至深、感人至久的爱情小说。

随着对“春融万物，和谐发展；敢为人先，追求卓越”昆明精神定位的不断深化，怎样让文学再现昆明城市独具特质的精神坐标和精神品格，昆明都市小说可挖掘的东西很多，昆明都市小说应该也可望迎来一片艳阳天！

充满悲情的“农村题材小说”

如果说傅泽刚别具一格的“昆明都市小说”是“昭通人在昆明”的旁观者清，那么2008年以来《长城》《大家》《创作》等推出傅泽刚的《路过沟村》《天孽》《水逝》《沟村是条沟》等以沟村为背景的中短篇“农村题材小说”，则是这个出生于昭通市盐津县普洱镇人对农村故土的冷眼审视。

在短篇小说《路过沟村》中，住在滇黔两省交通要道沟村公路边的德杆的仇富心理严重得畸形变态，本着“靠山吃山，近水吃水，坐大路边就吃大路”、“狗日的有钱人，老子整的就是你，整你没商量”的思想，在开家“沟村商店”没啥整头后，竟然和成绩不好的十四岁辍学回家的儿子沙娃守路夺财，用小花狗和乌子狗欺诈钱财不说，还无视人命，从人贩子老刁处买来四岁的远路娃铤而走险来诈取钱财。在人狗都为他挣得不少钱财后，先是两条狗为财而死，最终远路娃的悲剧在所难免，大年三十被德杆从省城工作开车回家过年的弟弟德明的小车碾死。黑灯瞎火中，德明被哥哥德杆一记铁拳打得昏死过去，跟随德明在省城念书的树娃也被哥哥沙娃一棒打得不省人事，德杆虽然天理难容锒铛入狱，但是沙娃、树娃今后的生活怎么办，何况这种“致富之路”，实在邪门，让人后怕得颤抖！

在中篇小说《天孽》中，群体性的愚昧无知丧尽天良更显悲情。“沟村是出名的穷村，穷得鸟都不飞这里，屙屎不生蛆”。“因为穷，姑娘往坝区嫁，小伙子讨不进媳妇，光棍多了，干耗着，耗得小伙子们心里火燥燥的，老辈人说：这样耗下去要出事哦”。“乌山人都穷得皮掉叮当了，至今还没解决温饱问题，一个穷字，穷到沟村人骨子里面去了，穷则思变，沟村人做梦都在想钱”。沟村人是“卖娃致富”，如果说寸二皮家因为读书的寸丁以不认父母相抵制，寸二皮在瞒着他卖一女娃后不敢造次属特例外，家家像商品买卖一样卖娃成风，根深蒂固的“重男轻女”注定女娃更是难逃“卖运”。除了沟村人想钱想得走火入魔，坚信“若要发就生娃”执迷不悟将人贩子老刁当“救星”外，乡政府以木文书为代表的乡干部对老刁的纵容也是主因之一，这也是寸丁即使后来读了大学仍然孤掌难鸣不能将老刁绳之以法的原因。最为典型的当然是小水妹一家，生了七个娃，除了狗娃和二狗外，五个女娃全卖了。这还不算，狗娃娶亲竟然是从小被卖掉的二妹莲儿未果，狗娃到省城打工嫖娼遇到的还是二妹莲儿，狗娃为赎卖到省城的幺妹对“狗日的富人”“抢劫致富”终至杀人偿命；狗娃爹纵欲过度为生男娃多赚钱，竟然纵容小水妹和老刁苟合产下一男娃大出血而死，自己和老刁为这个男娃的卖价大打出手成了植物人；莲儿在被狗娃发现卖淫后洗心革面，回烂泥地养父母家，养父母双双去世后，因不堪忍受村支书三叔的性骚扰，决心回亲生爹娘家，迎接她的是瘫痪在床的爹和小水妹的坟。作家点面结合，采取一种不无夸张的很极端的写法，将买卖人口的十恶不赦推向极致。

在沟村，我们看不到充满诗情画意的“在那遥远的小山村”、看不到“在那桃花盛开的地方”，满目沧桑的农村镜像中凸现了作家无奈的人文关怀，以及对推进农村城市化进程诸多矛盾的忧虑！

一波三折的“官场讽刺小说”

中国自古以来是一个“官本位”国家，“官本位”文化充斥社会生活的各个角落。“官场”在普通人心中总是一个神秘莫测的话题，而“官场讽刺小说”则通过充满个性的人物和不乏离奇的情节吸引着读者，满足了读者对官场生态的窥视欲望。2010 年以来，《小说月报》原创版、《大家》《边疆文学》《西部》隆重推出的傅泽刚的《无风不起浪》《城市之隐》《水逝》《无选择病人》等中短篇“官场讽刺小说”一波三折，煞是好看。

在中篇小说《无风不起浪》中，随着故事的推进，读者会发现，南部市副市长韦星的事越查越多，谁也没想到，老百姓关注的腐败案的告破竟出自一封不知情的匿名信。其实匿名信一共九封，分别寄给南部市的各位领导，结果，没问题的就没理这封信，有问题的自然就浮了出来，这看上去就像一出讽刺大戏，耐人寻味，发人深省。

在中篇小说《城市之隐》⑧中，提出了与浮躁官场息息相关的权力博弈、官德沦落、打黑保黑、卖淫嫖娼一系列问题，究竟谁是一个城市最大的隐痛？社会热点的揭秘特质，悬而终决的命运角逐，点到为止的干净叙述，使这篇“官场讽刺小说”好看又耐看。

在中篇小说《水逝》中，我们看到主人公山爷之所以在沟村是坐着是尊神站着是座山的人人敬服的“村神”，就在于“本来不管发生什么事，作为一般群众，山爷可以不负任何责任的，但是，要叫山爷不为沟村负责任，除非山爷不是沟村人”的心系父老乡亲的良知感天动地。而在官本位思想严重笼罩下的县长、乡长和村长不管开闸还是放闸，不管固坝还是炸坝，没有把人的生命放到第一位来考虑，而首先考虑到的是自己的官位和上级的命令，因为“各级领导都明白一个理，服从是不会错的，反之，就犯了大忌”。最后，县政府会议室“舍己救人模范邻里，高风亮节美名千秋”金光闪闪的锦旗似乎在告诉读者：用淹没一个只有两百多亩良田的沟村来拯救邻省一座有几十万人的南部市是发扬传统美德，是顾全大局，是舍小家顾大家，是用实际行动践行“三个代表”。在小说中，以山爷为代表的沟村老百姓没有错，县长、乡长和村长也没有错，大家站在自己的立场和角度这样做，都天经地义，都合情合理。但是，读完这篇小说始终有一种无法言说的沧桑和悲凉，随着山爷为救村长儿子毛娃随水而逝，随着几千沟村人家园淹没后的怅然若失，这也许更是这篇小说所散发出的独特魅力吧。

在短篇小说《无选择病人》[10]中，构思之巧、隐喻之巧注定这是一篇先声夺人的优秀短篇小说：医疗上的无选择病人和政治上的无选择病人，同为“无选择病人”，医疗腐败与政治腐败一样触目惊心、暗藏杀机，而政治腐败更让人不寒而栗、愤怒无语！

精彩纷呈的“探索小说”

探索小说的要义，我认为首先在传统小说观念和表现方法上要有所突破和创新，其次应实现作家自己所提出的新的创作观念与新的写法，能进行横看成岭侧成峰的多角度解读。以此而论，2009 年以来傅泽刚发表在《十月》《山花》《边疆文学》《作家》《上海文学》的《天堂鸟》《路口》《滇西魅影》《链接》《七楼的风景》《四月一日》等中短篇小说无疑具有探索性质。

在中篇小说《路口》[11]中，傅泽刚借一个农民工富生为了寻找哥哥贵生，而引出一个农民工交通意识问题。富生有意识的跟踪，偷窥到了少妇华艳为了急于约会撞死撞伤他人逃逸后的内疚和不安，揭示了农民工进城打工的艰辛和所付出的生命代价，也写出了农民工对美好事物的渴望和向往。也许，对众多的农民工来说，城市再好是城市人的，城市女人再漂亮也是城市人的。此小说将悬疑小说、爱情小说、打工小说的要义有机融为一体，让我们不得不对小说为我们所展现的人生的十字路口、情感的十字路口、道德的十字路口、打工的十字路口展开联系，特别有意义的是对进城务工人员交通安全意识的提示，是一篇构思精妙、耐人寻味的中篇小说。

在中篇小说《寻找杏儿》[12]中，围绕着寻找杏儿，我们看到的是知人知面不知心的人生百态：身为企业老板的养父大学钢琴老师的养母雅莉对杏儿始终如一的百般呵护，铁路车站丧偶师傅老钟头陪伴黄贵花寻女的日久生情和精神相伴，派出所刘警官十多年在寻找杏儿征途中的一路相助和善解人意，贩卖黄贵花母女的人贩子马明英的阴险狡诈和人性丧失，轮奸杏儿的农民工三叔福生及其同伙皮娃的偷鸡摸狗和惨无人道，黄贵花被卖到的荒远偏僻的沟村傻子一家的愚昧无知和无可救药。而最让人纠结的，则是十年辛苦不寻常寻找杏儿的黄贵花忍辱负重的艰辛，特别是找到后由于时间、环境和境遇改变形成的鸿沟落差只能见不能认的心理煎熬，最后小说在黄贵花失魂落魄、心无所依的精神几近崩溃想到该回老家中无奈结束。此小说既可以当成悲情反映世上只有妈妈好主题的“亲情小说”来慢慢细读，更可以当成揭示推进城市化进程农民工的种种劣根性主题的“打工小说”来深度思考。

中篇小说《滇西魅影》[13]是以滇西抗战基本史实为基础的想象和虚拟，极富小说张力。《滇西魅影》以秀子、桃子、杏子、五号四个日本慰安妇和朝鲜慰安妇枝子若隐若现的滇西越县县城“上访”为开头，以“我”作为省报记者到滇西老界岭采访进行穿插，以四个日本慰安妇在当地隐姓埋名安家落户、随战败日军一同回国、被战败日军回国前杀害三种可能来结尾，是一篇悲情哀婉又悲壮可叹的小说。除慰安妇和日本兵外，慰安所做饭的地娃、杏子送人抱养留在滇西的儿子田大贵等点缀人物历经岁月沧桑也刻画得栩栩如生。《滇西魅影》既可以作为“战争小说”，也可以作为“推理小说”、“历史小说”来读。

《链接》[14]是一篇短篇哲理小说，有拉美魔幻现实主义的影子，说实在其实很虚幻，说虚幻其实又很实在。写一个中年画家寻找人生某段经历的记忆和链接的人，主题是“说来也怪，这是一个不该丢失而确又丢失了的人，而有些人可以丢失但偏偏又没有丢失，生活就是这样”。在小说中，寻找铁娃是寻找画家童年时代的回忆，从儿时的影像清晰到寻找后的影像模糊，直至双方毫无感觉；寻找英语女孩则是寻找画家所向往和难以忘怀的“原野·乡村·远方”，从漫不经心的影像模糊到难以忘怀的影像清晰；而始终影像模糊的“男超人”和“声音好听女子”则是画家寻找铁娃和英语女孩的链接，抽象得像雨像雾又像风。最终，“在这个春天的夜晚，我又想起了一个叫铁娃的人，这次我想起他，是因为一个不知名的女孩，一个和远方连在一起的女孩，因为她从我的生活中，或者说从我的精神里消失，就像从我的历史中抽去了某段时光，让我的人生不再完整，那些神性而牵肠挂肚的时光，是链接在过去和未来之间的，我想把它找到，所以，我同时想起了铁娃，但时至今日，铁娃不再是我必须找到的，我必须找到的人就像远方一样在远方。那一晚，我竟然泪流满面的怀念远方。”这篇小说，除了探索人到中年的怀旧情感和追求的不确定性外，还有颇含哲理的经典对话，体现了美院油画专业毕业的小说家傅泽刚的另类观察视觉和人生感触："我出奇地打量着她，她有些不好意思地转过目光，笑着对我说，你们画家的目光怎么这样奇怪，不像观察模特儿，而是在探索宇宙的奥秘。""我说，一个爱打扮的女孩子不可能记不住自己的模样。她说，我常常把自己的形态忽略了，我记住的是自己的神态。""她的说法很奇怪，令我这个所谓的画家尴尬。最初的画山不是山，画水不是水，这不算画家，画山是山，画水是水，也只是末流画家，只有最后的画山不是山，画水不是水才是一流的画家，这是艺术的三种境界。画家只求形似是画不好画的，只有神似才是艺术家追求的境界，在生活中，有形似的人，也有神似的人，但一个只注意神似，并追求精神气质的人，那她，或者是他，就一定是个与众不同的人，换言之是个高层次的人或不凡的人。她自然属于后者。"

《四月一日》是一篇不到八千字的短篇爱情小说。在小说中，"四月一日"，愚人节的约会，"当时我只感到一个漂亮女孩从我身边走过，有点失之交臂的意味，说她漂亮，只是感觉而已，我没能正眼看她，当然喽，不是我不想看，而是我不敢看，因为感觉中，那女孩实在是太漂亮了，我怯场。我经常想，我为何见了首长，再大的首长，屁事没有，见了漂亮女孩总这样窝囊，我这人啊，贱，天生的，就算是缺点吧。""当时我并不知道她就是发短信给我的女孩，是事后，我又接到那个手机短信，她说她到过广场，并且看见了我，说我戴个墨镜，穿件夹克，头发很长。她说的全对，我信了。我试探性地说，我也看到你了。她问，我都穿了什么衣服。我说，打死我也不说。她说，你说不出来吧，你瞟都没瞟我一眼，从我身边风一样的溜走了。我说那是我假装的，我假装往左看，实际上墨镜后的眼睛往右看，因为你在右边。她说怪不得，我那天的白色休闲装上，落满了眼睛，全是贼一样的，被墨镜浸透过的。""我们像天天在一起一样，都浸润到对方的磁场里了，我称她丫头片子，她叫我毛头疙瘩，她已成为我生活中真实的存在。"通过无数的手机短信，"我"对太漂亮的"潇潇"可谓心仪已久，可她"最想做的事是没做过的事，最喜欢的事是想象，最爱的地方是远方"，坚信"其实短信没什么不好，它能很好地调动人的想象力，浪漫而富于诗意，当这种想象到顶了，一个爱情就出炉了"、"只有把心湿透了才算爱"，尽管我们通过手机短信两年来在作弄与反作弄中"爱"得死去活来，"潇潇"甚至在"短信恋爱"第三年的"四月一日"跑到我家管我的父母为"爸妈"，可我始终不见庐山真面目，甚至连电话也未通过声音也未听到过。因此，“至于爱情，就像天空的云彩，早上是玫瑰红的，傍晚就成了橙黄色，当夜色降临后，爱情只能成为无边的黑色”。他们永无止境的手机短信之恋，像雨像雾又像风，虽然浪漫，但浪漫得犹如水中月、镜中花、空中楼。这是一篇见不着摸不着的闷骚型爱情故事，是食之无味弃之不舍的鸡肋爱情故事，还是看似非常浪漫实则愚弄游戏的爱情骗局呢，傅泽刚以“爱情名义”作了有益探索，其过人之处在于懂得含蓄内敛更能启发异性的征服欲望，所以总爱半遮琵琶半掩面，欲擒故纵反倒更能体现自身魅力！

另外描述城市家庭生活喜怒哀乐的《七楼的风景》也值得一提。在2009年第4期的北大评刊中，北京大学中文系硕士生顾虹认为：“发表在《上海文学》2009年第8期的傅泽刚《七楼的风景》（短篇），特别难得地写了老年人的寂寞与孤单，平淡中饱含温情。”目前中国已开始进入人口老龄化快速发展期，“空巢”老人们精神孤独，幸福感普遍不强。有两则新闻，一则说的是一个孤独的老大爷，每天坚持像上班一样坐两趟公交车只为与人说话解闷；一则说的是一个83岁孤独的老大爷起诉6个子女，要求“常回家看看”。这不由让人想起电视中公益广告中那位慈祥老大妈对子女无奈的叹息：“忙、忙、忙，你们都忙，忙点好啊！”看来，只有多层面关爱“空巢”老人，才能真正解决“空巢”老人的“空心”问题，为孤单寂寞的老年人撑起一片幸福天。就此而言，作为小说，《七楼的风景》的有益探索无疑是很具社会意义和现实意义的！

满怀忧虑的“环保生态小说”

也许是骨子里的地域精神、情感向度和文化基因所致，傅泽刚总是迷念云南大地，着力云南环保生态的书写，长篇小说《雪落高原》和中篇小说《红殇》《天堂鸟》《黑雪》《最后一百米》都属于这方面的小说。

《雪落高原》系中国作家协会2013年度重点扶持作品，是一部具有云南高原特色和历史厚重感的生态环保长篇小说[15]。小说通过一只伤鹤的生死命运，展开了一场惊心动魄的救治伤鹤的、文明与野蛮、愚昧做斗争的故事，展现了因人性的贪婪、欲望的泛滥、对权力和财富的追逐而导致的环境污染和生态破坏的现实困境，表现了灵子和画家保护自然、爱护生灵的美好情怀，鞭挞了猎人、开发办主任等人的不文明行径，为社会提供了文学正能量。黑颈鹤是这部长篇小说的“主人翁”，是贯穿小说的“人物”，但这部小说又不是动物小说，小说设计有复杂的人际冲突，涉及历史、社会、人性、道德、恩怨、爱情等等，也有人类价值观、艺术观的种种矛盾冲突，注重历史缘由，以此增强小说的纵深感和可读性，让小说情态丰满，也让小说具有历史的表情和厚重。语言则追求抒情性、物性、诗性及哲理性，力求传统与现代、写实与写意、叙述与描写、写景与抒情等艺术元素在小说中也得到丰富而多元的诠释。通过景物描写、色彩构造，让画面具有强烈的感知和视觉冲击力，以表达深邃的意境！

中篇小说《红殇》2013 年因“构筑云南文化和人类生态的文学景观的努力”荣获首届“金圣叹·边疆文学大奖”中篇小说奖。北京著名评论家、评委梁鸿鹰写的授奖辞认为：“落月坪上的孤独老猎人山爷、离群红山羊与躲在天堂坝上的白狼之间原本保持着紧张而紧密的关系，但人的贪婪、欲望与占有导致红山羊被屠杀，白狼殉情，山爷精神失常。作者能够把眼光从人类自身播散开去，让人变成大自然里的普通一分子，与自然中的动物共命运，以多彩的笔触倡导人与自然、人与万物的和谐共处，抨击了猎杀动物等恶行，反映了作家对人与自然关系的深沉思考，作品情节曲折、风格绮丽，有很强的艺术感染力。有鉴于此，评委会决定，授予《红殇》‘金圣担保·边疆文学大奖’中篇小说奖。”云南著名青年评论家周明全认为：“《红殇》表达了作者对现实生态和人类贪婪本性的关注，传达出一种批判精神和忧患意识。小说试图打破人是文学作品中唯一主宰和唯一主体的传统文学观念，让动物成为主角，这是一种新的文学题材，也是一种新的文学形态，是一种以生灵、生命为本位的文学样式。小说探索了动物的思想、感情和希冀，并深入到人类未曾深入探知的动物内心领域，作品涉及人性、恩怨等话题，并非褊狭的主题先置和概念演绎。小说《红殇》最终指向的是对人性贪婪的批判，但整个文本流露出来的却是美——自然之美，动物之间、动物与人之间的和谐之美。”[16]颇有评者所见略同，异曲同工之妙！

发表在《中国作家》2010 年第 3 期的中篇小说《天堂鸟》，它的情节却具有长篇小说诡异多变、曲折逶迤的特征，储备有足够的动人心扉的艺术力量。这篇小说最能阐述理想主义者傅泽刚的爱情观，无论知青时代和梅姑娘恍若昨天的“古典式”爱情故事，还是第二次离婚后和“现代派”记者卡丁躲都躲不过的一夜情，抑或和灵子欲说还羞的唯美“忘年交”，都体现了一种虚无缥缈而又真实唯美的美好情愫。在小说中，一切都来得自自然然，去得也自自然然，爱情也好，天堂鸟也好，但是，始终挥之不去的是牵挂、是缘分，对人和鸟的牵挂和缘分，随缘而爱，缘尽情散。就像小说最后“我”告诉灵子的“心是天空，神鸟就不会飞远”，其实我想作家更想借此表达的是爱情鸟就像天堂鸟，心是天空，爱情就不会飞远。我认为《天堂鸟》既可以作为傅泽刚的“昆明都市小说”系列中篇目前写得最好的小说来读，也可作为“知青爱情小说”来读。看看文中昆明就有的“知青茶室”，知青读者会不由得想起过去难忘的知青生活，以及是否也有难忘的“孽债”。《天堂鸟》还可以作为“环保生态小说”来读，或者说傅泽刚试图通过《天堂鸟》表达一种理想的爱情，在这个浮躁的物质时代，这种纯天然的无污染的爱情，令人神往，这是一篇安静、寒冷、孤独、凄美而又不失浪漫的唯美故事，一篇可以从多个角度、多个层次“横看成岭侧成峰”来解读的小说！

作为一篇环保生态小说，在《中国作家》2012 年第 6 期的中篇小说《黑雪》[17]中，我们眼睁睁地看到有一坡一坡的树林和清澈见底的河流的“树河”村，是如何变成“这不是坟场，等于是坟场，那里的人，等于埋了还没死的”的“煤村”的；眼睁睁地看到私营煤老板及所聘请的煤厂副厂长是如何花言巧语，大作表面文章躲避“我”这个记者的现场调查的；眼睁睁地看到又高又胖的副厂长是如何带头破坏生态，丧心病狂带人砍光了煤村小学周围树木的；眼睁睁地看到“脸黑得像烧过的洋芋，只有眼白和牙齿生白，白得耀眼”的煤炭工人秋生、小煤子们，是如何抑郁寡欢的，该青春而不能青春、该欢快而不能欢快的；眼睁睁地看到为了得到微不足道的补偿金，老煤炭工人德贵、老煤子因患职业病尘肺病及家属是如何安于天命、知足常乐的；眼睁睁地看到工友们对死去的奋不顾身救大家的队长德贵的纪念，是如何永远留着德贵的碗筷及照样付那份钱的；看到乡雪即使其民歌嗓音可比韩红的天籁之音，即使到省城拼命打工，晚期尘肺病却注定如何让悲剧产生的……看《黑雪》，不由得想起台湾著名女作家龙应台 1980 年代那篇著名的杂文《中国人，你为什么不生气》。但是，光生气有什么用。对煤村的人们，推而广之，对全国各级新闻媒体不时曝光的大江南北众多个体小煤矿的瓦斯爆炸及人员伤亡，哀其不幸、怒其不争似乎更能表达我们心中的痛。除了这些，我们的确无能为力！

傅泽刚小说的关注度及其他

傅泽刚在2007年发表小说以来，其小说创作因厚积薄发而呈“井喷”之势。时下在国内文学评论界最具影响力的由原北京大学中文系主任曹文轩教授发起、著名青年评论家邵燕君博士主持的“北大评刊”对傅泽刚的小说多有论及，云南大学云南文学研究所所长宋家宏教授主持的“云大评刊”对傅泽刚的小说创作也十分关注。北京大学中文系硕士生许莎莎认为中篇小说《路口》试图通过贵生、富生两兄弟的悲剧性故事敲响农民工安全隐患特别是交通事故安全隐患的警钟，也涉及都市生活其他一些阴暗面，在题材方面具有一定程度的新意。云南大学中文系硕士研究生吴奇玉撰文称傅泽刚的中篇小说《夜色降临》是昆明城市小说的新收获。云南大学中文系硕士研究生周飞霞认为中篇小说《水逝》中的山爷是沟村的神，沟村的魂，是沟村的精神支柱。而这根精神支柱为了救一个小孩倒塌了，不仅山爷儿子富有的心空了，全村人的心都空落落的，沟村乡民的信仰失落了，乡村的精神倒塌了。山爷死后，如何重建这种乡村精神，如何找到另一个能支撑乡民灵魂的支柱，小说给读者提供了思索的空间。

著名文学评论家李建军在《论第三代西部小说家》一文中精辟指出，西部小说家整体上呈现出的主题重复、风格单一的问题，均与他们的外在体验资源的贫乏有关。他们的生活阅历并不丰富，因此，就只好抓住自己的有限的体验资源不放，写来写去，就那些东西，越写越飘，越写越空，越写越淡而无味。文学评价的尺度不是比数量，而是比质量，不是看谁写得多，而是看谁写得好，因此如何写好，写得更深刻，更有内容，愈显“丰富”和“变化”，是对第三代西部小说家的一大考验[18]。总之，简单地重复自我，是写作的大敌，是每一个想写出好作品的作家，都必须警惕和跨越的障碍。我们欣喜地看到，傅泽刚作为云南小说圈异军突起的“快枪手”和“多面手”，其中短篇小说创作涉及面广，关注当下社会转型矛盾、关注底层民生疾苦、关注人性普世价值，创意颇多，五彩斑斓，且达到相当水准，不时给读者以意想不到的惊喜，特别是在这个充满激情的时代能理性地言说难能可贵，傅泽刚是一个想写出好作品并且能写出好作品的小说家。目前，傅泽刚注重云南元素的生态环保和地域文化的小说写作，意在构筑云南文化和生态的文学地标，打造云南秘境和瑰丽的人文疆域，让云南民族文化从细节和情感的层面进入文本！

注释：

① 宋家宏：《被遮蔽的云南城市文学》，《阐释与建构——云南当代文学专论》，昆明：云南人民出版社 2011 年版，第 69－75 页。

② 傅泽刚：《夜色降临》，《中国作家》2007 年第 9 期，第 145－166 页。

③ 一木：《纷繁的意趣——本期〈百家〉小说点评》，《百家》2010 年第 12 期。

④ 傅泽刚：《谁是小偷》，《钟山》2009 年第 6 期。

⑤ 傅泽刚：《淡紫色的纱巾》，《清明》2009 年第 5 期，第 98－119 页。

⑥ 傅泽刚：《风雨玫瑰》，《长城》2008 年第 6 期，第 89－108 页。

⑦ 傅泽刚：《无风不起浪》，《小说月报》（原创版），2010 年第 1 期，第 129－144 页。

⑧ 傅泽刚：《城市之隐》，《边疆文学》2010 第 7 期，第 4－23 页。

⑨ 傅泽刚：《水逝》，《大家》2010 年第 3 期，第 159－172 页。

⑩ 傅泽刚：《无选择病人》，《西部》2011 年第 9 期，第 91－98 页。

⑪ 傅泽刚：《路口》，《山花》2009 年第 12 期，第 113－135 页。

⑫ 昭通文学艺术系列丛书编委会：《昭通作家精品集·小说卷》，昆明：云南人民出版社 2011 年版。

⑬ 傅泽刚：《滇西魅影》，《边疆文学》2011 年第 3 期，第 32－54 页。

⑭ 傅泽刚：《链接》，《作家》2012 年第 5 期。

⑮ 傅泽刚：《雪落高原》，北京：作家出版社 2004 年版。

⑯ 周明全：《人类生态的文学表达——读傅泽刚中篇小说〈红殇〉》，《文艺报》2014 年 5 月 5 日。

⑰ 傅泽刚：《黑雪》，《中国作家》2012 年第 6 期，第 26－43 页。

⑱ 李建军：《论第三代西部小说家》，《时代及其文学的敌人》，北京：中国工人出版社 2004 年版，第 21－36 页。

（艾自由，男，云南省作家协会会员，昭通市文艺评论家协会副主席兼秘书长，现供职于中共昭通市委组织部，研究方向为中国当代文学）

《世说新语》树立的东方美学

——兼及它对文学的影响

◎［澳洲］萧　虹

在讲到正题之前，我想先谈一谈什么是美学？中国自古有没有美学？

美学一词来源于西方的 aesthetics，原来是“敏感”或“感觉”的意思，亦即对美的敏锐感觉。希腊哲人柏拉图就写过关于美学的专著，他主要的想法是认为美应该是合乎比例、和谐和统一的。他的老师亚里士多德也说美是有秩序、对称和轮廓清晰的。后来一位德国学者又把它定为一种学科的名称。这学科是对美的本质及其意义的研究。这个词由日本人翻译为“美学”，而又由王国维他们那些最早留日的人引入中国。然而，以西方的观念来说，中国有没有他们所说的美学是个还在争论的问题。因为他们所说的美和中国的美的概念是背道而驰的。中国人眼里的美是随意的、不一定对称或合乎比例，而且是朦胧的。虽然中国有些文字牵涉到文学和艺术的美，如诗话、词话等，但却不是纯粹讨论美学的作品。然而我们就可以说中国没有美学吗？我认为我们只能说中国的美学是另一种，是一种可以说属于东方的美学。而这种美学是什么时候建立的？怎么建立的？就是我今天的正题。

《世说新语》是一本怎样的书？学者有不同的说法：有人说是属于清谈小说，因为它的内容包括哲学思想的讨论和人物品评。有人说是佚事小说，因为它收集了很多历史上真实人物的小故事。鲁迅在他的《中国小说史略》中称它为志人小说，那是相对魏晋时期流行的志怪小说而言。

我自己的看法是实际上三种说法都有理，但我倾向于认为它是一本佚事言谈的集大成之作。在我最近在上海古籍出版社出版的一本研究《世说新语》的书中，关于它选材的标准，我说其中之一是趣味性。但是由于选材者独特的审美取向，也许也正是那个时代流行的审美取向，使《世说新语》无意中树立了一种自己的审美观。我说“无意中”的意思是：《世说》的作者或编者并非刻意去做这件事，而是在他们所编选这本书的条目中，带进了一些与美学有关的材料和看法。这种审美观可以见之于《世说》有关艺术创作的地方，包括文学和美术的创作，也可以见之于有关人的精神面貌的地方。

在我的书里，我提出了《世说新语》树立东方美学的看法。在《世说新语》之前，我国并非没有美学的著作。曹丕的《典论论文》和陆机的《文赋》都是讨论文艺的经典之作，但我认为真正对后世影响最大的，还是《世说新语》。我想用几个不同的元素来讨论这个问题。

一是轻形重神。轻视‘形’而重视‘神’的观点。在‘神’与‘形’的二元论上接受了道家的熏陶。在绘画方面这一倾向最为明显，关于这一点，《世说新语》最有名的一句话是：

> 顾长康（恺之）道画：“手挥五弦易，目送归鸿难。”（二十一，14。）①

显然，手挥五弦是画形，而目送飞鸿却要摹写一种神韵，所以难。虽然难，却是更可贵的。这可以说是西方审美和东方审美最大的不同之一。神似是一种形而上之的思想，也就是一种极端唯心的审美观。它成为中国后世文艺理论和文艺批评常说的韵味、意境等概念的始祖。在《世说新语》的巧艺篇里，还有好几条顾恺之关于绘画理论的阐述，因此《世说新语》可以视为一本中国早期的美术史和美术理论的著作。

二是崇尚朴素自然。《世说新语》对朴素的、自然的事物特别欣赏，而对于华丽的、矫饰的东西却予贬低。崇尚朴素与自然也是受到道家的影响。在人物品评的标准上，《世说新语》多用玉来比拟。玉是纯洁无瑕的象征，如说裴楷是“玉人”（十四，12）。此外又有用“野鹤”来比拟：如说王戎是“野鹤之立鸡群”（十四，11）。“野鹤”的美和“玉人”不一样，不是每个人都会欣赏的。必须达到某种精神境界才会懂得其中的味道。它象征自然界一种自由自在的东西，不受任何拘束在山林里生活，翱翔在青天白云之间。但是《世说新语》还提出一种不美的美，如说刘伶貌甚丑，“土木形骸”（十四。13）。在不美之中却因为它真，就也是一种美。

在文学上，《世说新语》又重内在而不重外表。以下两则，说明它更重视表达文学的深层意思和感情。

王孝伯（恭）在京行散，至其弟王睹（爽）户前，问："古诗中何句为最?" 睹思未答。孝伯詠"所遇无故物，焉得不速老"，此句为佳。（四，101。）

因此王恭所欣赏的不是什么华美的诗句，而是一种人生无常的深沉感慨。

谢公（安）子弟集聚，问毛诗何句最佳？遏（谢玄）称曰："昔我往矣，杨柳依依；今我来思，雨雪霏霏。"公曰："訏谟定命，远猷辰告。"谓此句偏有雅人深致。（四，52。）

同样的，谢安所欣赏的不是他的侄子谢玄赞美的辞藻美丽而且音调优美的两句，而是更合乎施政者的深意的另外两句，可能这时的谢安，不是已经在负责朝政就是想着要出山了。

三是崇尚高远，留下空间。《世说》重视留下空间，不管是应用在绘画、音乐或是人与人之间。空间往往是衬托或强调主题的最佳方法，所谓无声胜有声。要想在人和人或人和物之间留下空间，拉开距离，就要站在高远的地方才能做到。所以《世说新语》多处说到高和远的境界。尤其是在人物品评时，它常常对一些人用"高操""高远""高彻""高朗""高爽""高素"；和与远同义如：迈、疏等词，来称许他们的人格，尤其是对退隐的人。这种例子在《世说新语》中太多，所以这里就不举了。

总之，对于人物或艺术的赞美，可以归纳出两个主要的概念：一是高，高是高超，意味着一种超然的立足点；另一是远，包括疏、朗、迈，是保持距离，特别是与俗世保持距离，留下空间的意思。也就是说理想的人格是可以超然物外，远离凡俗的人。而跟高和远配合的词又有"素"，还有"率"和"彻"。这些人既然超然物外，当然就保守着朴素自然的风格，真率而没有矫饰，心灵通达无障碍。这个理想人格也是中国一千多年来知识分子所崇尚的，所仿效的。也是我们的文学，特别是诗歌，所极力想表现的。

四是浓厚的非功利思想。《世说新语》中描写的魏晋名士如阮籍、嵇康都是视功名如粪土的。他们宁愿打铁喝酒也不做官。但是他们之中有些人还是放不下的，例如陆机和张翰，都是吴人，吴被晋平后，都跑到洛阳去求官。赶上八王之乱的黑暗时代，两人就作了不同的选择。陆机因为未能及早抽身，终于死在政治斗争中，想听家乡的鹤唳也不可能了；而张翰因为想吃家乡的莼羹而动了回乡的念头，愿意放弃官职，竟然因此躲避了危险的乱世，安然回到自己的家乡。这两人的出身和经历都相像，只因是否能放得下功利，最后有了截然不同的结果。

王子猷（徽之）尝暂寄人空宅住，便令种竹。或问："暂住何烦尔?"王啸詠良久，直指竹曰："何可一日无此君?"（二十七，46。）

王子猷（徽之）居山阴，夜大雪，眠觉，开室，命酌酒。四望皎然，因起仿徨，詠左思招隐诗。忽忆戴安道，时戴在剡，即便夜乘小船就之。经宿方至，造门不前而返。人问其故，王曰："吾本乘兴而行，兴尽而返，何必见戴?"（二十七，47。）

上一条引文中的王徽之暂借人家的屋子住，却要种竹。他没有觉得因为享用的时间不长，不值得去费事，也不在乎自己种了日后被别人享用可惜。下一条引文已是脍炙人口了。他的‘乘兴而行，兴尽而返’，是非功利主义的最高体现。人在某种自然环境中兴起了某种欲望，一旦这种环境消失，兴致也跟着消失，继续下去也许反倒会意兴索然，所以王徽之能潇洒地做到兴尽而返，正是他过人之处。也给后世的知识分子树立了一种率性的风范，千古传为美谈。

五是开放的人生、政治和世界观。人由于站在高和远的起点，就把人世间的一切拉的很远，甚至把世界和宇宙都包括在视野以内。这样的结果，一是把平常人看得很大、很严重的事都看轻了。比如生与死、穷与达、荣与辱都能用一种平常心去看待。这本来是道家的哲学，但在《世说新语》中却有真实人的行为来为它作注解。

嵇中散临刑东市，神气不变，索琴弹之，奏广陵散。曲终曰："袁孝尼尝请学此散，吾靳固不与，广陵散于今绝矣!"（六，2。）

嵇康在临死的时候，不对自己的冤屈控诉，不对自己的家室留恋，却对一首曲子的绝响表示遗憾，这是何等胸怀！不是视死如归的人，哪能做到？

对荣辱的态度也是一样的。如褚裒被吴兴县令轻视的故事，便很能说明。褚裒不但是太后的父亲，当时也已做到太尉庾亮的参军。虽然官位不大，但名头已响。他大可以一开始就拿出一点架子，让人家对他重视，就不用受被呼为伧的羞辱。可是他不屑这样做，因为对他来说，荣辱不关情，受辱他不在乎，吴兴县令的前倨后恭都没能改变他的态度。

持开放人生观的人必定影响到他的政治观。从《世说新语》里我们也可以看见这样的例子：

> 王安期（述）为东海郡，小吏盗池中鱼，冈纪推之。王曰：“文王之囿，与众共之。池鱼复何足惜！”（三，9。）

> 谢公时，兵厮逋亡，多近窜南塘，下诸舫中。或欲求一时搜索，谢公不许，云：“若不容置此辈，何以为京都？”（三，23。）

这些是宽政的例子。第一条是王述与民同享资源的开放政策。第二条谢安代表宽大、有时能够作出妥协的管理模式，有些事必须睁一只眼闭一只眼。他认为京都该有百川汇海的包容能力，才称得上京都。谢安的做法虽然会有疏漏，但在那个乱世，他的宽松的治理的确适合当时的情势，他因此也成为东晋的中兴名臣。

我们可以再把眼光放得更远一点，放到超乎人的世界而到自然界和宇宙去。这本来是庄子的思想特色，但《世说新语》中人吸收了并利用了这种观点。

> 顾长康（恺之）从会稽还，人问山川之美，顾云：“千岩竞秀，万壑争流，草木蒙笼其上，若云兴霞蔚。”（二，8。）

> 简文（司马昱）入华林园，顾谓左右曰：“会心处，不必在远。翳然林水，便自有濠、濮间想也。觉鸟兽禽鱼，自来亲人。”（二，6。）

这些都是《世说新语》中人和自然的互动的纪录。“千岩竞秀，万壑争流”体现出山川的壮美。“草木蒙笼其上，若云兴霞蔚”显示出自然界勃勃的生机。合起来就是一幅中国的山水画。而人在这自然中显得分外渺小，这样人才可以养成开放的世界观。顾恺之不愧为画家，他顺口道来就成了一幅画。这种人与大自然的互动不但对中国的绘画的影响是有目共睹的，而对我们的诗文在写景的风格上也有不可忽略的影响。

六是至性至情的人和艺术。《世说新语》特别推崇一些性情真率和感情深挚的人。去掉虚伪的做作或礼教的约束，还原人的真性情，这也应该是道家的影响。作为真挚的性情的例子，我们可以举：

> 王（蒙）、刘（惔）共在杭南，酣宴于桓子野家。谢镇西（尚）往尚书（谢裒）墓还，葬后三日反哭。诸人欲要之，初遣一信，犹未许，然已停车。重要，便回驾。诸人门外迎之，把臂便下，裁得脱帻箸帽。酣宴半坐，乃觉未脱衰。（二十三，33。）

谢尚在叔叔谢裒葬后三日该当穿着孝服去拜祭。之后却被朋友拉去喝酒，喝得半醉才想起还没有把孝服脱下来。谢尚那种洒脱的情景，真是可圈可点。

《世说新语》所写的情往往是两个男性的友情或兄弟之情。有些是一见如故，有些是至死不渝。

> 王子猷出都，尚在渚下。旧闻桓子野（伊）善吹笛，而不相识。遇桓于岸上过，王在船中，客有识之者云：“是桓子野。”王便令人与相闻云：“闻君善吹笛，试为我一奏。”桓时已贵显，素闻王名，即便回下车，踞胡床，为作三调。弄毕，便上车去。客主不交一言。（二十三，49。）

引文中因为音乐而把两个人吸引到一起，不需要事先认识。过后两人不交一言就各自西东了，也是一种不可多得的契合。

生离死别之际，最是用情深的时刻。下面是《世说新语》收入的一些动人的例子。

孙子荆（楚）以有才，少所推服，唯雅敬王武子（济）。武子丧时，名士无不至者。子荆后来，临尸恸哭，宾客莫不垂涕。哭毕，向灵床曰："卿常好我作驴鸣，今我为卿作。"体似真声，宾客皆笑。孙举头曰："使君辈存，令此人死！"（十七，3。）

为去世的好友做他最喜欢的事，本是理所当然的，但当着众人作驴鸣可能不是人人都能做到的。

王子猷、子敬俱病笃，而子敬先亡。子猷问左右："何以都不闻消息？此已丧矣！"语时了不悲。便索兴来奔丧，都不哭。子敬素好琴，便径入坐灵床上，取子敬琴弹，弦既不调，掷地云："子敬！子敬！人琴俱亡。"因恸绝良久，月余亦卒。（十七，16。）

最后一条写王徽之和王献之生离死别之际流露的至深的兄弟之情。王徽之'人琴两亡'的哀叫令闻者心酸。难怪一个多月以后他也跟着去了。

《世说新语》所提倡的艺术毋宁说是表现实质的东西，不如说是表现一种生活方式——一种寻幽探胜的生活，优游在山水之中，栖居在林岩之下，大自然成为生活的一部分，所以对山水林木有一种共生共存的情感，表现在诗画中，山水林岩便不复是死的、无知的，而是活的、有感情的。艺术的目的是营造出某种意境，作诗写画的人和读诗观画的人都通过诗中意境达到远离尘世、精神解放和与自然融合的乐趣。这种审美观和西方的大异其趣，而在文化上和中国紧密相连的日本和朝鲜却也可以见到它的影响，所以我称它是东方审美观或东方美学。

从人格的审美来说，经过一千多年时间的消化和锤炼，《世说新语》为后世的知识分子揭示的理想人格是率性的、适意的。不慕荣利，处变不惊，宠辱不移。也可以说是一种反儒家以国家、宗族为中心的思想，而走向个人主义，促使个人认识自我的价值。所以学者认为中国文学到了魏晋是一个转机，开始转向以人为本体现个性的文学。

《世说新语》又包含了不少感怀之作。有对时间的逝去的感触，像桓温"树犹如此，人何以堪。”有灵魂相接的深挚友情，如上文所说王徽之和桓伊一言不交的契合。有对过去无穷的悔恨，如陆机的“欲闻华亭鹤唳，可复得乎？”这些都可以说是中国文学写情典范。

《世说新语》对中国文学影响之大是公认的事实，从风格上看，它影响了唐宋以来的散文恬适淡雅的情致，诗歌也脱不了《世说新语》的意境。不管散文或诗歌都少不了用《世说新语》中的典故。要知道有多少文学曾经引用过《世说新语》中的典故，我们最多能凭个人的记忆而无法作更确切的、更科学的统计。以唐王勃的《滕王阁序》为例：

> 徐稚（一做孺）下陈藩之榻。
> 非谢家之宝树。
> 望长安于日下。

仅仅在一篇文里就用了三个《世说新语》的典故之多，不止可见王勃个人对《世说新语》的喜爱，也可见初唐时《世说新语》的影响之大。诗歌用《世说新语》的典故也常见，如唐刘禹锡的名句：

> 旧时王谢堂前燕，飞入寻常百姓家

借用了《世说新语》雅量第六，13 及该条的注文中诸王住在乌衣巷的典故。

清八大山人还作过《世说诗》20 首，由他自己书写成册页。这样的文学艺术的瑰宝可惜我无缘看到，但我读到我的老师饶宗颐有篇文章引用了一句。但更重要的是在这篇文章里，饶公还指出了黄山谷（庭坚）等后代文人无不仰《世说》为“馈贫粮”。可见《世说新语》有丰富的文学滋养，供我们取之不尽。他更列举了历代书画家抄《世说新语》的做法，认为这些人这样做是为了“增加艺术生活上的体会”，也就是说《世说新语》是文学家和艺术家的灵感的源泉。

唐传奇的雏形可以从《世说新语》找到。它简洁精炼的叙事语言和如闻其声的生动对话，莫不跟《世说新语》有直接的关系。尤其是人物性格的描摹，更是承袭了《世说新语》对人物性格的认识和分析。

对于中国戏曲和小说，《世说新语》的影响更不可小觑。《三国演义》里面的很多内容都可以回溯到《世说新语》，元曲的很多剧目也是出自《世说新语》的。

我们稍微留意就可以发现不少《世说新语》里的话，已经变为成语。我们现在还在用，有的甚至是日常用的口语。一千年前的书有如此生命力，使我们不得不叹服。

《世说新语》在中国一千六百多年始终盛行不衰，流传广泛，虽然不是科举考试的用书，历代都有注释，仿作和新版本出现，正因为它是知识分子情有独钟的，所以中国文化所到之处，都有喜爱它的人，它在日本、韩国乃至欧洲，美洲，一样有出版、翻译和研究，这就是《世说新语》的伟大的最佳证明。

注释：

① 本文《世说新语》的引文，以中文数字代表章，以阿拉伯数字代表节。

（萧虹，女，文学博士，澳洲华人学者，悉尼大学东亚系副教授，研究方向为中国古代文学及中国妇女文化）

论中国古代白话小说创作中的比较法

◎郑祥琥

摘　要： 比较法是中国古典小说中运用非常广泛的一种创作手法，几乎在每一部长篇白话小说中都能够见到。金圣叹等小说评点家早已注意到比较法，称之为“正犯”，且已经从理论高度，对比较法进行了深入的探讨。可以说比较法的大量运用是中国古代白话小说极具特色之处，同时也反映出了中国古人的某些思维特征。本文试图在对古人文化心理、认知结构、思维习惯的分析基础上对比较法在白话小说中的作用、机理以及形成原因进行探究。

关键词： 比较法　白话小说　犯　正犯

从起源与文化背景上，中国古代白话小说的形成与西方长篇小说有着非常大的不同。中国白话小说在素材上依赖于文言小说，在文化功能上继承了史传传统，尤其是野史传统，同时又与说书、俗讲等民间文艺紧密联系在一起。这些因素就形成了中国古代白话小说在人物塑造、情节设置上与西方小说的极大不同。这其中比较法的大量运用，便是中国古代小说创作上的一个突出特点，且是全局性特点，在几乎每一部白话小说中都可以看到。

所谓“比较法”，是笔者提出的一个概念，顾名思义，就是指在小说创作中，作者在情节设定、人物形象设定时运用比较的方法，具体说，就是依靠情节比较、人物比较的方式来进行创作。在古代白话小说创作实践中，比较法有着大量的使用案例，承担着非常独特的功能。这些问题都值得深入的探究。

一、古人对比较法的理论表述

对于小说创作中的“比较法”，古人已经有比较明确的表述。明末清初，金圣叹删改袁无涯刊百二十回本《忠义水浒传》而成《第五才子书施耐庵水浒传》。在该书的《读第五才子书法》中，金圣叹总结了《水浒传》创作中的比较法：

> 有正犯法。如武松打虎后，又写李逵杀虎，又写二解争虎；潘金莲偷汉后，又写潘巧云偷汉；江州城劫法场后，又写大名府劫法场；何涛捕盗后，又写黄安捕盗；林冲起解后，又写卢俊义起解；朱仝、雷横放晁盖后，又写朱仝、雷横放宋江等。正是要故意把题目犯了，却有本事出落得无一点一尽相借，以为快乐是也。真是浑身都是方法。
>
> 有略犯法。如林冲买刀与杨志卖刀，唐牛儿与郓哥，郑屠肉铺与蒋门神快活林，瓦官寺试禅杖与蜈蚣岭试戒刀等是也。①

金圣叹提出的“正犯法”、“略犯法”，就是比较法。“犯”即是重复之意。必须指出的是，金圣叹所说的“犯”并不是他独创的一个概念，而是从古代诗文批评理论中继承而来的一个概念，见于司马光《温公续诗话》：

> 惠崇诗有“剑静龙归匣，旗闲虎绕竿”。其尤自负者，有“河分冈势断，春入烧痕青”。时人或有讥其犯古者，嘲之：“河分冈势司空曙，春入烧痕刘长卿。不是师兄多犯古，古人诗句犯师兄。”②

这里所谓的“犯”，是重复、剽窃之意，乃是时人讥讽惠崇的诗句因袭剽窃古人的诗句，即“不是师兄多犯古，古人诗句犯师兄。”金圣叹继承了前人关于“犯”的理解，在此基础上进一步提出了“正犯法”、“略犯法”，将“犯”这个概念中包含的重复、剽窃之意，引向了比较之意。在金圣叹看来，《水浒传》创作中有着大量的比较法运用。武松打虎与李逵杀虎就运用了比较法，二者的基本要素“打虎”相同，而其他部分则完全不同，武松与李逵的不同性格与特点，通过相似的“打虎”事件，得以全面的展现，给读者以完全不同的阅读体验。

如果我们抛开金圣叹的一些有限定性的理论表述，从更高的理论高度探讨比较法，那么必须注意到比较法的内部区分。笔者认为，如果细分开来，作为小说创作手法的比较法，应包括两种，即对比与顺比。对比法指的是在小说创作中作家刻意创造具有相反相成的对比意义的情节与人物，比如《红楼梦》中的林黛玉与薛宝钗，两个人的性格形成了很明显的对比。又比如《水浒传》以第七十一回为界，前后两部分所形成的鲜明的盛衰对比。顺比法指的是在小说创作中作家设置具有一定相似性，而程度又不一样的人物性格、情节内容，从而表现出二者程度的差别。比如前述《水浒传》中的武松打虎与李逵杀虎的同与不同。又比如《儒林外史》中写了周进的艰难科举历程又写范进的艰难科举历程，二者有相似性，但又不同。

二、比较法在古代白话小说创作中的运用实例

中国古代白话小说中比较法的使用是非常多的，几乎在每一部重要的小说中都有明显的体现。为表明该方法的普遍性，这里可以举一些重要的例子，以四大奇书中最早的《三国演义》而论，该书非常擅长使用比较法。如在第 87 回、88 回、89 回、89 回共用四回的篇幅写了“七擒孟获”，每一次的擒获过程，战斗过程都不一样，这就是比较法的运用。通过这种反复的比较，把诸葛亮与孟获两个人物刻画的非常鲜活。

《水浒传》中比较法的运用比《三国演义》又有了更大的进步，已成为这部小说最基本的艺术特点。在整体结构上，《水浒传》运用了对比法。整部小说以第七十一回排定英雄座次为标志分为对比鲜明的前后两部分。七十一回之前写水浒英雄怎样聚集到水泊梁山，七十一回后则写一个一个英雄怎样死去，这就形成了鲜明的盛衰对比。其次从局部细节来说，也大量运用了比较法，对此金圣叹已有精彩的总结。除了金圣叹所总结的正犯、略犯中的例子之外，《水浒传》中的比较法还大量存在。比如在逼上梁山的原因上，小说大量运用比较法，林冲、宋江、武松、杨雄等人逼上梁山都是因为女人，但又各有各的曲折过程。林冲是因为妻子被高衙内调戏，被高俅陷害；宋江则是阎婆惜偷情，酿成宋江怒杀阎婆惜；武松则是因为大嫂潘金莲勾搭西门庆，又毒杀武大郎；杨雄是因为妻子潘巧云与人通奸，最后怒而杀妻。再比如从人物对比的角度，武松与武大郎的对比，同是一母所生，武松高大威猛，力能搏虎，而武大郎矮小猥琐，人称“三寸丁谷树皮”。这一强一弱的对比，再加上潘金莲的情感诉求，组合成的情节具有非常大的张力。又比如王矮虎与扈三娘这对夫妻，王庆矮小，而扈三娘高大，二人结合为夫妻，这也是一种鲜明对比。

随着《水浒传》在明中叶之后的流行，比较法开始在中国各类长篇白话小说中广泛使用。如《封神演义》一书，以对比法而论，《封神演义》仿照《水浒传》的王矮虎与扈三娘由敌手而成为夫妻，设置了土行孙与邓婵玉由敌手而成为夫妻。再如顺比法，同是纣王之子，殷洪与殷交的命运就有所不同。而《封神演义》的早期文本《武王伐纣平话》中只有殷交，到《封神演义》才加了一个殷洪，凭空多出了三回故事。《封神演义》增加殷洪的目的，显然不是为了凑篇幅，而是为了让小说中纣王的两个儿子形成比较。

比《封神演义》略早的《西游记》中也大量运用了比较法，书中的很多情节都带有比较的特性。比如孙悟空经常靠进入妖怪肚子的方法来制服妖怪，这一方法在书中使用了不下六次。每一次之间，都形成了比较。第一次使用是在十七回中，孙悟空对观音菩萨提议自己变成一颗金丹，观音菩萨变成道人，骗黑熊精吃。第五十九回中孙悟空变成一个蟭蟟虫儿，混在铁扇公主喝的茶里。铁扇公主喝了之后，孙悟空在她肚子里乱打。再如第六十七回到稀柿衕，悟空在与大蟒蛇打斗时被它一口吞进肚子里，悟空直接在蛇体内把蛇弄死。从这些反复的比较中，“孙悟空钻入妖精肚子”这一情节结构得到了大量运用，但每一次又有着巨大的不同。这些情境设定的不同，既不让读者觉得重复，又能表现出作者的写作才能，使用得相当成功。

在晚明的小说《金瓶梅》中，比较法的使用达到了炉火纯青的地步。《金瓶梅》受《水浒传》很大影响，该书是从潘金莲与西门庆的故事脱化而来。在创作方法上，《金瓶梅》也大量借鉴了《水浒传》，其中对比较法的借鉴，就非常值得注意。可以说，比较法的运用成为了《金瓶梅》一个最基本的艺术特点。在整体结构上，《金瓶梅》也模仿《水浒传》的一前一后盛衰对比。《金瓶梅》以第八十回西门庆丧命为分野，前八十回，写了孟玉楼、潘金莲、李瓶儿、宋惠莲、王六儿等女性怎样一个一个来到西门庆身边，写尽了繁华与人生得意。后二十回，写李娇儿、孟玉楼、潘金莲、庞春梅、孙雪娥等女性怎样一个一个离开西门庆家。西门庆家仿佛成了会聚众好汉的八百里水泊梁山，而这些女性仿佛成了一个一个水浒英雄。《金瓶梅》这一盛一衰的前后对比正是全书的命意所在，只有通过这种强烈的前后对比，《金瓶梅》才能达到止淫、戒淫的目的。

在局部细节上，《金瓶梅》成功地运用了比较法，既有顺比又有对比，有时顺比与对比交叉在一起。从单纯顺比的角度来看，第二十回写了西门庆毁花院，第五十回又写玳安砸蝴蝶巷；第四十八回写了官哥儿上坟受冷，第九十回又写孝哥儿上坟受冷；又如书中的算命，第二十九回写了吴神仙给众人算命，第四十六回又写老婆子给众人算命，这两回的算命也形成一种对比。第九十一回又写单独算孟玉楼的命，第九十六回单独算陈敬济的命。从单纯对比的角度来看，宋惠莲夫妇与王六儿夫妇形成鲜明的对比。同是被西门庆霸占，宋惠莲似乎还有情感的因素，而王六儿纯粹是为了得到好处。宋惠莲的丈夫来旺得知宋惠莲被西门庆霸占后多次声称要杀西门庆，后因此被西门庆陷害流放外地。而王六儿的丈夫韩伙计在得知王六儿与西门庆有关系后，反而劝王六儿要把西门庆伺候好，以得到更多的好处。这种种的对比，让《金瓶梅》的情节与人物塑造显得非常有张力，启人思索。

有了明代小说中比较法的大量使用，到清代曹雪芹写作《红楼梦》时，比较法作为中国古典小说一种极为重要的创作方法，无论是在理论上，还是在写作实践上都已经相当成熟了。曹雪芹在创作《红楼梦》时对比较法的使用也就更加的得心应手。《红楼梦》对比较法的应用，最鲜明的体现在塑造人物形象上。林黛玉与薛宝钗，一个反抗封建正统思想，一个顺从封建正统思想，她们在为人处世的方方面面都是形成鲜明对比的。而晴雯在长相、性格以及最后的命运等一些方面像黛玉，她们形成一种顺比。袭人在诸多方面像宝钗，她们也形成一种顺比。反过来晴雯和袭人之间又形成对比，她们同为贾母的丫鬟，被分配服侍宝玉。最终，在林黛玉、薛宝钗、袭人、晴雯之间形成一种极为复杂的交叉比较关系，包括林黛玉与薛宝钗的比较，林黛玉与晴雯的比较，薛宝钗与袭人的比较，晴雯与袭人的比较。此外，又如尤二姐与尤三姐，在性格方面也形成一种对比。尤二姐有些软弱，而尤三姐刚烈、泼辣。

可以说《红楼梦》中处处都有比较，在情节发展、故事推进上也常常使用比较法。《红楼梦》仿照《金瓶梅》，安排贾府前后盛衰形成强烈对比，从“烈火烹油，鲜花着锦之盛”到“树倒猢狲散”，这是在总体架构上的对比。在细节上，比较法也随处可见。如刘姥姥三入大观园，刘姥姥第一次入大观园使得故事得以展开，刘姥姥第二次入大观园时贾府达到极盛，而最后一次入大观园贾府已经衰败，凤姐病危。作者通过这样一种比较法，使得整个情节的展开非常有序，且又不显得呆板。通过比较揭示出了很多问题，自然而然引发读者的思考。

清代另一部小说《儒林外史》，也有着比较法的成功运用。书中作者吴敬梓塑造了大量的人物，通过他们之间的顺比与对比，作者全面描绘出了他所处时代的儒林全景，形成了“史”的意蕴。比如书中的人物，常常是成对出现，如范进与周进，严贡生与严监生，娄三公子与娄四公子，杜少卿与杜慎卿等等，他们之间往往有着强烈的比较。通过情节与人物性格的比较，非常细腻地展示出人物性格的同异，人物命运的同异，最终展示出时代的悲剧，这正是作者的命意所在。

通过以上对《三国演义》《水浒传》《西游记》《金瓶梅》《封神演义》《红楼梦》《儒林外史》等小说中比较法的使用列举，可以看出比较法确实是中国古典小说创作的一种使用极为广泛的方法。这种方法的大量使用，显然已经具有了普遍的方法论意义，其作用值得深入探究。

三、比较法在白话小说创作中的作用

对于白话小说中比较法的作用，金圣叹已经有很好的分析。金圣叹认为，《水浒传》经常使用的这种比较法，实际上是在犯重，但作者又是才子，故而又不显重复，作者达到了“以犯求避”目的。金圣叹指出：

> 吾观今之文章之家，每云我有避之一诀，固也，然而吾知其必非才子之文也。夫才子之文，则岂惟不避而已，又必于本不相犯之处，特特故自犯之，而后从而避之。此无他，亦以文章家之有避之一诀，非以教人避也，正以教人犯也。犯之而后避之，故避有所避也。若不能犯之而但欲避之，然则避何所避乎哉？是故行文非能避之难，实能犯之难也。譬诸弈棋者，非救劫之难，实留劫之难也。将欲避之，必先犯之。夫犯之而至于必不可避，而后天下之读吾文者，于是乎而观吾之才、之笔矣。犯之而至于必不可避，而吾之才、之笔，为之踌躇，为之四顾，砉然中窾，如土委地，则虽号于天下之人曰：“吾才子也，吾文才子之文也。”彼天下之人，亦谁复敢争之乎哉？故此书于林冲买刀后，紧接杨志卖刀，是正所谓才子之文必先犯之者，而吾于是始乐得而徐观其避也。[③]

应该说，金圣叹的分析非常到位。这种“犯之而后避之”、“将欲避之，必先犯之”的“以犯求避”的比较法，可以上升为小说创作的一种方法论。因为一部小说要处理大量的人物、情节，这些人物情节本身，很容易重复。一旦重复，则会让读者生厌。那么如何来处理这些重复，如何让情节显得不重复。古代的小说家们有大量的实践探索，这是比较法形成的现实基础。

在金圣叹之后的小说评点家张竹坡，也对比较法的功能作用有着深入的分析与总结。张竹坡借鉴了金圣叹的从前人继承而来的术语“犯”，对《金瓶梅》中的比较法总结道：

> 《金瓶梅》妙在善于用犯笔而不犯也。如写一伯爵，更写一希大，然毕竟伯爵是伯爵，希大是希大，各人的身分，各人的谈吐，一丝不紊。写一金莲，更写一瓶儿，可谓犯矣，然又始终聚散，其言语举动，又各各不乱一丝。写一王六儿，偏又写一贲四嫂。写一李桂姐，偏又写一吴银姐、郑月儿。写一王婆，偏又写一薛媒婆、一冯妈妈、一文嫂儿、一陶媒婆。写一薛姑子，偏又写一王姑子、刘姑子。诸如此类，皆妙在、特特犯手，却又各各一款，绝不相同也。[④]

张竹坡认为：“《金瓶梅》妙在善于用犯笔而不犯也。”这正是对比较法在小说中作用的高度概括。“用犯笔而不犯”，即是使用比较的方法，让本来可能会显得重复的内容，显示出巨大的不同。本来会让读者觉得重复生厌的地方，经过比较法的运用，反而显示出巨大的情节张力。读者不但感觉不到重复，反而会因为这种重复，启发思索。

四、比较法在古代小说创作中大量使用的原因

比较法在中国古代白话小说中大量使用，已经超出了单纯方法的层面，而可以上升到文学现象的高度。可以说，“比较法的大量使用”是一种文学现象，这种文学现象，显然又跟古代说书艺人、小说作家的文化心理、认知结构、思维习惯有关，甚至也跟小说读者的文化心理、接受心理有关。探究比较法在古代小说创作中

大量使用的原因，必须要注意到以下两个方面：

第一，二元对立思维模式的影响。

中国古代哲学有着非常显著的二元对立倾向。而小说创作中的比较法，在思维模式本质上是属于一种二元对立的思维模式。二元对立的思维模式，就是在给事物分类时倾向于使用二分法，比阴阳、男女、君子小人、善恶等等。在老子的《道德经》中就有“故有无相生，难易相成，长短相较，高下相倾，音声相和，前后相随”的说法，这都是明显的二元对立。正是这种哲学上的二元对立的思维模式再加上汉语的一个字代表一个音节的文字特点，运用到文学上就必然产生对偶的句法，即是说文句用词必须两两相对，缺一不可，互为对称。六朝的骈文、唐朝的格律诗、明清的八股文都是以这种对称为基础的。

这种对称的方法，很容易启发文人们在小说创作时，引入比较法。古代的小说家们，受二元对立思维的引导，在小说创作时，难以接受情节的单一性，需要找到可以对称的地方。最终就导致小说家们设置出完全相反、对比鲜明或具有一定相似性，而程度又不一样的人物性格、情节内容，从而形成结构上的对称。这是古人一种最基本的思维结构。最典型的就是《封神演义》在殷交之外，凭空增加一个殷洪，多出了三回故事，这就是作者为了对称而进行的设定。

第二，史传、类书的影响。

古代的小说家受到史传、类书的巨大影响。宋末罗烨《醉翁谈录》卷一《舌耕叙引・小说开辟》谈到古代说书艺人的学养时说：

> 夫小说者，虽为末学，尤务多闻。非庸常浅识之流，有博览该通之理。幼习《太平广记》，长攻历代史书。烟粉奇传，素蕴胸次之间；风月须知，只在唇吻之上。《夷坚志》无有不览，《琇莹集》所载皆通。动哨、中哨，莫非《东山笑林》；引倬、底倬，须还《绿窗新话》。⑤

这里就提到说书艺人、白话小说作者，要“幼习《太平广记》，长攻历代史书。”这些都是古代小说作者，在小说创作前，普遍要深入学习的读物。这些史传、类书在编撰时，多以“以类相从”为原则，就是把相似的一类人物、相似的一类事情放在一起。比如《汉书儒林传》《汉书循吏传》就是把一些有影响的儒士，品行优良的官员的传记辑在一起，他们之间会有共通之处，但每个人的人生又有很大不同。这就形成了一种比较。

又比如宋初修大型类书《太平广记》，收录了大量的文言小说材料，其编撰方法即是“以类相从”，将题材、主题相同的故事放在一起，按主题分九十二大类，下面又分一百五十多小类。比如神仙类、报应类、豪侠类、鬼怪类、狐类、虎类等等。比如在豪侠类，就收录了大量关于豪侠的文言小说，这些豪侠故事各不相同，但也会有一定的相似之处，客观上也就有一种比较的形式。当白话小说作家，深入阅读《太平广记》，吸收了这种“以类相从”的编撰方法，就很容易在自己的创作中，也用比较来设定人物情节。再如关于虎的故事，在《太平广记》中就从第426卷到第431卷，有六卷之多，包含各式各样虎的故事。这也会启发小说作家在自己的作品中去写出虎故事的不同形态，以此形成比较。《水浒传》中的“武松打虎”故事中的官府悬赏，“李逵杀虎”故事中进虎穴见虎子等情节，跟《太平广记》虎类故事中“白虎”篇、“李琢”篇、“王太”篇在一些细节上有明显的相似之处，可能受其影响。

总之，作为古代小说创作中大量使用的一种方法，比较法有着鲜明的中国特性。对此古人已经有了充分的认识，而今天的文艺理论，显然必须对这种有中国特性的文艺创作理论方法、命题、概念范畴，加以总结提炼，以形成对古代文艺作品更准确的认识，同时也可以古为今用，更好地指导今天的小说创作。

注释：

① 金圣叹：《第五才子书施耐庵水浒传》，中州古籍出版社，1985年版第23页。

② 司马光：《温公续诗话》，见何文焕辑《历代诗话》，中华书局，1981年版第274页。

③ 金圣叹：《第五才子书施耐庵水浒传》，中州古籍出版社，1985年版第201页。

④ 朱一玄编：《金瓶梅资料汇编》，南开大学出版社，2002年版第435页。

⑤ 罗烨：《醉翁谈录》，中华书局，1982年版第13页。

（郑祥琥，男，江西高安人，1983年生，现为南开大学文学院“中国文学思想史”方向在读博士，研究方向为中国古代文学）

李渔诗词特色及其英译研究

◎佘叶盛

摘　要： 李渔是中国文学史上颇有影响力的大家，其创作的小说戏曲和文学艺术理论已广为人知，李渔同时也是一名伟大的诗人，他创作的诗歌特色鲜明，主题丰富，反映了明末清初社会动乱，百姓生活坎坷。在其文学创作理论的影响下，李渔的诗歌表现出喜剧性、创新性和通俗性的特征。本文在探讨李渔诗歌特征的基础上，研究目前李渔诗歌唯一的英译本《李渔诗赋楹联赏析》的翻译特色，旨在引起更多人对李渔诗歌及其英译本的关注。

关键词： 李渔　诗词　特色　英译

李渔（1611－1680 年），号笠翁，浙江兰溪县人，著名的戏曲家、小说家、诗人、戏曲理论评论家。早年随父生活于江苏如皋，二十五岁中秀才，后曾两赴乡试，但都未如愿。易代之后，李渔绝意仕途，一心从事文学创作和学术研究。李渔一生著作丰厚，他在小说戏剧领域的贡献早已受到人们的重视和肯定，小说《肉蒲团》《无声戏》戏曲《凰求凤》《意中缘》，戏曲理论集《闲情偶寄》等历来受到人们的喜爱，他的小说更是早在 19 世纪初就被译成英文在国外传播。李渔也是一名伟大的诗人，他的诗词大都收集在《李渔全集》第二卷里，包括五言古诗、七言古诗、五言律诗、七言律诗、五言绝句、六言绝句、七言绝句、耐歌（词）等。从内容上看，这些诗歌或反映他的农耕生活，或游乐于山水之间，叙事抒情，放浪恣意，尤其反映了明末清初社会动乱，百姓生活坎坷。然而，至今李渔的诗词译本仅有卓振英教授的节译本《李渔诗赋楹联赏析》。究其原因，一是诗歌翻译历来是难中之难，诗歌形式整齐，内容丰富，韵律严格，修辞手段多样，要想保留原诗的艺术美，对译者而言是个极大的挑战。二是李渔的诗词与其小说戏剧相比，没有得到应有的重视，戏剧小说的光芒掩盖了诗词。本文就目前李渔诗词唯一译本《李渔诗赋楹联赏析》进行研究，旨在引起更多人对李渔诗词的关注。李渔诗词特色鲜明，本文主要从以下几个方面进行阐述。

一、喜剧性

李渔在《偶兴》诗中宣称："尝以欢喜心，幻为游戏笔。著书三十年，于世无损益。但愿世间人，齐登极乐国。纵使难久长，亦且娱朝夕。"由此可见，李渔著书的心态是"不求天长地久，只求一朝拥有"，他欢喜游戏"且娱朝夕"的态度与许多文人视文章为终身追求的事业大相径庭。李渔曾在写给友人的信中提到"大约弟之诗文杂著，皆属笑资。"由此可见他对自己著作的定位，即作为茶余饭后的笑资娱乐大众。李渔身处乱世，但他却善于从不如意的境遇中读出喜剧，从常态中品出奇趣。

且看李渔的《花朝日》：

避地逢良友，开樽及美辰。
不谈征战事，故作太平人。
笑语传空谷，追随致远邻。
今春行乐计，别是一番新。

译文：The Flowers'Day

We good companions drink to our hearts'content
In a strange land as refugees till th'break of day.
Assuming th'air of living in peace and order,
Clear of th'topic of war and disturbance we stay.
Echoing amidst the deep hollows and valleys,
Our laughter reaches far when we are in high glee.
Oh, th'spring of this year is witnessing us going

In such an unprecedented way on a spree.

阴历的二月十五日为花朝节，这期间人们会结伴到郊外游览赏花，这也是朋友相聚玩耍的好时机。李渔是个乐观的享乐主义者，他的这种人生哲学深深地影响着他的文学创作。虽然身处战争和混乱中，但他乱中取乐，与友人相聚饮酒。“不谈征战事，故作太平人”体现了诗人痛恨战争，渴望和平。译文用了很多表现喜悦心情的词，如content，laughter，glee，spree，从而表现李渔的乐观主义态度。“Assuming th'air of living in peace and order，Clear of th'topic of war and disturbance we stay.”译文调整了原文的顺序，从而更符合英语表达习惯，同时这句话充满了喜感，犹如李渔在饮酒作乐时对友人劝酒的说笑词。译文用压尾韵方式增强诗歌节奏感，使其读起来朗朗上口，仿佛是一首优美的歌曲。

二、创新性

李渔诗歌一大特色是创新性，“新”是其文学的生命所在。李渔认为创新首先在于意新，意新并不是离奇的杜撰，而是存在于日常生活当中，从现实生活中取材炼意，通过对生活的独特体验与审美发现，发现前人未发现的东西。他认为只要诗人独具慧眼，就可以从“眼前事”、“口头语”中发现新意。而要达到这种“新”的境界，诗人需要对生活有深入的、特殊的体验，需要对生活有独具慧心的理解。在内容和形式的关系上，李渔把意新放在第一位，但同时又强调作家要努力使自己的作品在内容和形式上都能创新，达到“诸美皆备”的境界。总之，李渔对文学艺术的创作要求，始终强调创新。

且看李渔的《鸡鸣赋》:

至其养锐蓄精，戒之在斗。
致力于宵，息机在昼。
岂不爱眠，虑难辞咎。
未醒其躯，先寤乃味。
振羽待鸣兮若惊，试音待发兮如嗽。

尔乃形同鹄立，貌似鹰扬。
一声初起，万吻齐张。
不军令以严肃，无国法而纪纲。
初鸣忌促，利在悠扬；
再鸣忌缓，韵短声长；
三唱则无烦律吕，乱鸣而人始彷徨。

译文：Ode to the Dawn Announcer

As to his conservation of energy,
He must get prepared in case of a fight.
He reconstructs his vitality by day,
And remains vigilant and watchful at night.
Not that his sense of duty is strong
Although not yet fully awake, he tries
His tongue and flaps his wings for th'morning song.
No sooner has he made the starting note
Than his companions in chorus roar.
Lo, he assumes a posture near to that of th'crane
And th'air of an eagle that is ready to soar!
Caw-cuckoo-coo!
Caw-cuckoo-coo!
…
The world entire becomes active all at once
As soon as he utters the very first caw!
Discipline is carried out without orders,
And peace accomplish'd without a statute law.

该赋歌颂的主要是雄鸡的优良品质，“致力于宵，息机在昼。岂不爱眠，虑难辞咎。”说明雄鸡尽忠职守，“未醒其躯，先寤乃味”形象地说明了雄鸡每天第一件事就是为主人报晓。对此作者又作了进一步描绘，即初鸣、二鸣、三鸣，每一鸣都气势恢宏令人难忘。译文为了增加可读性，译者对“鸣”作了不同处理。“振羽待鸣兮若惊”中之“鸣”译为 song（歌），“初鸣忌促”之“鸣”译为 movement（乐章），这两个用词更能体现雄鸡悠扬的叫声。此外，译文用拟声辞格（“Caw-cuck-oo-coo!”）来体现雄鸡的鸣叫，这种增译使译文更加生动形象易于接受。

三、通俗性

李渔非常重视创作语言的通俗化、群众化，他要求作品语言通俗易懂、明白如话，而不可“艰深隐晦”，诗词忌讳用生冷字句。他主张作品的选材应为日常生活中普遍易见的事件，旧熟的题材容易被市民接受，易于民众理解，更能迎合他们的口味，表现真情实感。李渔作品的通俗性还源于他的职业，作为一名从事出版业的商人，能否创作出有销路的作品对他来说十分重要，只有迎合市民阶层的口味，才能受到广大市民的青睐。因此李渔的诗词创作体现出浓重的“为平民”的通俗性。

且看李渔的《薄命歌》：

有扬州女，适杭人为妾，厄于悍妇，恹恹待毙，似为小青之续者，何广陵不少名花而武林之多妒雨也？因赋长歌，代为写怨。

生男勿教弓与弩，生女莫教歌与舞。
学成弓弩沙场灭，学成歌舞为人妾。
妾家原住隋炀堤，隋氏风流今未移。
家家爱养移人物，贺生女子吊生儿。

译文：Song of the Ill-fated Girl

A girl from Yangzhou was married as concubine to a man of Hangzhou. Maltreated by the man's wife, she has been reduced to a poor soul struggling on the brink of death. Most likely she will become a second Xiaoqing. Alas, why are there so many jealous storms against beauty? To express her grievance I compose this song.

If you beget a boy, take care not teach him archery;
If a daughter, make sure she lays no songs and dance to heart!
For a man apt at archery may die in battlefronts,
And a concubine may a girl become who's good at art.
People living on the bank of Emperor Yang's Cannel
Prefer daughters to sons, which is customary in th'place.
There is a girl whose appearance oft invites people's eye,
For she's inherited th'Sui Dynasty features and grace.

李渔的诗歌往往以诗序开头，《薄命歌》的诗序部分交代了所咏故事的有关内容和作诗缘起，由此可知这首诗歌是诗人为在杭做妾的扬州女申述喊冤。诗人选取市井百姓常见的社会现象作为诗歌主题，同时以近乎白话的语言交代作诗背景，正是其通俗化、群众化的创作理念的实践，而译文也呼应了此创作理念。如诗序中“厄于悍妇，恹恹待毙”，翻译成 Maltreated by the man's wife, she has been reduced to a poor soul struggling on the brink of death，读者可以从 maltreat，poor soul，struggling 这些简单的描写中充分了解扬州女的处境和状态。“妾家原住隋炀堤，隋氏风流今未移。家家爱养移人物，贺生女子吊生儿”译成 People living on the bank of Emperor Yang's Cannel，Prefer daughters to sons，which is customary in th'place. There is a girl whose appearance oft invites people's eye，For she's inherited th'Sui Dynasty features and grace，在这句译文中，译者对原诗的语序进行了调整，从而使其更符合读者的逻辑思维，增加译文的可读性。

综上所述，在其文艺观的指导下，李渔的诗歌创作体现出喜剧性、创新性和通俗性的特征，而卓振英教授的李渔诗歌英译本《李渔诗赋楹联赏析》充分保留了李渔诗歌的特色，为李渔诗歌的传播做出了重大贡献。

参考文献：

① 卓振英：《李渔诗赋楹联赏析》，外语教育与研究出版社 2011 年版，第 51 – 70 页。

② 卓振英：《典籍英译中的逻辑调适》，《中国翻译》2011 年第 4 期。

③ 吴广义：《李渔〈十二楼〉回首诗词的语言特色》，《汉字文化》2002 年第 4 期。

④ 胡元翎：《李渔拟话本篇首诗词浅探》，《求是学刊》2003 年第 4 期。

⑤ 盘莉娜：《尝以欢喜心，幻为游戏笔——略论李渔诗词的喜剧性》，《阅读与写作》2011 年 12 期。

（余叶盛，女，浙江江山人，硕士学位，浙江越秀外国语学院讲师，研究方向为英语语言文学翻译）

专题研究

伯希和敦煌学在法国的传播*

◎李　敏

摘　要：在敦煌学研究领域，国外的学者非常重视资料的搜集和整理，国内学者则侧重于理论研究。作者在用大量的法语文献着力于伯希和的敦煌学与大国学之间的渊源关系研究，从而更好地推动中法文化的传播研究以及法国文学研究。伯希和真正成名是与他的敦煌学研究紧紧相连的。伯希和正是因为有争议，才值得研究。他的成就傅斯年有非常高的评价。他的最重要贡献是发现了敦煌学，而敦煌学一直是20世纪初到现在的显学。

关键词：伯希和　敦煌学　文化传播　跨文化交流

法国的学术界尽管对伯希和的敦煌学研究成果评价不一，但基本上都承认他在汉学界的领先地位！19世纪末、20世纪初，西方史学以历史语言考据学派（即历史语文考证学派）为主流，其学风深深影响了欧洲东方学界及汉学界，使得欧洲的汉学家，如沙畹（E. Chavames）、高本汉（B. Karlgren）、高第（H. Cordier）、伯希和、卫礼贤（R. Wilhelm）等人，无不从语言考证入手，进行东方及中亚等地的历史与文化的研究。作为沙畹学生中影响最大者，伯希和也是一位较早将历史语言考据运用于比较考证法的大师，他博学多才，研究成果几乎涉及了东方学的所有领域，所以治东方学、汉学时，伯希和的治学方法是历史语言考据之法。①得到了如沙畹、高本汉（B. Karlgren）、高第（H. Cordier）、伯希和、卫礼贤（R. Wilhelm）的极高推崇，欧洲汉学家一致认为，伯希和在学术上所取得的巨大成就在欧洲东方史研究领域是出类拔萃的，而且在日本也具有极高的荣誉。20世纪下半叶，伯希和还与他的同行艾约瑟（Edkins）、商克（Schaank）、武尔皮奇利（Volpicelli）一起

* 1. 本文为绍兴市哲学社会科学研究“十二五”规划2015年度重大课题（125585）；2. 浙江省教育厅科研项目（Y201432737）阶段性成果。

参与了欧洲汉语的主要研究。

中国将近百年来许多的学者对于伯希和的敦煌学有着很高的评价，例如：陈垣在元代西域文化这本书中曾提到过，整个二十世纪上半叶，之所以说巴黎是汉学的首都，与伯希和有着直接的关系；陈寅恪自己亦承认，他之早期治学曾“深受西洋学者的影响”，第一人就是“Paul Pelliot 法国伯希和”。[②]王力先生等发表《伦敦中国艺术展览会》一文，其中第三点为涉及巴黎法兰西书院伯希和教授者：巴黎所藏，早经伯君编目，公开阅览，学人便之。至若伯君在东方学上之贡献，本为留意国外汉学者所夙知。伯君将已泯灭之数个中亚语言恢复之，为中亚史之各面及中国外向关系增加极重要的几章，纠正无数汉学中之错误，鞭策一切治汉学而为妄说者以向谨严，继茹里安、沙畹以建立巴黎汉学派之正统。影响所及，德、奥、瑞典、英国、美国以及日本。此君固中国毗外，全世界治汉学者奉为祭酒者也。且伯君认识及称述中国学人之贡献，尤为其他汉学者所不及，此可于伯君著作及言论见之。傅斯年在“论伯希和教授”一文中曾这样评价：伯君之学问与贡献，为汉学造若干新页，自应为此大国民族所敬佩。此日学术之进步，甚赖国际间之合作、影响与竞胜。各学皆然，汉学亦未能除外，国人如愿此后文史学之光大，固应存战胜外国人之心，而努力赴之，亦应借镜于西方汉学之特长，此非自贬实自广也。二十年来日本之东方学进步，大体为师巴黎学派之故，吾国人似不应取抹杀之态度，自添障碍以落人后。

伯希和真正成名是与他的敦煌学研究紧紧相连的。伯希和正是因为有争议，才值得研究，他的成就傅斯年有非常高的评价。他最重要的贡献是发现了敦煌学，而敦煌学一直是20世纪初到现在的显学。

正如国学大师季羡林先生所言：咱们讲文化交流，文化交流有两种形式，一个是输出的，一个是进来的。敦煌是进来的代表，很多文明程度很高的国家文化，都到过敦煌。佛教从国外进来，经过很长时间的演变，形成了有中国特色的中国佛教。敦煌里边有很多内容是佛教的，也有其他文化的，是古代中国吸收外来文化的最后一站，再往下就没了。

一、伯希和在法国汉学界的地位及影响

伯希和（Paul Pelliot 1878 - 1945），法国人。1878 年出生于巴黎，商人家庭。

早年在法国政治科学学院、东方语言学院等处学习，1899 年往越南河内，学习并供职于印度支那考古学调查会，即法兰西远东学院，曾数次奉命往中国，为该学院购买中国古籍。伯希和（Paul Pelliot，1878 –1945）是法国 20 世纪上半叶最具影响力的汉学家。他是欧洲汉学泰斗法国大汉学家沙畹的四大弟子之一，其他三人为马伯乐、葛兰言、戴密微。伯希和主要是一位文献学家，对汉籍目录的校勘当属中外学者中的佼佼者。[③]难怪当时有学者认为："伯希和对纯粹中国材料认识之多，在北平学界也大可惊人，旧的新的无所不知。"1939 年他还被聘为中国中央研究院历史语言研究所研究员。伯希和所治之汉学不仅仅是敦煌学，包括早于陈垣十年前与沙畹合写的《中国摩尼教考》及未完成稿《元朝秘史》等。

伯希和的汉学主要贡献体现在两个方面：一是敦煌学，另一即是以郑和下西洋为中心的中西交通史研究。并于 1933 年，在法国的《通报杂志》发表了书评《15 世纪初中国的伟大海上旅行》（Paul Pelliot，Les gramds voyages martimes chinois au debut du XVe siecle，T'oung Pao，vol. xxx，1933）。

伯希和《郑和下西洋考证》的另一学术贡献在于系统考证了郑和七次下西洋的具体时间和地点，从而代表了当时学界对郑和下西洋年月的研究水平。

二、伯希和与法国敦煌学研究

由于伯希和等法国学者先声夺人，法国的敦煌学研究在欧美国家中一直居领先地位。第二次世界大战后，法国敦煌学研究有了进一步发展，对敦煌文献中藏文、回鹘文、于阗文等少数民族文献的研究成果尤其斐然可喜。[④]

1906 –1908 年，法国探险家和汉学家伯希和在对西域的科考和探险活动中，几乎穿越了整个新疆，经济富庶和文明璀璨的库车地区，更是他考察的重中之重。对于古龟兹文明的探索，也是这次活动的目的之一。伯希和科考探险团通过发掘和收购而获得的大量文物资料，长期在法国入藏于法国集美博物馆（文物）和巴黎国家图书馆（文字资料）。伯希和西域探险团留下的最重要的文字文献，即伯希和沿途亲笔所记的实录性《西域探险日记》，却在长时间内未全文公之于世，原手稿始终尘封于集美博物馆。直到 2008 年，在伯希和结束西域探险百周年祭的时候，法国集美博物馆才由当时的馆长和法国科学院院士贾立基主持编辑出版了《伯希和西域探险日记》。这部在百年间秘而不宣的文献面世之后，对于西域的历史、地理、名族、文化、古迹、物产、人口、宗教和艺术诸方面的研究，都具有不可估量的价值。伯希和于1908年5月28日在敦煌千佛洞度过了他的30岁生日。

法国探险家李默德（Fernand Grenanrd）在1891－1894年发表的“高地亚洲探险记”中，讲玄奘所说的跋禄迦国（BALUDA）考证为拜城县的亚哈艾日克，当时曾经挑起了汉学界的一场争论。伯希和在经过详细地考证之后，坚决摒弃了这种说法。

伯希和与在敦煌文献研究方面有着六卷本的《敦煌图录》（1920－1926），他所收集的敦煌文献材料，已基本全数入藏法国国立图书馆；美术品入藏巴黎卢浮宫，后归集美博物馆。国立图书馆所藏敦煌文献材料，全部用伯希和的名字Peillot标号，缩写成P，中文简称“伯”。第二次世界大战后由韩百诗组织一批学者，把这些艺术品系统分类，编成《伯希和考察队考古资料丛刊》，已出版了十几卷。[⑤]所有这些均是汉学研究的珍贵文物与资料。伯希和曾将随身携带的一些敦煌文献出示给罗振玉等人观赏，这些文献的重要价值当场便得到罗振玉等人的认可。伯希和与中国学者结缘，敦煌这批国宝是重要媒介。

三、伯希和的敦煌学与国学之间的渊源关系

1. 何为国学？什么是“国学”呢？简单地说，“国”就是中国，“国学”就是中国的学问，传统文化就是国学。国学应该是“大国学”的范围，不是狭义的国学。既然这样，那么国内各地域文化和56个民族的文化，就都包括在“国学”的范围之内。地域文化和民族文化有各种不同的表现形式，但又共同构成中国文化这一文化共同体。齐鲁文化互补，是中国传统文化的重要组成部分。但是齐鲁文化以外，还有其他地域文化也很重要。长江文化、其他地域文化，其实都应该包括在国学里边。敦煌学也包括在大国学里边。[⑥]

2. 中国国学大师对于伯希和敦煌学的接受。1933年4月15日，被胡适奉为“西洋治中国学泰斗，成绩最大，影响最广”的法国汉学家伯希和离开北京时，对前来送行的中国当代史学巨子陈垣、胡适等人说：“中国近代之世界学者，惟王国维及陈先生两人。不幸国维死已，鲁殿灵光，长受士人之爱护者，独吾陈君也。”

伯希和的“宣判”竟在胡适这等人物的内心激起如此大的波涛，可见伯希和的国学水平或汉学水平真在这一帮北平的国学大师之上也。⑦有关历史学家认为，伯希和的学术视野、国学功夫及研究范围甚至超过王国维、陈垣，更不消说超过陈寅恪、傅斯年等人了。

3. 大国学的典型文本与伯希和敦煌学的关系如何？咱们讲文化交流，文化交流有两种形式，一个是输出的，一个是进来的。敦煌是进来的代表，很多文明程度很高的国家文化，都到过敦煌。佛教从国外进来，经过很长时间的演变，形成了有中国特色的中国佛教。敦煌里边有很多内容是佛教的，也有其他文化的，是古代中国吸收外来文化的最后一站，再往下就没了。伯希和一直提倡治汉学应有三方面的预备：一是目录学与藏书，二是实物的收集，三是与中国学者的接近。而在这三方面，伯希和都可谓做到家了，难怪傅斯年也高呼中国学者应“仿次典型，以扩充吾人范围”。⑧

注释：

① 傅斯年：《论伯希和教授》，长沙：湖南教育出版社 2003 年版。

② 王川：《陈寅恪与伯希和的学术交往述论》，《史学史研究》，2003。

③ Paul Pelliot：《Les influences européennes sur l'Art Chinois au XVIIème et au XVIIIème siècle Conférence faite au Musée Guimet?》.

④ Paul Pelliot：《La Haute Asie》.

⑤ Paul Pelliot：《Mémoires Sur Les Coutumes Du Cambodge De Tcheou Ta-Kouan?》.

⑥ Pelliot a Painleve，le 23mars 1920，Archives de l'ORIENT.

⑦ Paul Pelliot：“Notes de bibliographie chinoise，1902，pp. 131 - 143.

⑧ Paul Pelliot：伯希和 1908 年 3 月 23 日日记，Carnets de route，1906 - 1908，Paris：Les Indes savants，2008，p. 290.

（李敏，女，河南人，留法博士，复旦大学在站博士后，浙江越秀外国语学院副教授，研究方向为跨文化传播暨比较研究）

宗教与泉州

◎徐振忠

摘 要：中国第一座被世界评为“东亚文化之都”的泉州，历来被称为“世界宗教博物馆”，它与以色列境内的耶路撒冷并称为世界两座宗教城之一。耶路撒冷是伊斯兰教、基督教和犹太教的发源地，它虽被称为“和平之城”，但这只是人们的一厢情愿，实际上它历来战火纷飞，并不和平；而泉州是儒教、道教的大本营，外来宗教佛教、伊斯兰教、基督都、天主教也在这里长期存在，古代还传摩尼教、婆罗教、景教等，近十种宗教在泉州和平共处，从不出现宗教与宗教之间的争斗，实际上泉州才是真正的“和平之城”。各种宗教在这里能长期相安无事，因为泉州是“人杰地灵”。这是一种独特的文化现象。本文选择本土宗教儒教、道教和外来宗教摩尼教、天主教、基督教在泉州存在的现象，从多种角度进行观察与思考，和读者共同探讨宗教文化的问题。

关键词：宗教博物馆　儒教大本营　关岳庙　西学东渐　圣母大殿　晋江草庵

一

谈到泉州的名胜古迹，许多人总是列出开元寺、东西塔、清真寺、圣墓、清源山、老君岩、九日山、少林寺、草庵、洛阳桥、平安桥等，而常把府文庙忽略了。其实，府文庙是历史文化名城泉州很重要的文物古迹，是儒教的寺庙。

泉州的汉族居民是在西晋末年及东晋初年由北方南迁来的。西晋末年，由于政治腐败和内战（“八王之乱”），以及“五胡十六国”时代北方的混乱，引起大量中原人民的南迁；而东晋时代的永嘉六年（公元312年），羯人石勒举兵南征，为避战乱，一部分南迁的汉族人来到今泉州，定居在起名为“晋江”的江畔。他们来到泉州定居，带来了中原的传统文化，主要就是儒家学说和儒教。

（一） 儒教的形成

儒家学说发展成为儒教经历了千余年的过程。儒家学说是春秋时期孔子创立的，它本是直接继承了殷周奴隶制时期的天命神学和祖宗崇拜的宗教思想发展而来的。这种学说的核心就是强调尊尊、亲亲、维护君父的绝对统治地位，巩固专制宗法的等级制度。这种学说稍加改造就可以适应当时封建统治者的需要，本身就具有进一步发展成为宗教的可能。但是在汉代以前它只是作为一种政治伦理学说与其他各家进行争鸣。孔子的学说共经历了两次大改造。第一次在汉代，它是由汉武帝支持，由董仲舒推行的，这就是所谓的“罢黜百家，独尊儒术”的措施。因为汉代大一统的中央集权封建宗法专制国家需要一套在意识形态上和它紧密配合的宗教、哲学体系，孔子便被推到前台，被抬上了宗教教主的地位。第二次改造从唐代起，宋代完成，延用于元明清。到了宋代，为适应宋朝统治者的需要，产生了宋明理学，即儒教。孔子的学说，经过在汉代、宋代两次大改造，宋明理学的建立，标志着儒学改造成儒教的工作已完成。朱熹是完成儒教体系的最重要人物。朱熹把《论语》《孟子》《大学》《中庸》定为“四书”，用一生精力为它作注解。他的《四书集注》被宋以后的历代封建统治者定为全国通用的教科书。

儒教信奉的是“天地君亲师”，把封建宗法制度与出世的宗教世界观有机地结合起来，其中“君亲”是中国封建宗法制度的核心，“天”是君权神授的神学依据，“地”作为天的陪衬，“师”是代天地君亲立言的神职人员，拥有最高的解释权。其宗教组织是中央的国学及地方的地学、府学、县学，学官即儒教的专职神职人员。为了使儒家更好地发挥巩固封建经济和政治制度的作用，历代的封建统治者及其思想家们不断地对它加以改造，逐渐使它具备细密，并进行了儒学的造神活动，把孔子偶像化，将儒学经典神圣化，又吸收佛教、道教的思想，将儒家搞成了神学。这种神学化了的儒家，把政治、哲学和伦理三者融合为一体，形成了一个庞大的儒教体系，一直在意识形态领域占领着正统地位。统一的封建帝国需要这样一种思想体系：它能够用统一的神权来维护至上的君权，它能够用祖先崇拜来巩固宗法等级制度，它又能够用仁义道德的说教来掩饰统治者对劳动人民的压迫和剥削。他们推出“三纲”（君为臣纲，父为子纲，夫为妻纲）和“五常”（仁、义、礼、智、信）作为维护封建等级制度的道德教条，提倡“三从”（未嫁从父，既嫁从夫，夫死从子）。“四德”（妇德、妇言、妇容、妇功）作为歧视和压迫妇女的封建教条。

（二） 泉州是儒教的大本营

被称为“海滨邹鲁”的泉州是儒教的一个大本营，这是有它的经济基础和政治文化基础的。自从唐代以来，特别是宋、元、明时代，泉州是东方第一大商港，它不但是国家经济起飞的枢纽，国家税收的一大财源，而且是南中国文化建设的摇篮，人物鼎盛之地，名人辈出。“此地原称佛国，满街都是圣人。”完成儒教体系的朱熹就曾在泉州呕心沥血苦苦经营，泉州是朱子理学的发祥地。他少年时代，就随父来到泉州晋江安海，公元1131年其父在安海建立石井书院，当朱熹在泉州同安县任官职时，便常来石井书院讲学。

泉州古代有“四大书院”，其中三个书院都与朱熹关系密切，除石井书院外，还有泉山书院，就是朱熹亲自建立的，这个书院以及另一个叫小山书院，也都是朱熹经常来讲学的地方。朱熹晚年曾再来泉州继续讲学办学，访禅问道，他一生在泉州完成了《四书章句集注》《周易本义》等儒教经典之大作，一生在泉州培养大批儒教研究人士，得意门生，最出名的如许升、邱葵、吕大奎和王力行；在南安、晋江、惠安等地还有一大批学有所成的儒教弟子，使泉州成为儒教经学圣地。这在全国是少有的，他们代代相传，特别是到了明代，还产生了像蔡清以及张岳、陈琛、林希元这些全国著名的儒教大学者，形成了完整的朱子学思想体系，使泉州成为儒教经学圣地，朱子的“闽学开宗地”。

朱熹是一位著名的思想家和教育家，他教人要从格物、致知入手，进而正心、诚意、修身、齐家、治国平天下，这种思想体系，对泉州人以及中国人是有可取的地方，他在泉州创立了浓厚的学术研究风气，人才辈出，但朱熹所建立的儒教体系是不可取的。他主张“存天理，灭人欲”，“去心中贼”。他们所谓的“天理”无非是封建宗法制度所允许的行为准则，内容不出“三纲”、“五常”这些儒教教条。君权、族权、神权、夫权是压在人民心中的枷锁。不过当时泉州也有个别思想家如明代的李贽，剧烈反对儒教封建道统，反对把孔子偶像化，主张不“以孔子之是非为是非”。但当时泉州儒教势力太过强大，迫得他无法在家乡讲学，只好离乡背井，客死他乡。

朱熹对孔子的改造，把他塑造成神，成为儒教庄严、神圣的教主，成了永恒真理的化身，这与孔子本人的思想面貌相去甚远。后人如果提出打倒孔子，那是不对的，应该必须打倒的是儒教。孔子的儒家思想虽有糟粕，但也有许多精华。“仁”是孔子的人道观（伦理思想）的核心。他一生提倡为政从德、仁者爱人、修养谦恭、慎言敏行、知人交友、博学近思，有助于建立一个仁政指导下的和谐安定的社会，他对文化教育事业也做出杰出的贡献，这些都值得后人继承与发扬。孔子是一位博学的学者、伟大的教育家、政治思想家，先秦儒家流派的创始人，对于儒家思想，我们应取其精华，去其糟粕。从汉代起，为了纪念孔子和宣传儒教在全国建了许多孔庙，后来由于战乱、新文化运动和“文革”，许多孔庙已毁，但泉州孔庙难得保存了下来。

（三） 泉州的孔庙

由于儒教在泉州长期兴盛不衰，所以泉州的儒教寺庙在全国是有名的，现在中国大陆尚存五座著名的孔庙：曲阜孔庙、北京孔庙、南京夫子庙、泉州文庙和德阳孔庙。山东曲阜的孔庙是全国最大的孔庙。曲阜是孔子的诞生地，古称“鲁国陬邑”，而孟子出生于邹县，所以后人把“邹鲁”代表孔孟之道。曲阜孔庙是一组规模宏大的建筑群，与北京的故宫、河北的承德山庄合称为中国古代三大建筑群，在国内外享有盛名。曲阜孔庙共分九进庭院，三座大殿：一阁、一坛、三祠、两院、两堂共 466 间，另有 4 座名坊，占地 21. 8 万平方米。

泉州文庙也称府文庙或孔庙，泉州被称为“海滨邹鲁”，所以它的孔庙是全国规模较大的一个文庙。不过它与曲阜孔庙相比要逊色。它最早建于唐代中叶，位于衙城的右侧，当时著名的宰相张九龄书额曰“鲁司寇庙”。宋代太平兴国初年，即公元 976 年，始迁建于今址，七年后还在其近旁建立府学，即州学，后文迁他处，大观三年，即公元 1109 年又迁回，南宋绍兴七年，即公元 1137 年重建。左学右庙，有明伦堂尊经阁、学署、名宦乡贤祠及十五座祠宇组成布局宏伟的建筑群。大成殿是祭孔的正殿，是宋代典型的重檐庑殿式，面阔七间，宽 41 米，进深五间，深 24 米，三成门三开间，左为金声，右为玉振，三门连成一体；东畔有明位堂，西有泮宫、乡贤名宦及状元祠，彰显大庙的气度。泉州文庙历代屡经重修，现存建筑保持清初原貌。大成殿前梁悬清代雍正书写“生民未有”的匾额，后梁悬康熙书“万世师表”一匾。此外，还有“圣协时中”、“与天地参”、“圣神天维”、“道洽大同”、“德齐帱载”、“中和位育”和“斯文在兹”等金字大匾悬梁于上；大柱挂王仁杰撰写陈怀晔书写的楹联一对：右联为“六卷经书既定中华道统”，左联为“千秋俎豆重开召郡斯文”。大成殿正中供奉一尊巨大立式的孔子塑像，高约四米，身穿章服，凛然独尊，与曲阜孔子像形象相似，左右供奉两排孔子的著名高足和后学的坐雕像。按顺序左排是：冉耕、宰予、冉求、言偃、颛孙师、朱熹；右排是：闵损、冉雍、端木赐、仲由、卜商、有若。奇怪的是，后学有朱熹，却没有孟轲。不过这也可见朱熹在泉州儒教中的重要地位。大成殿前有露台，台前为宽阔石埕拜庭，庭中有半月形泮池，池上有元代建的梁式石构泮桥，中部略为拱起，整条桥面横铺长形条石 72 块，象征孔门第子七十二贤人。桥上两帝砌有石构护栏。殿内陈列有明清两代制作的祭孔铜器皿与象牙器。

大成殿东侧为府学，其中心为明伦堂，七进深五开间，宽 36.59 米，深 22.76 米，前有大露庭，宽深各 36 米，庭外一方池。横 12.65 米，直 43.80 米，上建石桥，旁围石栏，又南为育英门，三开间三进深，与明伦堂同为单檐歇山顶砖木结构，门外为大石埕，与文庙石埕相连。

府学东侧，有宋代（公元 1181 年）建的一座七米高全木结构的文昌阁，是古代楼阁建筑物的典范，曾被古建筑学家列入中国古建筑史的物证。可惜于 1955 年被拆毁。

大成殿东畔的乡贤名宦及状元祠，现称泉州历史名人纪念馆，内立有 38 位泉州古代历史名人的全整身雕像，与真人一样高大。他们按序排列如下：欧阳詹、王廷彬、留从效、曾公亮、蔡襄、苏颂、吕惠卿、吕夏卿、王十朋、梁克家、朱熹、留正、真德秀、曾从龙、赵汝适、卢琦、蒲秀庚、楔玉立、张岳、陈琛、蔡清、俞大猷、王慎中、李贽、苏浚、何朝宗、黄克晦、李廷机、郑成功、张瑞图、何乔远、施琅、李光地、施世纶、施世榜、陈庆镛、丁拱辰、黄宗汉。笔者这里有必要作两点说明：一是，这些名人并不全是属泉州籍的，有几位是外地人但来泉州任职，对泉州做出贡献的，如朱熹（祖籍江西，出生于尤溪）、王十朋（浙江温州人）、真德秀（闽北浦城人）；二是，有些泉州籍的名人这里疏漏了，本该列出，如明代泉州唯一的状元庄际昌，才气横溢，旷达不羁；明代直言敢谏的御史詹仰庇，理学家陈紫峰等。

儒教寺庙虽然庄严宏伟，但信徒的顶礼膜拜方式却与佛教道教有所不同。虽也有前跪、叩头、平身、上香等礼仪，但除非举行祭孔仪式时使用，儒教的信男信女平时却不到孔庙来上香；它与基督教也不同，儒教没有入教的仪式，没有精确的教徒数目。但这些只不过是儒教这种宗教它自己的特点罢了，这并不意味着它不是一种宗教。不过随着社会的变化，特别是“五四”新文化运动和新中国各种政治运动的开展，儒教受到很大的冲击。这些儒教的寺庙虽然仍然存在，但历经沧桑，例如泉州文庙很长时间被占用作市粮食局仓库和小学校舍。直至改革开放以后，才逐渐恢复原貌。现在主要是作为一种历史文物古迹被保留下来，它是很有历史文化研究价值的。

二

泉州有一双名称相对的庙宇——文庙与武庙。文庙也叫府文庙、孔庙，有的地方叫夫子庙，除了祭孔外，平时无人到那里奉香。而武庙也叫作关帝庙，尊奉关羽；也有顺便供奉岳飞的，叫作关岳庙。武庙几乎天天人头攒动，香火缭绕。一般人认为武庙是属道教，但也有人认为，它是属儒教。

认为武庙是属道教的理由是，西晋初年传入泉州建起的一批道教寺庙，从元妙观开始，接着建起的东狱行宫、城隍庙、天后宫、关帝庙、长桥宫、真武庙等百座道教宫，都是出自对那些有功于国，有德于民的英雄人物的一种崇敬。而主张它是儒教的寺庙则认为奉祀关羽是充分体现儒教的思想。儒教推出“三纲”（君为臣纳，父为子纲，夫为妻纲）和“五常”（仁、义、礼、智、信）作为道德教条，关羽正是最忠实的执行者。他与刘备原是朋友，后桃园结义为兄弟，最后刘备被尊为帝，关羽对他赤胆忠心，以身殉蜀，而蜀汉代表正统的王朝。关羽一生喜读《春秋》，行动上又能明正统，仇曹孙，这些做法均以孔子倡导之儒学为依归，所以他是儒家推崇的忠义神明，他是武将，被奉为“武圣”，供奉他的寺庙也就称为“武庙”，岳飞也是这样。

两种说法都言之有理，实际上佛教先于道教与儒教，把关羽神化了。早在隋代，佛教就把关羽列为“伽蓝神”之一，杭州灵隐寺在十信伽蓝神旁妆塑关羽像供奉。不过《三国演义》作者罗贯中的笔下，则把这位显圣的关公，说是属道家之神。然而，把关羽作为儒教之神，主要是因为一些皇帝给他的追封。最早是宋徽宗在崇宁元年（1102 年）追封他为“忠惠公”，又于宣和五年（1123 年）封他为

“义勇武安王”，明代的万历皇帝则封他为“三界伏魔大帝神威远震天尊关圣帝君”，他被称为“关帝”则自此时起。清代光绪帝封他为“忠义神武灵佑仁勇威显护国保民精诚绥靖翊赞宣德关圣大帝”，封号多达26字，达到无以复加的地步。从明代开始，皇帝都重视建武庙以祀之，以与文庙相对应；又规定春秋二仲月（二月及八月）及五月十三日致祭，列入祀典，其规格“略降于先师（孔子）”，在清乾隆四十三年泉州宫献瑶《重修泉郡通淮街关帝庙碑记》详细记载。可见关公之奉祀乃是由封建王朝按儒教尊孔的办法直接倡导并全面加以推广的，说武庙属于儒教，一点也不过分。

众所周知，道教、佛教和儒教起初是三教鼎立的，但有它的共同点，就是在中国封建社会里从不同的方面为同一个封建皇权服务的。它们之间有过矛盾和斗争，但儒教也认识到由于儒教建立较晚，佛教和道教的一些宗教思想可以辅助儒教世俗说教的不足。在唐朝后期，三教的重要思想家都主张三教会同，即儒、道、释（佛）融合。这种思潮，对中国后期封建社会起了稳定作用，从而延缓了中国封建社会向近代资本主义社会过渡的速度。三教合一，是中国思想史、中国宗教史发展过程的最终归宿。由于儒、道、释三教都是封建上层建筑的重要组成部分，进行精神控制的有效工具，所以都受到历代封建统治阶级的重视。这又反过来促进了三教合一思潮的发展。不过笔者认为，武庙归属道教更为适合。

泉州的武庙也是由皇帝下令建造的。明太祖朱元璋信服关羽，下令泉州七个城门要建七座关帝庙，最先建的就是在东南门（通淮门）的武庙，也是今现存的一个。当时称为“关侯庙”，也叫“三义庙”、“关王庙”和“关帝庙”。明嘉靖年间（1522－1566年）重修，庙有左、右堂，各有前厅、正殿、后殿三进，左堂祀寿亭侯（关羽），右堂祀平浪侯（晏公，水神）。到万历年间，右堂改为三义庙，祀刘、关、张，附祀诸葛亮，并于左厅后殿塑关羽衮冕像，清乾隆年间（1736－1795年），增建崇先殿，祀关羽之曾祖公、祖父、父亲的神牌。民国三年（1914年），立庙祀“关壮缪侯羽、岳忠武王飞”，武庙便称为“通淮关岳庙”。“文革”期间，庙中的塑像、匾额、楹联被扫荡一空，庙宇被作为社办厂工作场所，时值17年之久。直至1983年才重修，并于1986年、2007年两次大规模修缮。修缮后，外部富丽堂皇，内部却相对简单，体现一种清简、朴素的美学风格。

现存通淮关帝庙占地3000多平方米，在涂门街中段，坐北朝南，由武成殿、崇先殿、三义庙三座并排的庙宇组成，均为三进。屋顶的造型是单檐硬山顶结构，每条屋脊的两端都是翘起的弧线。庙的门檐、斗拱、殿内都装饰有精美的木雕、石雕和泥塑。

武成殿为正殿，正位祀圣帝君（关羽，泉州人称为“帝爷公”）和岳武穆王（岳飞），配祀关平、周仓、王甫、赵云。左旁崇先殿祀关羽的曾祖光昭公、祖裕昌公、父成忠公，还有一尊端坐轿的关圣夫子像，是在灾祸之年招神像出巡的圣驾。

庙中现存碑记石刻十余方，包括了清康熙、乾隆、嘉庆、道光、咸丰及民国年间碑刻八方，庙门外两壁嵌有宋代大书法家米芾、明代董其昌所书石刻诗二方，匾额十余幅，其中有朱熹书“正气”，张瑞图书“充塞天地”，蔡浚书“鼎汉立宋”，台湾王金平书“心源如接”，周焜民书“义范英风”，林剑仆书“普天怀德”，以及古匾“勖扶汉室”，庙门口有副对联，上联是“公平正直，入门不拜无妨”，下联是“诡诈奸刁，到庙倾诚何益”。前殿外石柱的对联是：“通春秋而崇汉统，淮南北屡扫金师。”大门石柱对联是：“通荆门制曲，谰言骂使，实严争汉鼎；淮水西和戎，遗恨朝天，空谱满江红。”

这些碑刻、匾额和楹联，都是珍贵的文物，它们记录了本庙宇的发展变化沿革，是有价值的文化历史的研究资料。武庙被列入福建非物质文化的保护遗产。

在泉州所有宗教庙宇中，关岳庙是最受市民青睐的。除了“文革”期间，庙宇关闭，否则现在更是天天人来人往，络绎不绝，香火极盛。顶礼膜拜者认为关公神通广大，有求必应。不论是婚姻、家庭、生意、疾病、求职，甚至上学，他们都要到关岳庙烧香求庇，甚至抽签求指点，并捐一些香火钱，以求心理上获得安慰。他们中不但有中老年人，而且也有许多年轻人。这种现象，人们认为是由于泉州人的封建迷信传统极其浓厚所致。根据历史唯物主义无神论观点分析，泉州自从宋代理学大师朱熹在这里苦心经营，把泉州变成儒教的大本营。七百年来，一代代的泉州人都无法破除迷信移风易俗。即便在“文革”中断，过后又恢复原状。然而，按唯物辩证法分析，事物都有两面性，这种现象也有其积极性一面。有的学者认为，关岳文化是中国优秀传统文化的一个重要组成部分。长期以来，关帝信俗在泉州有着浓厚的基础，其文化内涵突出表现为劝人为善、助人为乐、造福为民、诚实可信、忠义爱国等。它对维系中华民族的凝聚力，维系中华民族的团结和维系社会和谐起了积极的作用。泉州地面上的关岳民俗信仰，代代相传，呼应着这片土地的文化与经济的发展。关岳民俗信仰是泉州人血液中流动的传统，在不经意间融入了百姓的生活，喂养一代代人的心灵。

2015 年 6 月 28 日，是关帝君 1855 周年诞辰，本市及厦门、漳州、台湾及东南亚各国逾万信众赶来聚通淮关岳庙庆贺，祈求“帝关公”保佑广大民众安康幸福、国泰民安。当日同时由有关负责部门联合举办第三届海峡两岸关帝文化（台湾巡境）摄影展。这些活动说明，关岳文化也是联结海峡两岸同胞和祖国与东南亚侨胞之间的无形纽带。

三

20 世纪 90 年代初期，我到美国访学。有一天，在洛杉矶与一位来自墨西哥的加州大学博士生闲谈，他的母语是西班牙语，但英语讲得既流利又地道，所以我与他交谈十分顺利。他是研究宗教文化的。得知我来自中国泉州，他十分兴奋。他说：“你的故乡与耶路撒冷一样，是一座宗教城，是一座多元文化的城市，被称为‘宗教博物馆’，我很想在获得博士学位后能立即到那里参观访问；我也欢迎你方便的时候到中南美洲访问。你也是学历史出身的，那里有玛雅文化的遗址，有美洲金字塔，你一定感兴趣吧？去年夏天，我到美国犹他州的盐湖城访问，发现那里居住着一些上世纪末从叙利亚移民来的摩尼教信徒。他们竟然保留着一夫多妻制，这真让我吃惊。听说你们泉州也有一座古代的摩尼教寺，是全世界唯一还保存着的一座，真难能可贵！我可真想去参观。”

我告诉他：“我们泉州的这座摩尼教寺原来也几近荒废，人们以为是一座小型的佛庙，叫草庵，到那里烧香的人都把它当佛拜。后来，由于我中学时代的一位历史教师吴文良先生的证实，才重新认定它是古代的摩尼教寺。”我于是把自己所知道有关的事一五一十地告诉他。

吴文良（1903－1968），泉州地方史研究专家、中国海外交通史的文物收藏家、宗教石刻研究专家。他的名著《泉州宗教石刻》是一部以泉州古代外来宗教的石刻为主，系统研究与证实了泉州是中国宋元时代海交巨埠和“海上丝绸之路”的重要起点站的奠基性考古巨著。他是中学教师出身，毕业于厦门大学生物系，搞历史研究是半路出家的，但却获得了巨大的成就。

我 1954 年考入当时省立晋中（现泉五中）时，他还在那里当历史教师，直到 1958 年才他调往泉州市海交馆工作。记得 1956 年有一天，他开了一场题为《摩尼教起源及草庵寺摩尼教的再发现》的学术讲座，我也前往听讲，至今还记忆犹新。下面是他讲座内容的概要，结合笔者查阅的一些有关资料，记述摩尼教起源及泉州草庵摩尼教是如何重新被发现的。

摩尼教也译为牟尼教，在我国也称为明教，是公元三世纪四十年代初由南巴比仑人摩尼（Mani，216－276）在伊朗创立的宗教。其教义沿袭了袄教关于世上存在光明与黑暗斗争的二元论思想，同时吸收了诺斯替教、基督教与佛教的某些成分，号召人人终生自我修行，帮助光明战胜黑暗。为此，要求教徒弃富就贫、赈济贫困、独身禁欲，粗衣素食。宣扬善人死后可获幸福，而恶人则将入地狱。该教经典有《二宗经》《明与暗》《三际经》。他们攻击袄教高级祭司的腐化生活，反对贫富悬殊的社会现象，深得民心。初曾受伊朗萨珊王朝国王沙普尔一世的保护，后因该教的信仰和活动威胁着国教和贵族的统治，在瓦拉姆一世执政时遂被宣布为异端，并加以取缔。摩尼教徒受到残酷的迫害，摩尼本人也被国王处死，剥皮装革，悬于城门示众。

摩尼教曾由伊朗西传至叙利亚、埃及、北非和罗马、高卢南部、西班牙等地，东传入中亚各地，694 年（武周延载元年）传入中国，732 年唐玄宗允许摩尼教自由活动。762 年回鹘以摩尼教为国教。768 年唐朝应回鹘之请下令在长安建摩尼教大云光明寺，又在长江流域荆、洪、扬、越各州及河南府、太原等地立寺。843 年回鹘灭亡时，摩尼教被禁止，教徒受到迫害，该教转而成为秘密宗教。混合有道教和佛教教义的明教，就是摩尼教发展而来的。五代、宋、元的农民起义曾利用明教为组织斗争的工具，因此受到封建统治者的打击，但一直到 14 世纪，该教仍在活动，特别是在福建、浙江和台湾地区。摩尼教在唐代依附佛教，宋代依附道教，经元、明而与其他教派相融合。明代因国号为“明”，摩尼教在中国叫“明教”，与它相抵触，朱元璋下令取缔，打击特别严厉，杀了许多摩尼教僧侣与教徒。到了清代，作一个独立宗教的摩尼教在中国已不复存在了。

摩尼教在北宋时就传入泉州。据草庵原存石碑记载，传入时间“盖在宋代”，但晋江的草庵则建于元代。由于传入中国的摩尼教往往依附佛教和道教，因此往往难辩清楚。例如北宋时期，摩尼教的经文曾被编入《道藏》，被误作道教的经文；

再者，波斯摩尼教是反对崇拜偶像的，而草庵摩尼教却有一尊“摩尼佛”石雕像，这一圣像则往往被误为“佛”或道教的什么神塑像。

草庵摩尼教的遗址在晋江罗山乡华表山麓。华表山在泉州到安海的公路线上。此山双峰突起，耸崎角立，宛如华表，加上山清气爽，林壑幽美，故寺前有对楹联写道：“神灵体正胜佛国，地寂景幽似西天。”庵堂建在一个高台上，是单檐歇山式石构建筑，西阔三间，进深三间，檐下用单挑华拱。寺前建有庭院，有苍柏翠柏挺立左右。庵内的摩尼圣像是由天然岩石浮雕而成的，周围刻着一个直径将近两米的环形神龛。摩尼圣像端坐在环内的莲花坛上，头顶射出一道道毫光，神态庄严，别具风采，与佛道雕像迥然不同。但来敬拜者一般都把它误作佛像或道神像来信奉。然而这里所做的“佛诞”，却是摩尼生日的6月13日，实际上史书也早有记载。明代晋江人何乔远撰《闽书·方域志》写华表山“两峰角立如华表，山背之麓有草庵，元时物也，记摩尼佛。”乾隆《泉州府志》也记草庵“元时建，记摩尼佛。”很显然他们也把摩尼圣像与佛混淆。1923年，我国著名史学家陈垣教授（曾任辅仁大学和北京师大校长），在《国学季刊》发表《摩尼教入中国考》首次提到晋江草庵明教遗址。1923年，法国汉学家伯希和在读了陈垣教授的文章后，深受启发，也在《通报》第22卷发表的《福建摩尼教遗迹》中提到草庵。1926年，我国著名史学家张星烺一行来到泉州，打算到晋江草庵考察，但因故未能如愿。最后，还是泉州地方史研究专家吴文良根据他所收藏的石刻资料，在四十年代研究证实，晋江草庵就是摩尼教的遗址，而且是世界唯一保存的古代摩尼教遗址，其他一些古代摩尼教遗址如浙江省温州市苍南县和莆田市涵江区的遗址，均已荡然无存了。这一研究成果，在他的名著《泉州宗教石刻》中有照片和详细的文字说明。

在美国与那位来自墨西哥的博士研究生交谈中，我自己也还存在两个悬念。一是他提到犹他州盐湖城看到那些摩尼教后裔，保留着一夫多妻制。实际上，按照摩尼教的教义，教徒必须实行“十戒”和“三封”，其中“三封”有“胸封”（也称阴部封，戒淫欲），必须独身禁欲。那么，实行一夫多妻制不就与教义背道而驰了？当时我问他这个问题，他答不出来，说以后再去进一步调查。第二个悬念是，摩尼教的教义中有“十戒”，其中有一戒是“不拜偶像”。但晋江草庵中却有摩尼圣像，这大概只能用其在中国依附佛教和道教进行解释，佛教和道教都有偶像崇拜。因此，《闽书》和《泉州府志》的作者称其为“摩尼佛”，也许并不算是失误。

四

回忆1964年春，我们华东师大历史系部分师生来到上海松江县参加“社教运动”。一天下午，领导带我们到该县一座海拔98米高，面积60万平方米的西佘山上参观一座巨大的天主教堂“圣母大殿”。它被称为“远东第一大教堂”，与法国的罗德圣母大殿齐名。领导还为我们请了一位负责宗教事务的干部来为我们作讲解，给我们“上了一堂阶级斗争和爱国主义教育课”。50年整过去了，这件事现在回忆起来，还很值得回味。

宗教也是一种文化，值得我们重视。

天主教堂我并不生疏，因为笔者的故乡泉州的故居所在地古榕巷与花巷的交界处许厝埕有一座大天主教堂，颇为高大宏伟，是西洋哥特式的建筑物，它金字塔式的殿顶和十字架，远远地方就可以见到，是闽南地区最大的天主教堂。不过它与佘山圣母大殿比起来，则是“小巫见大巫”了。这座教堂是1895年由西班牙神父斯拉宾·英牙（任道远）设计兴建的；1928年又在教堂旁兴建一座“启明女子学校”。新中国成立后，学校的校舍改作晋江专署，后为泉州市（大市）政府办公的所在地。该教堂则荒废了半个多世纪，直到最近又修缮一新，重新使用了。

众所周知，世界有三大宗教：基督教、佛教和伊斯兰教。它们都发源在亚洲。而基督教又分为三大派别：天主教、基督教新教和东正教。基督教于公元一世纪在小亚细亚和巴勒斯坦人中产生。当时这些地方属罗马帝国统治。它原是犹太教的一个新宗派，后来迅速发展，并传往北非和欧洲。信徒大多是贫苦人民和奴隶。他们反对罗马帝国暴政，反对为富不仁，具有平等平均思想。罗马统治者起初对基督教采取镇压的手段，但随着有产者的加入，基督教成分起了很大的变化，罗马统治者改变了对策，于公元392年宣布它为国教，加以利用，为其统治服务。到十一世纪中叶，因基督教内部的教权斗争，分裂为西部的天主教和东部的东正教。随着欧洲资本主义的发展，十六世纪发生宗教改革运动，天主教内又分裂出另一教派，即基督教的新教。这样，基督教就形成了三大派系。

天主教以罗马教皇为统治中心，主要在意大利、法国、西班牙、葡萄牙等地传播。它的教职等级比较严密，依大小次序为：教皇、枢机主教（红衣主教）、大主教、主教、神父，以及修士、修女等教职人员。而基督教的新教的教职人员则分为：牧师、传道、长老和执事。

随着欧洲殖民主义在全世界的扩张和侵略，基督教被传播到全世界的许多国家和地区。早在公元638年，即唐代贞观十二年，基督教就开始传入中国，当时称为景教。宋以后寂然无闻，到元代又在中国活动，称也里可温或也立乔。后又销声匿迹，到明代万历年间，意大利传教士利玛窦（1552－1610）于1583年来到广东肇庆，建立第一所天主教堂，掀开了中西文明接触的新篇章。1601年1月他到达北京，在京传教并与中国学者徐光启、李之藻等人合译《几何原本》《同文算指》等天文、数学、地理的科技著作。带来了西方文艺复兴以后的科学与文化，被称为耶稣会早期的“西学东渐”，在东西交往史上具有积极意义。可惜不久明朝灭亡，清初实行闭关锁国，基督教会活动被禁止了，直到鸦片战争后，才随着帝国主义的侵略势力再次在中国活动。

现在让我们再回到上海松江县佘山上的这座大天主教堂。众所周知，上海是一片冲积平原，唯独松江县有个佘山，分东佘和西佘山。在松江田野上远远就能望见西佘山顶的那个大教堂。那一天，我们排队走到西佘山脚下，沿着颇为宽阔的石梯一级级往上爬。走到半山，就看到一座较小的教堂，这是天主教中堂。讲解人告诉我们，这是教士休养憩息的地方。中堂前有圆形广场，凭栏我们可以看到佘山周围绿树成荫，花香鸟语，洋楼奇塔掩盖其中，犹如欧美风光。走到广场西侧的山坡，有一块开阔的空地，旁边建有耶稣圣心亭、圣母亭和若瑟亭。亭内分别供奉耶稣的圣心、圣母和若瑟的塑像。走到这里，我发现有件奇怪的事：有两群很特殊的男女老少，分别站在圣心亭与圣母亭内祈祷和吟圣诗。这些人穿着打扮十分讲究，男的西装革履，油光烫发，女的花衣丝裙，烫发涂口红。这种打扮的人在那个时代基本上已经在中国大陆消失了，即便曾是“十里洋场”的大上海也无处能见到了。这些人是些什么人？从哪里来的？我当时感到好奇和疑惑。

我们继续从中堂登上山顶的圣母大殿，途中有一条“之”字形的路。这“之”字形的经折路的每一个拐弯处，建有14处耶稣苦路像。每个苦路像都安放在每个约有一米见方用砖瓦砌成的小亭子内。苦路像是表现耶稣受难过程中受到种种遭遇的塑像，形象十分逼真。

通过“之”字路进入圣母大殿内，展现在眼前的是金碧辉煌、高大宽广的大殿堂，庄严而且肃穆。堂内分中厅和两边廊，两者之间有圆柱与拱顶分开，形成 12 个大柱门。中厅有圆顶天花板，高达 32 米，边廊则分两层，有上下楼两部分。大殿四壁有用大理石及彩色玻璃制作的镶嵌画，画的内容多为《圣经》（the Bible）的故事。地板全用咖啡色大理石铺成。大厅尽头的讲台上安放一尊巨大的圣母玛丽娅的塑像，形象美丽又慈祥。中厅排列着一排排的靠背椅，可供四千位教徒使用。

整个大殿长 56 米，南北 25 米，建筑面积共 1400 平方米，从殿基到十字架顶高 38 米，建筑平面是拉丁式十字形。

我们在中厅前几排就座。那位讲解人站在圣母像前给我们讲这座大教堂建筑的历史和建筑风格。他说，这教堂是由法国传教士于 1871 年开始兴建，1925 年扩建，1936 年落成。这是一幢欧洲巴洛克风格和中国传统建筑相结合的大教堂。它是东亚地区最大的天主教堂。建成以来，它成了东亚各国和地区天主教徒的朝圣地。尤其是每年五月的“圣母节”和十二月的“圣诞节”，海内外四面八方来朝圣的信徒数以万计。刚才我们在途中看到两群在圣心亭和圣母亭朝拜的信徒是分别来自香港和澳门。

他继续讲道：这座建筑物很特别，称为“四无”建筑物，即无木、无钉、无钢、无梁。它的风格，融希腊、罗马、哥特等建筑艺术于一体。建筑材料和装饰大多是来自西洋，但也少量采用中国的传统手法，是中西文化融合的结晶。教堂的设计称得上是绝代佳作。它与山连成一个整体，像是从山中长出来的。山与教堂的轮廓曲线协调而自然。在色彩运用上，教堂与山又有明显的区分。教堂的红色与山的绿色形成对照，在数千米外就能见到该教堂的身姿，高耸入云，端庄雄伟，建筑艺术的水平登峰造极。

讲到这里，他把话题一转，问道：“同学们，外国传教士来我国建了这么个又大又漂亮的教堂做什么?”他自己答道：“为了传教，但传教又是为了什么？文化侵略！帝国主义侵略中国，一手拿剑，一手拿橄榄枝。剑，指枪炮；橄榄枝，就是思想上的奴化，传教、办学校、建医院，培养亲西方的知识分子。他们派了一批又一批的传教士来到我国，深入城市和农村，甚至偏远的穷乡僻壤都有他们的身影。他们深入到民间，了解和研究民俗简直到淋漓尽致的地步，如百姓家大门的门神，门框顶挂的香袋和八卦等，他们都把它拍照，研究这些东西的功能，并编纂成书；还有，为了克服语言障碍，他们还花了不少精力编纂一部又一部汉语方言与英、法、西、葡等西方语言的双语词典，例如英沪、法沪、西沪、英广、英川、英闽南、葡粤等双语词典。”说着说着，他拿出了手头的几本这一类的书籍与词典给我们看，有的已经发黄了，十分陈旧。

接着他继续说：“马克思说：‘宗教是人民的鸦片烟’。一切宗教都是唯心主义的东西，都是迷信活动。基督教宣扬信徒要对上帝崇敬、信赖、感谢和祈求，要‘十戒’，做七件‘圣事’，对人要温良俭迁让，等等。这不过是宣扬别人要服服帖帖地接收他们的侵略和统治。现在我们虽然已经把帝国主义赶出中国，但他们的余毒还未完全肃清。这座教堂就是活教材。现在进行的这场社教运动就是要把这场革命进行到底。”

参观了这座大教堂，听了他的讲话，同学们都觉得深受了一堂阶级斗争和爱国主义教育课。过了两年，全国就爆发了一场延续十年之久的“无产阶级文化大革命”。九州大地几乎所有崇拜偶像神明的宗教活动统统被摧枯拉朽，扫地以尽。

“文革”结束数年之后，在中国地面上流行过的一些主要宗教又逐渐恢复活动，庙宇神像重造，教堂修缮一新，教徒有增无减。有些年轻人，居然也成为善男信女。我们这一代受过系统唯物主义和无神论教育的人，往往看不惯。然而对于存在于现实的社会现象，我们应该辩证地予以冷静分析与反思：由于人们的世界观、人生观、价值观，以及对事物认识的立场、观点和方法的不同，当一些自然现象和社会现象还未能用科学发展观进行解释时，有一部分人就从神灵中寻找心灵的寄托。宗教是现实世界在人们意识里的虚幻的、歪曲的反映，它的产生是有一定的社会基础和文化渊源，它不能随便按人的意思制造出来，也不能用强制的手段予以消灭的。我们应该尊重人家的信仰。虽然宗教本质上是唯心主义形而上学的，是一种迷信活动，但我们也应对它作一分为二的分析。几乎每种宗教都提倡行善、修身、和睦团结，这在某种程度上是有利于社会的安定和人类的进步与文明，因此它才能存在与流行。即便是基督新教和天主教近现代在中国的传播，历史上虽然有其受到作为帝国主义侵略工具的一面，但客观上来说，也有对中国传播西方文化和帮助中国发展教育卫生和科学技术的另一面。有的传教士对中国还是友好的，乐意帮助中国。例如司徒雷登，原来也是位传教士。因为他对中国友好，回美国后还一直受到迫害。众所周知，近代以来，欧美国家经历了文艺复兴和工业革命，而中国由于封建社会延续长达两千多年，又长期闭关锁国，科学文化教育卫生事业从近代以来已相当落后，西方传教士的到来，称为西学东渐，为中国人打开了窥视西方文化的窗户，开开眼界，透过他们见识了西方的物质文明与精神文明。中国许多教会办的学校如清华大学、燕京大学、协和医科大学、圣约翰大学、东吴大学、沪江大学、震旦大学、之江大学、华西大学、中山医学院、湘乡医学院、协和大学、华南女子文理学院等都是高质量的高等学校，他们为中国培养不少优秀的人才。如著名的科学钱学森、钱伟长、钱三强，著名的文史专家朱自清、吴晗、钱锺书、季羡林、周一良，医学家吴阶平等。此外，教会也在中国各地建造了许多医院，为中国人民救死扶伤做了好事，这些我们都是不应该遗忘的。

现在佘山圣母大殿不仅仍然是东亚地区天主教徒朝圣的地方，而且是佘山国家旅游度假区的一个景点，每年吸引大量国内外游客前来度假和参观。

（徐振忠，福建泉州人，教授，文史学家。泉州黎明大学英语教授、华侨大学兼职教授。生平与业绩列入中、英、美出版的世界名人录与名人传记辞典。研究方向为英语语言文学，中外历史文化）

明清时期泉州海外移民的惯性原则与类型分析

◎蔡苏龙

摘　要：海外移民是一个十分复杂的社会现象。本文基于对珍贵的调查资料的定量分析和结合人口学理论对谱牒资料、文献资料的定性分析，着重对明清时期泉州海外移民的惯性原则与类型进行考察和探讨，可以发现。认为明清时期泉州人向海外的大规模人口迁移，带有十分明显的血缘和地缘特色。这种由“连锁迁移”所形成的“移民链”的特点，说明这个海外移民过程不仅受到推拉因素的影响，而且还受到迁移惯性力量的多重影响。

关键词：明清时期　泉州　海外移民　惯性原则　类型分析

明清时期是泉州海外移民的一个重要时期。出现了海外移民规模大、流向广、持续时间长的特点。这一时期泉州家族向海外的大规模人口移动，带有十分明显的血缘和地缘特色。基于这种特色，来自不同地域和家族的移民均相对集中在不同的侨居地，并形成了相互协作的关系和组织，这对于海外贸易网络的建立，为新移民提供帮助以及加强同家乡的联系，都产生了积极的影响。这种由“连锁迁移”所形成的“移民链”的特点，说明这个海外移民过程不仅受到推拉因素的影响，而且还与迁移运动惯性力量推动相关。本文基于对珍贵的调查资料的定量分析和结合人口学理论对谱牒资料、文献资料的定性分析，着重对明清时期泉州海外移民的惯性原则与类型进行考察和分析。

一、泉州海外移民“移民链”的惯性原则

泉州华侨在海外的分布格局，明显地体现出中国人“聚族而居”的传统习惯。实际上，这种浓厚的乡亲观念，也是泉州人大规模移民海外的一个重要原因。也就

是说，由于泉州籍海外华侨保持着中国人民长期形成的亲友相携、邻里相帮的传统美德，一旦他们在海外求得立足与发展，多数能念及尚在国内度日维艰的乡邻戚友。于是，在海外亲友的直接提携和互相介绍牵引下，或为承接祖业，或为投亲靠友而络绎南渡者，也就成为侨乡社会的一种颇为普遍的现象。

下面从几个泉州家族向海外的迁移的个案来看：[①]

德化丁溪《陈氏族谱》记录有："侨居之地，为英属合株吧辖、文律等处，经披荆斩棘之余，聚族而居，遂成村落，迄今人口已达二百数十人，拓土已至数百万里，财产有至数十万，且有至百余万者。"

永春《桃源前溪周氏族谱》在这方面也有较详细的记载：二十永炭，"弱冠遵父命南渡营商，开张万振兴布店于麻六甲埠，率诸弟学商……"随后，其弟永通、帝山相继赴洋，"再张万振兴商店……启子侄辈商战之基"；至二十一世隆炽、隆堵，或"髫年随父往南洋麻六甲学商"，或为"致力于商"，而"径往南洋之麻六甲"，"将其先人所遗万振兴号商店张而大之。"永春《东熙王氏族谱》也有记载："早岁南渡东呷坡，经营橡皮业，以勤俭起家……旋命子侄辈相继南行，开拓所业。"

南安芙蓉李氏家族：芙蓉，位于今南安市梅山镇，是著名爱国侨领李光前先生的家乡。根据《芙蓉李氏族谱》记载，芙蓉李氏家族在清朝康熙年间已有少数族人前往南洋谋生。清末年间，芙蓉李氏家族出现了出洋热潮，主要侨居地相对集中在实叻和马来亚，也有部分族人分布在菲律宾、缅甸、暹罗、印尼、安南和日本。《诗山霞宅陈氏族谱》同样记有：创业，"壮年游菲，袭其叔父宗高旧业。"东揩，"君居荷属爪亚篮，袭父之业，再加推广，与弟东坛君同心协力……南洋一带称为富家翁。"

永春鹏翔郑氏家族：鹏翔郑氏家族聚居在永春东门桃东村，俗称"东门郑"，今属桃城镇。根据《永春鹏翔郑氏族谱》记载，该族在明代万历年间已有人商贩到吕宋，直到清代嘉庆年间，南渡菲律宾、印尼和安南的为数不少。而该族移民东南亚的高潮，乃出现在清道光至清末年间，侨居地相对集中在马来亚的槟榔屿、实叻、马六甲、吉隆坡、柔佛、雪莱等地。

石狮仑山蔡氏家族：仑山，又称仑峰，今石狮市凤里办事处大仑村。根据《石狮大仑蔡氏族谱》记载，该族于康熙年间已有人商贩到吕宋，清末年间，大批族人出洋谋生，除少数人前往实叻外，几乎全部集中在菲律宾。

晋江石圳李氏家族：石圳，又称圳山，今属于晋江市金井镇，是著名爱国侨领李清泉先生的家乡。根据《晋江圳山李氏家谱》记载，圳山李氏家族在清朝康熙至道光年间，已有少数族人前往南洋谋生。清末至民国年间，是该族成员出洋的高峰期，而且几乎集中在菲律宾。关于投亲靠友，晋江《凤池李氏族谱》载，昭著，“少失怙恃……无处依靠，因往安南寻兄大成”，当属代表性事例。南安《社坛叶氏族谱》所记的登科，因从商负债，“不得已避债出洋……寄迹菲律宾，依人作嫁，劳人草草”，后“与提坎君组织会社”，终于“藏镪巨万，万里回帆，债务履行，财力饶裕……”也是依靠海外亲友的提携帮助出洋的。

安溪大干林氏家族：大干，今属于安溪县蓬莱镇，是著名爱国华侨林世英的家乡。根据《大干林氏族谱》记载，该家族的出国史开始于清朝乾隆年间，清末至民国年间，而东南亚的移民达到高潮，并相对集中在实叻、吉隆坡和瞻仰光。

泉州树兜蒋氏家族：树兜，位于泉州城新门外，今属于鲤城区江南镇。蒋氏家族晚至清代同治年间才有人前往印尼泗水阴谋生，但很快就出现海外移民的热潮，且全部集中在泗水。清末民初，旅居泗水的蒋氏家族人在商业上取得很大成功，纷纷回家乡建造房子，办学校和创办各种实业，使树兜成了闽南最富裕的侨乡之一。泉州树兜华侨蒋备球牵引扶持乡亲前往印尼就是典型一例。蒋备球，年少穷困，在19世纪后期随人“猪仔”去印尼。经过10多年的创业，终于从出担（肩挑小贩）而摆巴刹（摆摊小贩）而开亚笼仔（开零售商店），最终上升为土库商（二盘商），因店铺需要帮手，便返乡招聘亲戚、朋友、近邻前往。随着印尼业余范围的扩大及家乡由近及远的招募，到欧战时期，树兜乡旅居印尼泗水的华侨已千人以上。[②]泉州亭店乡杨嘉种牵引宗亲前往菲律宾谋生的情况也较为突出。杨少年时被迫离家前往菲律宾开垦种植园，后改业零售店，复购置轮船经营航运业发迹。此后，遂大量牵引宗亲前往菲律宾帮工。至欧战期间，亭店乡的旅菲者已达600多人。[③]“降及明清，吴氏族人相继乘槎浮海者，络绎不绝，尤以侨居菲律宾为最多，于是父挈其子，兄率其弟，接踵而至，居斯食斯，以生以养。迨逊清末叶，旅人旅菲者数以万计，工商学贾，各从其业。”[④]清末，安海西溪寮蔡德浅少时往菲，当蜡烛业杂工，后经营蜡烛厂，富甲晋南侨乡。西溪寮与漳州寮两村由他牵引往菲者达70%；亭店村杨孙獭、杨嘉种父子在菲经营土产业，行店30余处，且购置轮船定期川走厦门，在菲设有“浪帮”（寄居）处，供同乡“新客”食宿，月发零用钱6元。于是，全村往菲者达600余人。

上述的族谱资料很清楚地说明，明清时期泉州家族向海外的大规模人口移动，带有十分明显的血缘和地缘特色。基于这种特色，来自不同地域和家族的移民均相对集中在不同的侨居地，并形成了相互协作的关系和组织，这对于海外贸易网络的建立，为新移民提供帮助以及加强同家乡的联系，都产生了积极的影响。这种由“连锁迁移”所形成的“移民链”的特点，说明这个海外移民过程不仅受到推拉因素的影响，而且还受到迁移运动惯性的影响。当然，当一个民族或一个地方的人口一旦长期稳定地居住在一个地方后，推拉因素对迁移行为所起作用是决定性的。然而，正是由于明清泉州人口本身就是一个由迁移而形成的人口，它向东南亚的这种大规模迁移必然也受到移动惯性的影响。

此外，我们也可以从泉州各地华侨的国别分布情况可以看出，从同一个地方乡镇迁移出去的海外移民几乎绝大部分又到了同一、两个迁入地。晋江的华侨主要集中在菲律宾、安溪在新加坡、永春在马来西亚，这种分布其原因在于这个迁移过程的携带性特征决定了定向性迁移。他们的迁移行为都是在海外的宗族亲朋以及乡邻的引渡下完成的。其结果必然是形成同一迁出地（乡、镇、村）的移民居住在迁入国的同一地区。同时，又在一个华侨很多的地区（县、市）却有的乡、镇、村几乎没有一个华侨，这种现象就很难用推拉理论来解释清楚。可见，移民本人不仅从先前的移民那里得到迁入地有就业机会的信息，而且还可以得到先前的移民提供的诸多方便如交通、食宿以至就业安排。这种由血缘、地缘、亲缘把移民源源不断地携引出去并集中在同一个地区，还会逐渐形成同一职业的特点。

二、泉州海外移民的类型分析

海外移民与出生地有着难以割断的联系，并通过宗族、地缘、血缘等等方式结合和维持进行。而且，这种宗族、地缘、血缘等等方式结合，又因种种中介机构的发达而在外延上有所扩大。这些中介机构包括旧客、水客、客栈、船头行、船舶业者、信局，等等。这些中介机构同时又促进了海外移民的进行。[5]华侨社会与侨乡社会这种基于地缘、血缘关系的移民方式，在促使侨乡民众移居海外的诸多原因中，有其特殊的作用。

仅仅只用人口迁移的推拉理论这种概念化的结论来解释泉州海外移民的原因是

不完整的。它不能清晰说明为什么在同样的推力和拉力作用下会有许多不同的行为，为什么有的人迁移而有的人不迁移。明清时期泉州海外移民不仅受到一些主观客观因素的影响，而且可能服从于一种惯性原则的作用。所谓人口学的惯性原则，就是认为一个静止的或者运动的社会集团，除非受到外力的推动，它们总是有保持现状的趋向。

迁移过程是一个极为复杂的现象。在很大程度上，它并不遵循一定的规律。人口学理论通常不用什么规律来描述迁移的条件和影响，而是用迁移类型来说明各种迁移的形式、特征及其影响。人口学理论把移民类型通常分为五种：原始型、强迫型、推动型、自由型和大规模型。此外，它们还可以进一步分为“保守”和“变革”两种类型。所谓保守型，指迁移的动机只是为了离开原来的居住地作一地理上的移动，而不想改变原来的生活、工作方式。而变革型，则指迁移的动机是为了追求新鲜东西或渴望生活水平的不断提高而离开原居住地。泉州海外移民中大都属于后一类型，他们绝大部分是为了“可以看到新鲜事物，过新的生活”而迁移海外的。“其中最明显的是工资问题。海外华人所得工资一律比国内做同样职业的同胞要高。”因此清雍正说，出国华侨“多系不安分本分之人”，蓝鼎元也认为：“游手无赖，亦为欲富所驱，尽入番岛。”这样看来，变革型迁移就不只是贫困问题引起的了。

原始型的人口迁移主要是因为原居住地不能满足人的生活需要而发生的迁移行为。在面积和肥力有限的土地上人口不断增加，土地产品相对不足及各种自然灾害等所造成的难以维持生计的状况，使人们离开原籍去寻找有利的生活场所。原始型迁移中的变革类主要指原先有故土，为了迁移新的有利的环境而定居下来。按这些标志，这里所考察的迁移过程中有很大一部分属于变革型的原始迁移。那种属于没有土地，找不到工作，遇到自然灾害等造成在原籍无法生存的第一类迁移者，可以归入变革类原始型迁移，在抽样调查中大约占有 38.2% 的比例。

强迫型迁移主要是指通过政府的政策和法律以至武力来强迫人们进行迁移。19 世纪中叶，西方殖民者用武力掳掠泉州人贩卖到世界各地做苦力，就属于这一类。不过，到了 19 世纪末，这种掳掠华工的“猪仔”贸易开始渐趋衰退。再是晚清政府的侨务政策的转向，也促成了晚清泉州的大规模流向海外。

推动型迁移是指由社会压力造成，但迁移者有权决定自身迁移行为中的一种主要形式。由于战争或政治迫害等使人身安全受到威胁从而逃离原籍的迁移现象是很不少见的。例如德化县丁溪陈谱说：“光绪辛卯州牧刘朝缙，咸尹孙生华，以袒庇盐商翁有光，激起民变，（即所谓陈珙反）……惟时父老相率渡洋者，部下数十家。”又如南安县丰山陈谱说：“昔者每渡台湾，或往福州，近者台湾刈让，省会萧条，乡之族人，变更计划，纷赴小吕宋各埠。”从族谱中发现，泉州海外迁移有相当一部分是因为土匪扰乱，军阀抓丁抽夫而造成的。这种类型迁移者大多数可归入保守类推动型迁移。

自由迁移主要指有较好的文化、社会、经济的背景，但出于信仰、探险、改善生活等动机而产生的小规模迁移行为。这种类型迁移往往能带动大规模的迁移。迁移行为不像第一代华侨那样带来浓厚的冒险、拓荒色彩，然而，他们却是处于较好的地位而带着一定风险出来的。一旦他们事业成功后，就会导致大规模的同血缘或同地缘的移民。泉州早期和现代迁移者有很多一些人就具备这种特征。由于他们出于开拓事业、改善生活质量的动机，他们的迁移可归入变革类自由迁移型。

大规模型迁移通常指由小规模迁移所导致的，在迁移成为一种风气后所形成的大规模的迁移行为。在这种迁移过程中，有很大一部分移民是因为他们的父母或丈夫、兄弟、子女在海外有了立足之地，经济上有了保障，而被携引出去与之团聚的。上述族谱资料记载的有相当一部分迁移者就属于这一类型。他们迁移后多数改变了生活环境，从原籍的农村进入国的城市，并根据迁入国的就业市场改换了职业。他们的迁移过程可归入变革类的大规模迁移。从上面的分析我们知道，迁移过程不是一个单类型的过程，而是一个具备原始型的、大规模型、推动型和自由型等多种特征的迁移过程。

三、结语

海外移民是一种国际间的移民现象，泉州海外移民既有一般海外移民问题所具有的规律性原因，也有着具体的时间、空间等方面的特定因素。概而言之，早期海外移民大都是因经商、政治逃亡流寓国外，而且大多在海运发达的东南亚各沿海口岸；明清时期因战乱、灾荒、土地人口压力开发东南亚；晚清以降，主要是由于各种社会经济原因多到东南亚谋生。这类似于王赓武先生的海外移民“三模式说”即华商模式、华工模式、华侨模式。当然，这样的类型分析也似乎太简单了一点，其实，泉州海外移民呈现的是一种多元混合性的形态。根据我们掌握的资料分析，泉州人移民海外原因大致可归纳为三个方面，一是一般人口迁移所具有的普遍性原因；二是移居地的经济状况和对劳动力的需求因素，这种原因有其时限性和地域性；三是侨乡社会与侨居地之间的血缘、地缘联系，这种联系对海外移民活动有着特殊的影响。当然，这三大原因的影响力并不平衡，而是在不同的历史条件下，又有不同的具体原因。

至此，我们可以得出这样的结论：明清时期泉州侨乡人口的海外迁移过程是一个受迁入地和迁出地多种因素影响，在一定程度上服从惯性原则，具有多种迁移特征的综合迁移过程。其中，泉州社会生存的自然环境恶化，政治、战争、海盗、土匪所构成的各种人身威胁，血缘、地缘、亲缘的吸引以及先前的移民财富积聚对后来者的诱因和示范、辐射，寻找有利的事业发展场所的欲望，原先迁移过程的正反馈作用，构成了迁移高潮的形成和迁移规模扩大的主要原因。而到东南亚地理交通的便利及其优越的自然环境，东南亚经济发展中巨大的劳动力吸引能力，相对稳定的社会秩序、政治背景，使这个迁移过程形成以东南亚为终点的迁移流。这个迁移流是一个具备原始型、大规模型、推动型、自由迁移型等多种特征的综合性的海外迁移过程。

注释：

① 泉州华侨历史博物馆陈列资料（出国馆）.

② 庄为玑：《泉州旅印尼菲侨村的调查研究—树兜乡、亭店乡侨村生活的认识》，《泉州华侨史料（第 1 辑），1984．26.

③ 庄为玑：《泉州旅印尼菲侨村的调查研究—树兜乡、亭店乡侨村生活的认识》，《泉州华侨史料》（第 1 辑），1984．26.

④ 晋江金井：《李氏族谱》。

⑤ 滨下武志：《近代中国的国际契机》，朱荫贵译，虞和平校，北京：中国社会科学出版社，1999 年版，第 62 页。

（蔡苏龙，湖南永州人，历史学博士，浙江越秀外国语学院思政部副教授，研究方向为中国移民史、华侨史研究）

《海国图志》对维新运动的影响[*]

◎刘 勇

摘 要：《海国图志》是近代中国第一部世界历史地理著作，也是近代中国第一部系统的御侮图强方案。《海国图志》提出“师夷长技以制夷”，深刻影响了中国历史。维新派在《海国图志》的影响下，掀起了维新运动。维新派提出在经济、政治、军事、文化上全面变法，在中国发展资本主义，尤其是政治上设议院、实行君主立宪的主张，更是前所未有的历史进步。在维新运动期间，从维新派领袖、维新思潮及维新变法内容看，《海国图志》的影响无处不在。

关键词：《海国图志》 师夷长技以制夷 维新派 维新运动

《海国图志》是近代中国第一部世界历史地理著作，也是近代中国第一部系统的御侮图强方案。《海国图志》提出“师夷长技以制夷”，深刻影响了中国历史。“师夷长技以制夷”在历史上落实到御侮图强的实践，首先是同光年间的洋务运动。洋务运动持续了三十多年，对中国军事、工业即及教育现代化做出了不可磨灭的历史贡献。1894 年中日甲午战争，北洋舰队全军覆没，洋务运动也宣告失败。洋务派在“中学为体，西学为用”思想指导下，企图在不改变君主专制制度下，学习西方的皮毛而使中国富国强兵，其失败是必然的。继洋务派登上历史舞台的是维新派。维新派领导的维新变法运动，以 1895 年康有为等人发起“公车上书”为端起，以 1898 年 6 月 11 日至 9 月 21 日的“百日维新”为高潮，以慈禧太后发动戊戌政变为失败标志。维新派在学习西方的程度上比洋务派又进一层，提出在经济、政治、军事、文化上全面变法、在中国发展资本主义，尤其是政治上的设议院、实行君主立

* 本文为浙江越秀外国语学院 2016 年第一批校级科研启动项目“《海国图志》对维新运动的影响”（项目编号 2016QDA010）的结项成果。

宪的主张，更是前所未有的历史进步。在维新运动期间，从维新派领袖、维新思潮及维新变法内容看，《海国图志》的影响无处不在。

一、影响维新派领袖

维新派领袖康有为和梁启超都认真研读过《海国图志》，都曾受到《海国图志》的知识和思想的影响。

康有为讲述自己青年时代的求学经历："光绪五年（1879 年）二十二岁……于时，舍弃考据帖括之学，专心养心。既念民生艰难，天瑜我聪明才力拯救之，乃哀物悼世，以经营天下为志，则时时取《周礼·王制》《太平经国书》《文献通考》《经世文编》《天下郡国利病全书》《读史方舆纪要》，纬划之。俛读仰思，笔记皆经纬世宇之言。既而得《西国近世汇编》、李圭《地球新录》，及西书数种览之。薄游香港，览西人宫室之瑰丽，道路之整洁，巡捕之严密，乃始知西人治国有法度，不得以古旧之夷狄视之。乃复阅《海国图志》《瀛寰志略》等书，购地球图，渐收西学之书，为讲西学之基矣。"①康有为舍弃考据帖括之学后，兴趣转向经世之学，既而阅读西方书籍，香港之行使他看到资本主义国家方方面面的进步，内心非常震撼。于是重新阅读《海国图志》《瀛寰志略》等介绍西方知识的书籍，购买世界地图，这些都成为他后来致力于西学的基础。1898 年 3 月康有为向光绪皇帝进呈《俄彼得变政记》，对俄国彼得大帝赞扬道："以欲变法自强之故，而师学他国，非徒纡尊降贵，且不惜易服为仆隶，辱身为工匠焉。凡强敌之长技，必通晓而摹仿之；凡万国之美法，必采则而变行之。"②康有为所知彼得大帝师法英荷、变革国政的知识可能源自《海国图志》等书。

维新派另一领袖梁启超对《海国图志》的评价不仅次数最多，而且定位最高。他说："魏书不纯属地理，卷首有《筹海篇》，卷末有筹夷章条、夷情备采、战舰火器条议、器艺、货币等。篇中多自述其对外政策，所谓'以夷攻夷'、'以夷款夷'、'师夷长技以制夷'之三大主义，由今观之，诚幼稚可笑，然其论实支配百年来之人心，直至今日犹未脱离净尽，则其在历史上关系，不得谓细也。徐书本自美人雅裨理，又随时晤泰西人辄探访，阅五年数十易稿而成，纯叙地理，视魏书体裁较整。此两书在今日诚为刍狗，然中国士大夫稍有世界地理知识，实自此始，故略述其著作始末如上。”[③]梁氏以为《筹海篇》的“以夷攻夷”、“以夷款夷”、“师夷长技以制夷”之三大主义“实支配百年来之人心”，1840 年以降的中国近代史，对中国思想观念冲击最大、对中国历史影响最深远的就是“师夷长技以制夷”。梁启超还说：“我国迫于外侮，当变法者，盖六十年矣。然此六十余年中，可分为四届。自道光二十年割香港，通五口，魏源著《海国图志》，倡‘师夷长技以制夷’之说，林则徐乃创译四报，实为变法之萌芽。”[④]他认为《海国图志》是中国近代“变法之萌芽”，维新变法正是《海国图志》的“变法”思想的继续和发展。梁启超既然给予《海国图志》如此之高的定位，对《海国图志》之于近代中国的意义认识得如此清楚，则其受《海国图志》之影响自不待言。

二、影响维新思潮

维新运动兴起后，维新派创办了一些学会和报纸鼓吹变法，“天下人士咸知变法，风气大开”，[⑤]全社会掀起了维新思潮，是为中国近代第一次思想解放潮流。从公私学校的课考题目、《沅湘通艺录》所载士子的答卷和《申报》等报刊所载时文，可以看出《海国图志》在维新变法时期的社会影响。

在维新变法时期，《海国图志》作为公私学校的考课题目，例如，有松江府观风题《拟续〈海国图志〉例言》、[⑥]有宁波辨志精舍的《问续辑〈海国图志〉宜增采之书凡若干种、宜增广之例凡若干条，试胪举之》、[⑦]维新运动开展最好的湖南有《读魏默深先生〈海国图志〉》[⑧]等题目。此时据《海国图志》成书已五十余年，《海国图志》的思想与知识还未过时。

《沅湘通艺录》是维新变法时期在湖南担任学政的维新派学者江标编著，收录的是湖南课考的学生试卷，其中收录有舒润的《读魏默深先生〈海国图志〉》一文。舒润在文中写到：“魏默深先生之《海国图志》，其言虽未能尽行，然就其所处之时而论，皆明形势、切事情，不得以数十年来中国办理洋务之无效，遂归咎于发端之人，举其书而鄙夷之，则自强愈无术矣！”[⑨]他充分肯定《海国图志》对中西形势认识和正确见解，认为《海国图志》是中国的自强之术。他进而又讲到：“乃师夷制夷之议亦自先生发之，奈何统事权者不能如其策以行，岂中国积习太深，只能得其皮毛，未能得其实际，故一误再误欤？至传教、禁烟二条，书中言之沉痛，或有以为过激者。而中国近因此事，交涉愈繁，虚耗日甚，安得起先生而一一筹之，以收富强之效乎？”[10]这里的“统事权者”即洋务派的实权人物，舒润认为他们在学习西方上面仅得到皮毛而没有抓住根本。《海国图志》在对西方宗教的评论上面、在禁绝鸦片的主张上面当时有人认为是过激，而在光绪年间教案引起的中外交涉、鸦片贸易导致的白银外流对中国的危害甚于道光时期，难道能让魏源复生帮助后人筹划改革吗？可见其对《海国图志》之钦佩，对后人没有把握《海国图志》的精髓之感慨。

1898 年 1 月 14 日《申报》所载一文写道：“然则湘中之兴西学虽后于各省，而其心转专于各省。盖天下事郁之愈久者，其发之必愈；捷守之愈笃者，其变之亦愈。诚此固理之可共明者，且不特此也。湘之兴西学固盛于近年，而湘之乡先辈固有开其先者矣。曩昔曾文正督两江时，创议资遣学生出洋；左文襄创福建船厂，招子弟习西国语言文字及新奇工艺，以时出洋，宏识远谟，早收明效；曾惠敏崛然继起，遂能力争俄廷，不辱君命。其余若魏默深《海国图志》之书，郭侍郎使西纪程之作，其议论精核，考证详明，久为海内推重。当数公之时，中国与泰西各国互甫未久，受患不若今日之深，交涉不至今日之难，士大夫旧德民依，咸以辟彝为积习，而之数公者独深识远虑，不避谤嘲，不辞忍诟，毅然慨然以倡此义。”[11]在维新变法时期湖南是全国最有生气的省份，时湖南风气大开，此文作者认为湖南能引领维新风气，原因在于“湘之乡先辈固有开其先”，《海国图志》则是在其中起过重要作用。

三、影响维新变法内容

维新运动在 1898 年夏秋之交的“百日维新”期间达到高潮，但是因为依靠一个没有实权的皇帝而寿终正寝。“百日维新”期间光绪帝颁布了一系列旨在变法的诏书，涉及经济、政治、军事、文化诸方面。虽然这些法令除设立京师大学堂之外都被废除，没有能够在中国得以及时落实，但这些变法内容的提出标志中国向前迈进了一大步。从维新派的变法内容看，无不有《海国图志》的影子。在经济上，维新派提出设立农工商局和路矿总局，鼓励开办实业；修筑铁路，开采矿藏；组织商会；改革财政；取消旗人由国家供养的特权，令其自谋生计。这些措施脱胎于《海国图志》对英国等西方国家现代化的工商业、现代化的交通运输业的介绍。政治上，维新派提出广开言路，允许官民上书言事；改订律例；裁撤冗员；整顿吏治。设立议院、实行君主立宪亦是维新派的政治主张，虽然并没有在变法的诏书中颁布，却是维新派追求的主要目标之一。这些措施脱胎于《海国图志》对英国等西方国家民主与法制的介绍。军事上，维新派提出裁汰绿营，编练新军；增添船舰；扩建海军。这些措施脱胎于《海国图志》对英国等西方国家现代化的军事与国防的介绍。文化上，维新派提出废八股，改试策论，兴办西学；设立中小学堂和京师大学堂；设译书局，翻译外国书籍；允许设立报馆和学会；派留学生出国学习；奖励科学著作和发明。这些措施脱胎于《海国图志》对英国等西方国家先进的科教文化的介绍。比之洋务派，维新派这些学习西方的主张全面而立体，而且已经深入到资本主义的政治经济制度上面。可见在《海国图志》“师夷”思想的引导下，中国社会又前进了重要的一步。

《海国图志》是中国现代化的里程碑，中国近代以来的每一次进步，都与之有或多或少的渊源。《海国图志》的“师夷长技以制夷”，不但对洋务派有影响，对维新派也有巨大影响。《海国图志》在维护君主专制制度前提下，主张向西方学习，但因为“师夷长技”口号具有的开放性与生成性的特点，所以在维护清朝的根本制度下已内涵着对这种制度的某种否定。洋务派的“中学为体，西学为用”，学习西方的坚船利炮与科学技术，可以从“师夷长技以制夷”中获取资源；维新派学习西方的政治、经济制度，同样可以从“师夷长技以制夷”中获取资源。随着时代的进步，向西方学习深度在不断变化，“师夷”的内容，从洋务派狭义的“夷之长技”，变成维新派广义的“夷之长技”，即从技术层面转向制度层面，从维护清朝的君主专制制度到某种程度上否定这种制度。

注释：

①《康南海自编年谱》，中华书局，2012 年版，第 8－10 页。

② 康有为：《上清帝第七书》，汤志钧编：《康有为政论集》上册，中华书局，1981 年版，第 218 页。

③ 梁启超：《中国近三百年学术史》，中国社会科学出版社，2008 年版，第 330 页。

④ 梁启超：《戊戌政变记》，广西师范大学出版社，2010 年版，第 35 页。

⑤ 梁启超：《戊戌政变记》，广西师范大学出版社，2010 年版，第 36 页。

⑥《松江府观风题》，《申报》，1896 年 5 月 20 日。

⑦《辨志精舍春季课题》，《申报》，1897 年 3 月 6 日。

⑧ 江标：《沅湘通艺录》，岳麓书社，2011 年版，前言。

⑨ 舒润：《读魏默深先生海国图志》，《沅湘通艺录》，岳麓书社，2011 年版，第 152 页。

⑩ 舒润：《读魏默深先生海国图志》，《沅湘通艺录》，岳麓书社，2011 年版，第 152 页。

⑪《论湘省振兴西学之速》，《申报》，1898 年 1 月 14 日。

（刘勇，史学博士，浙江越秀外国语学院思政部讲师，研究方向为晚清民国史、河套水利史）

信息技术环境下生态教学对大学英语的影响*

◎张雪芳

摘　要：传统的大学英语教学在传统的生态学视角下是一个生态平衡的系统，各生态因子经过长期的磨合已经处于相对稳定的状态，然而当信息技术“闯入”大学英语教学之后，原有的教学目标、教学要求、教学模式、教学方法与手段、教学评价以及师生角色都随之发生了变化，打破了原有的生态平衡，本文以浙江越秀外国语学院为例提出优化措施，重新打造大学英语教学的平衡。

关键词：信息技术　生态教学　大学英语教学

《国家中长期教育改革和发展规划纲要（2010－2020）》明确指出信息技术对教育发展具有革命性的影响，必须予以高度重视，并提倡充分发挥先进信息技术的作用。从宏观层面上指明教育改革应全面走信息化发展的道路。大学英语教学是高等教育的有机组成部分，教育部教育司根据大学英语教学改革实践也于2007年颁布了《大学英语课程教学要求》，其中也着重强调了“大学英语课程应大量使用先进的信息技术，开发和建设各种基于计算机和网络的课程，采用基于计算机和课堂的教学模式”。这就标志着计算机辅助语言教学从CAL（Computer-Assisted Learning）正式过渡到CALL（Computer-Assisted Language Learning），在此阶段，我们需要把计算机技术、嵌入式终端技术、多媒体技术、网络和通信技术融入英语教学环节，优化英语教学过程和资源，创建多元教学评价与管理模式，转变教学目标和教学要求，丰富教学手段和教学方法，最大限度地提高大学英语教学效果。实现这一

* 2014年浙江越秀外国语学院校级教育教学改革研究立项项目“信息技术环境下大学英语生态化教学模式探讨”（编号：JG1412）的阶段性成果

转变的关键是英语生态教学环境的创设，使信息技术与英语教学整合成一个更大的生态系统，各子系统之间互相依存，互相制约，在平衡——失衡——再平衡中形成一个有机整体（陈坚林、谷志忠，2008）。这是一个由教师、学生和教学环境共同组成的特殊的生态系统，具有自然性和社会性的双重属性，其中教师和学生是生态主体，传统的物理教学环境（教室 + 黑板）、师生的精神和心理环境、社会文化环境是生态环境，生态主体只有在最佳的生态环境下充分利用生态物质（教材、辅助资料、教学媒体、信息资源和计算机网络设备）才能发挥最大作用，提高教学质量。

1. 研究现状

1858 年索瑞（H. D. Thoreau）最早提出“生态”一词，而德国生物学家赫克尔（Haeckel，E.）则最早将“生态”定义为“研究动物与其无机环境与有机环境的全部关系”（宋改敏，2011）。1966 年美国学者阿什比（Ashby，L. A.）发展了“高等教育生态学”的概念，到了 20 世纪中后期逐渐兴起对课堂生态的研究。之后“生态教学”被中国学者关注，大量运用生态学原理来审视分析信息技术环境下外语教学和课程设计等方面的论文相继发表。通过对收集到的资料进行分析发现国内研究多是围绕“宏观角度解读外语政策或发展”、“外语课堂和教学的生态化研究”、“外语课程的生态化研究”、“教师的生态化发展”和“教学生态环境的研究”。虽然这些研究取得了一定的成果，但仍存在一定的局限性，某种程度上来说，缺乏生态学理论的指导，还没有找到生态学和外语教学的契合点，为此，本文将从大学英语教学的整体出发，以浙江越秀外国语学院的大学英语教学改革实践为实例，切实地运用生态学原理来指导信息技术环境下的大学英语教学，提出更有效的措施和策略。

2. 大学英语教学的现状分析

中国传统的大学英语教学很大程度上依赖课堂教学，教师、学生、教材和教室是课堂教学的基本要素。教师是教学的主体，是学生学习、获得英语相关知识的最主要的渠道。从现实的教学现状来看，教学形式单一，灌输式的教学仍然是课堂主旋律，学生课上忙于记笔记，课下忙于背单词，无法将所学知识运用于实际生活当中。教学方法手段简单，互动性差，教师只是提出展示性问题，而缺乏参考性问题，教学缺乏创新性。学生方面，由于在整个学习过程中，学生是被动接受教师传授的教学内容，学习的积极性和主动性严重不足，表现出来的学习目的性也不明确。学生学习英语主要是为了通过考试、拿到毕业文凭，这些不想扎实地学习英语知识的学生，只要把英语考试通过，就万事大吉了，英语学习也随之结束。客观的教学环境也不理想，非英语专业学生，不可能像英语专业学生一样开设大量的英语课程，每天大量地接触英语，接受英语听、说、读、写、译各方面系统地学习，即使在英语课堂上，由于语言能力的有限和课堂环境的限制，英语学习的氛围也不是十分浓厚，更不用提课外有机会用英语进行交际了。

3. 生态外语教学的概念与特征

生态教学是指运用生态学的理论和原则研究教学之中各因子之间及其环境间的关系，从“系统观、整体观、联系观、和谐观、均衡观”的生态学视角下去思考和解释各种教学现象和问题，从而建立一种生态化的教学理念和模式，开展生态化的教学实践。生态外语教学则依据生态学原理，研究外语教育现象、问题和成因，探讨外语教育发展的规律、趋势和方向，不仅批判了传统外语教学的弊端和当代外语教学中的不足，也为外语教学的研究和发展提供了新的视角和广阔的空间，在实际的外语教学中有着重要的现实指导意义。

生态外语教学的主要特征体现在：第一，根本特征体现在“生命体”——学生身上，它强调尊重学生以及学生的个性，培养身心健康、全面发展的生命个体，实施个性化教学，促进学生个性化发展和创新性的培养。第二，主要特征体现在系统性和整体性上。“系统是由相互作用和相互依赖的若干组成部分结合而成的具有特定功能的有机整体”（曹凑贵，2002）。在生态外语教学系统中，人与教学环境按照一定规律共同组成，相互作用而成的一个整体，在这个整体中，不同背景知识结构的教师和学生在不同的时间、空间和环境中发挥不同的作用，共同构成一个有机的外语教学整体。第三，关键特征体现在开放性和自组织。在整个教育系统中外语教学是一个相对独立的子系统，它与其他子系统之间必然有着密切的联系，教学主体、教学过程、教学环境、教学活动都必须呈现开发状态才能与子系统相互影响、相互作用，实现“全人”的培养，达到外语教学的可持续发展。第四，生态外语教学的目标是动态平衡。在外语教学过程中，师生之间、生生之间、师生和环境之间的关系是处于一个不断运动、不断调整的状态，也只有不断运动变化才能实现生态外语教学系统与环境间达到最佳和最和谐的状态。

4. 生态教学模式在信息技术下对大学英语教学的影响

4.1 教学目标、教学要求的改变

根据2007版《大学英语课程教学要求》，大学英语教学的目标是“培养学生的英语综合能力，特别是听说能力，使他们在今后学习、工作和社会交往中能用英语有效地进行交际，同时增强其自主学习能力，提高综合文化素养，以适应我国社会发展和国际交流的需要。”因此，我校的教学目标与《教学要求》基本保持一致，规定“综合英语课程是基础教育阶段英语教学的提升和拓展，主要目的是在高中英语教学的基础上进一步提高学生听、说、读、写、译的能力；同时加强跨文化教育，学生除学习、交流先进的科学技术或专业信息之外，还要了解国外的社会与文化，增进对不同文化的理解、对中外文化异同的意识，培养跨文化交际能力。”很明显，与传统的大学英语相比，不仅仅停留在对学生阅读能力的培养和知识的传输，而是把学生听、说能力和英语综合运用的培养作为教学目标的重点。只有这些因素共同作用，才能达到英语学习目的，体现大学英语教学的生态平衡。

教学目标的改变也带动了教学要求的修改，本校为了突出“分类指导，因材施教”的理念，根据学生专业的不同，在英语基础较好的西语学院采用二级起点，在中文语言学院、酒店管理学院根据学生在第一学期的四级考试成绩进行A、B班的分级教学方式，对不同英语水平的学生提出不同要求。学生作为大学英语生态系统中的生态主体之一更是千差万别，每个学生都是个性化的有机体，都有自己的特点、性格和学习习惯，因此也不可能用同一标准去要求每一个学生。分级教学很好地赋予了生态主体（学生）发展的空间，有利于促进他们的主观能动性和创造性的发挥。

4.2 教学模式的改变

教学模式是大学英语教学改革的核心和关键，《教学要求》用较大篇幅体现除了它的重要性。“各高等学校应充分利用现代化信息技术，采用基于计算机和课堂的英语教学模式，改进以教师讲授为主的单一教学模式。新的教学模式应以现代信息技术，特别是网络技术为支撑，使英语的教学在一定程度上不受时间和地点的限制，朝着个性化和自主学习的方向发展。……各高等学校应该根据本校的条件和学

生的英语水平探索建立网络环境下的听说教学模式，直接在局域网或校园网进行听说教学和训练。”在《教学要求》的指导下，本校对传统单一的课堂教学模式进行了改革，充分利用多媒体教室、语音室、机房，引入与教材配套的教学课件，丰富教学资源，加大语言信息输入，使学生尽可能多而广地接触信息材料，增强学生的英语学习的跨文化交际能力和语言应用能力；结合第一课堂和第二课堂，大力发展第二课堂，通过调频广播、英语角、英语沙龙和英语竞赛营造浓厚的英语学习氛围，引导学生利用网络资源进行自主学习。信息技术作为大学英语生态教学系统中的新的生态因子，引起了整个生态系统的变化，使新的教学模式更适应生态主体的发展和提高。

4.3 教学方法、手段的改变

教学模式的改变必然影响教学方法和教学手段的运用。传统的教学方法更关注教师的“教”，“语法翻译法”大行其道，学生只需在课堂上聆听和摘记教师教授的知识点，或是有限地参与课堂活动，整个教学过程完全掌控在教师手中，忽视了学生学习的过程。随着时代的发展，教学模式的改变，本校在教学过程中不断探索符合教学实际和学生发展的教学方法。采用多种教学手段及教学模式，通过建设和使用微课、慕课，利用网上优质教育资源改造和拓展教学内容，实施基于课堂、在线网上课程的翻转课堂等混合式教学模式，现代信息技术几乎贯穿于整个教学过程，包括课件展示、音频视频的播放，网络自主学习平台资源共享。此外，头脑风暴、小组讨论、对话表演、跟读、情境再现等多形式多维度的活动充实了课堂活动，使学生通过感知、体验、实践与合作学习建构知识脉络，形成有利于学生人格发展的生态氛围，活跃课堂气氛。

4.4 教学评估的改变

“教学评估是大学英语课程教学的一个重要环节。全面、客观、科学、准确的评估体系对于课程目标至关重要。”（2007）传统的教学评价体系往往以一次期末考试成绩来衡量学生学习的好坏，但是这种评价体系不能全面反映学生在整个学习过程中的学习情况。本校在形势下采用形成性评估和终结性评估相结合的方式，更有效地对学生英语学习过程进行监控，重视学生平时成绩的评定。学生的平时成绩有出勤、课后作业、课堂问答、测试四部分组成，出勤占10%，课后作业一学期至少布置6次，而且需不同类型的作业，占40%，课堂问答一学期至少记录5次，占30%，测试，包括阶段测试和四六级等级模拟考试占20%。平时成绩和期末考试成绩在总评成绩中各占50%，充分重视学生在学习过程中的表现。这些变化体现了大学英语教学评估的生态化特点，也是尊重学生，尊重过程的完美体现。

4.5 师生角色的转变

传统大学英语教学是以教师为中心，教师是知识的拥有者和传授者，是课堂中绝对的权威，他决定着课堂中的“一切”——“决定学习的课程、控制讲课的节奏、控制师生间的交流，决定谁有说话的机会、决定他们什么时候说什么”（Weimer，M. 2002）。学生扮演的角色是被动的知识接受者，在课堂中只是被动接受教师传授的知识，主动参与性严重不足，师生互动不够，严重影响了课堂效率和课堂氛围的营造。而随着信息技术融合于外语课程，成为外语课堂中一个有机组成部分，大学英语的教学理念、教学模式、教学方法、评估手段发生了变化，师生角色也必然随之变化。笔者对本校大学英语教师角色问题进行了问卷调查，有75%的教师选择了“知识的传授者和组织者”，63%的教师选择了“知识的引导者和协助者”，56%的教师选择了“知识的提供者、设计者和开发者”，46%的教师选择了“知识的评价者”，可见大学英语生态教学环境的改变使教师承担了更多的角色。Voller（1997）将新时期的教师角色归纳为促进者、咨询者和资源提供者；上海外国语大学的陈坚林教授也曾这样定位教师的角色：“课前角色——课程设计者和开发者；课中角色——课程讲授者和组织者、培训者及评价者；以及课后角色——协助者和学习资源者。”

既然教师具有多重角色，学生的角色较传统教学时期也发生了重大变化，他们已不仅仅是知识的接收者，而具备了信息收集者和处理者、合作者的角色。例如在上《Joy of Travel》一课导入部分，教师让学生在课前以小组形式事先收集有关世界名胜古迹的材料、旅行社路线和行程安排、旅行日志，准备PPT在课堂上向全班同学进行展示，展示之后小组间互相打分，互相评价。在这一过程中，学生既要收集整理信息，也要与同伴合作制作课件，同时他们也是知识的建构者、评价者，集多重角色于一身，充分调动了学生学习的积极性。

在师生角色转变后，师生变成一个整体，教师和学生都拥有参与权和表达权，享有平等的地位和权利，师生之间的互动性更强，进而推动了两者间的协同进化。

5. 结言

大学英语教学系统中生态因子的变化自然会打破原有的平衡，但只要我们坚持对大学英语教学系统的优化，以学生为中心，重视学生的发展，同时也强调教师的发展和关键作用，配套优化了教学目标、教学要求、教学模式、教学方法手段、评价机制，大学英语的生态系统重新可以达到平衡，焕发勃勃生机的景象。

参考文献

1. Voller, P. Does the Teacher Have a Role in Autonomous Learning, Language Learning. London: Longman, 1997
2. Weimer, W. Learner-centered teaching: five key changes to practice. San Francisco: Jossey-Bass, 2002.
3. 曹凑贵：《生态学概论》，北京：高等教育出版社 2002 年版。
4. 陈坚林、谷志忠：《要求更完善，方向更明晰——对 07 版〈大学英语课程教学要求〉的新解读》，《外语电话教学》2008 年第 1 期。
5. 教育部高等教育司：《大学英语课程教学要求》，北京：清华大学出版社 2007 年版。
6. 宋改敏：《教师专业成长的学校生态环境》，重庆大学出版社 2011 年版。
7.《浙江越秀外国语学院大学外语部本科课程教学大纲》，绍兴：浙江越秀外国语学院，2015 年。

（张雪芳，浙江金华人，硕士学位，浙江越秀外国语学院大外部讲师，主要研究方向为英语教育和跨文化交际）

英语识别过程的语用功能

◎赵蕊华

摘　要： 系统功能语言学为研究英语识别过程的经验功能和篇章功能两类语用功能提供了有力支撑。对识别过程的经验配置结构，主位结构以及信息结构的分析发现识别过程的经验功能有确指、定义、实证、命名、角色识别、象征、构成、举例、占有（拥有/环境）、相等、归类和反预期等十二类，而篇章功能有话题介绍，话题延续，话题转移（阶段性/非阶段性）、理据提供和总结/评价等五类。识别过程的经验功能与篇章功能相互联系，有利于听话人更好的理解会话中说话人的意图，也有利于读者解读篇章的含意以及结构。

关键词： 识别过程　经验功能　篇章功能　系统功能语言学

1. 识别小句概述

系统功能语言学家（如 Halliday）[1] 将反映在语言及物系统中的人类经验分成物质过程、心理过程、关系过程、言语过程、行为过程和存在过程六类。其中，关系过程分为“两式”，即识别式和归属式，以及“三类”，即密集类、环境类和所有类。

识别式关系过程（简称识别过程）体现了用一个实体识别另一个实体身份的过程。这两个实体，也就是识别过程中的两个参与者，同时实现两组经验配置结构——“被识别者 - 识别者”和“标记 - 价值”。

典型的识别过程通常具有四个特点。第一，识别过程的第二参与者是确定性的，由以定冠词 the 引导的名词词组，代词或者专有名词实现；第二，该类过程可以用 who，which，who/which…as 进行提问；第三，识别过程的过程角色由表示对等的动词或者动词词组实现，如 be，represent，play，show，own，cover 等等；最后，大多数识别小句可以实现逆转。①

2. 识别小句的语义分类及其缺陷

虽然在系统功能语言学框架内研究识别过程的学者不在少数，如 Halliday、Matthiessen、Davidse、何伟、袁鑫、黄国文、赵蕊华、赵蕊华），但是对识别过程的功能，特别是语用功能的研究却寥寥无几。Halliday 和 Matthiessen 根据识别过程的语义功能将它们分为以下八类。

表 1 识别过程的语义分类（根据 Halliday 和 Matthiessen）[20]

类别	过程角色的实现形式
相等，等式（equation）	equal
相等，等值（equivalence）	correspond to
角色扮演（role play）	be
命名（naming）	be
定义（definition）	be
象征，注释以及翻译（symbolization，glossing and translation）	indicate
举例（exemplification）	be
实证（demonstration）	show，suggest，indicate

这八类语义功能的划定是以实现识别过程中过程角色的动词或者动词词组为依据的。不过这样的划分方法存在两方面的局限性。首先，同一对等动词或者动词词组可能实现不同功能类别的识别过程，例如，表“角色扮演”的 Michael is the CEO，表“命名”的 his name is Michael，表“象征”的 red is stop，以及表“等式”的 one plus two is three 的过程角色都由系动词 be 实现。第二，由于实现重音突出的成分不同，即使是同一识别过程在不同的语境下实现的功能也有可能不同，如 anthropology is the study of human② 与 the study of human is anthropology 之间的差别。由此可见，以实现过程角色的动词/动词词组作为依据划分识别过程的功能类别是不可靠的。除此之外，这种划分的另一个缺陷在于只考虑到密集类识别过程，而忽视了环境类和所有类识别过程。

3. 识别过程的语用功能

识别过程的语用功能将从两个方面进行讨论：经验功能（experiential functions）与篇章功能（textual functions）。这里的经验功能与篇章功能不同于系统功能语言学中的三大元功能：三大元功能（概念元功能、人际元功能和篇章元功能，常被简称为概念功能、人际功能和篇章功能）是抽象意义上的，面向一切语言现象，而这里的经验功能和篇章功能是具体的，针对识别过程使用中的语用功能。识别过程的经验功能指的是识别过程在人际交往中传递信息的功能，与识别过程的参与者在经验领域的结构功能相关（被识别者－识别者；标记－价值）。识别过程的篇章功能指的是识别过程在语篇组织中的功能，与识别过程的参与者在篇章领域的功能相关（主位－述位；已知信息－新信息）。

3.1 识别过程的经验功能

鉴于“过程角色实现形式分类法”的缺陷，要判断识别过程的经验功能就不能以动词或者动词词组的语义为根据，而要从识别过程的结构出发，并将密集类、环境类以及所有类三类识别过程同时纳入考虑范围。影响识别过程结构的因素有两个：参与者的实现形式、参与者之间的关系以及相关语境。

识别过程在人际交往中传递信息的经验功能有十二类，如下表所示。

表 2 识别过程的经验功能

经验功能的类别	例句
确指（specifying）	Michael is the better candidate
定义（defining）	The study of human is anthropology
实证（demonstration）	The study indicates that the Clean Air Act hasn't produced the desired results
命名（naming）	The study of human is anthropology
角色识别（role identification）	Michael is the leader
象征（symbolization）	“+” is insertion
构成（constitution）	The article is made up of four parts
举例（exemplification）	This painting exemplifies the artist's early style

<table>
<tr><th colspan="2">经验功能的类别</th><th>例句</th></tr>
<tr><td rowspan="2">占有
（occupying）</td><td>拥有（possession）</td><td rowspan="2">Michael owns the villa Tulips cover the yard</td></tr>
<tr><td>环境（circumstance）</td></tr>
<tr><td colspan="2">相等（equalization）</td><td>One plus two equals three</td></tr>
<tr><td colspan="2">归类（categorization）</td><td>Michael is the better candidate</td></tr>
<tr><td colspan="2">反预期（counter-expectation）</td><td>The most poisonous caterpillar is the most colorful one</td></tr>
</table>

识别过程的定义、实证、角色识别、象征、举例、相等等功能的含意显而易见，此处不予说明。不过，其他几类经验功能则需要进一步解释。确指是指精准定位，或者精准地指出某个实体/事件。占有既可以是环境方面的，也可以是所有物方面的。所有物方面的占有要与构成区分开来：前者是静态的拥有，而后者则是动态的组成。归类指将某个实体或者事件分门别类。实现这一功能的识别过程的第二参与者通常由含有性质特征词或者分类词的名词词组[③]实现，例如 the better candidate，the express company，the smarter one 等等。反预期指识别过程表达的内容与人的预期不符。这类识别过程的两个参与者通常由形容词的比较级或者最高级实现，如例（1）（即表②中的最后一个例句）。

（1）The most poisonous caterpillar is the most colorful one

在听到 the most poisonous caterpillar is 时，人们的预期是接下来会听到 the Brazil caterpillar，也就是说，人们所期待的是“最毒毛毛虫”的名称。在这种情况下，the most poisonous caterpillar 的结构功能是价值。不过例（1）并不是这样表达的，它所传递的消息是“最毒毛毛虫”的特征。这种情况下的第一参与者 the most poisonous caterpillar 的结构功能既可以是价值也有可能是标记。

从表中的例句可以看出两点。首先，系动词 be 可以实现多种语用功能——确指、定义、命名、角色识别、象征、归类以及反预期。因此，对这类识别过程的功能的判断依赖于对参与者的理解。其次，同一识别过程由于重音突出成分的不同可能实现不同的语用功能，以（2）、（3）和（4）为例。

（2）Michael is the better candidate

（3）The study of human is anthropology

（4）Michael owns the villa

对于例（2）而言，如果重音突出成分由 the better candidate 实现（也即识别者)，说话人探求的是 Michael 所属的类别——“better”，“worse”还是“average”，那么这个识别过程的语用功能是归类。另一方面，如果重音突出成分由 Michael 实现（该成分是识别者)，说话者探求的是 the better candidate 所确指的人，那么这个识别过程的语用功能就是确指而非归类。接下来要考虑的是例（3)。在例（3)中，如果重音突出成分由 the study of human 实现（也就是识别者)，说话者寻求的是 anthropology 的定义，或者说对 anthropology 的解释。在这种情况下，该识别过程所实现的是定义功能。另外，如果重音突出成分由 anthropology 实现（即识别者)，说话者想知道的是 the study of human 的名称，那么该识别过程的语用功能则是命名。至于例（4)，虽然它在表二中没有出现在两个不同的功能类别下，但是也可以从两个方面进行分析。如果识别者这一结构功能由 Michael 实现，该过程关注的是 the villa 的拥有者，那么它实现的语用功能是“占有：拥有－所有”；如果识别者这一结构功能由 the villa 实现，该过程关注的是 Michael 的所有物，那么它实现的语用功能是“占有：拥有－属于”。

上述分析证明影响对识别过程的经验功能判断的是过程参与者的结构功能，两个参与者之间的关系以及相关语境，而不仅仅是实现过程角色的动词或者动词词组。此外，由于重音突出成分的不同，同一识别过程有可能实现不同的经验功能。但是并非所有的识别过程都可以实现多种功能。例如，在表示对等的等式识别过程中，不论重音突出成分由哪个参与者实现，该过程的语用功能都是相等。

3.2 识别过程的篇章功能

讨论完识别过程的经验功能之后，接下来研究的是识别过程的篇章功能。由于识别过程的篇章功能所涉及的是该类过程在组织篇章结构中的功能，所以下面的例子是成段的篇章而不是独立的小句。

3.2.1 主位－述位结构和信息结构

主位指话语的出发点，述位是主位在话语中的发展（见 Halliday)[1]。例如，在 Michael is the leader 中，Michael 是主位，小句剩余的部分 is the leader 是述位。信息结构涉及已知信息和新信息两个概念。已知信息指听话者已经知道的，或者上文已经出现过的信息；新信息对听话者而言是未知的，或者上文尚未出现过的信息。在非标记（unmarked）情况下④，主位与已知信息重合，述位与新信息重合。

但是局限于小句层面的主位结构以及信息结构分析会阻碍对识别过程组织篇章的功能的探讨，因此这里要将 Martin 和 Rose[21] 提出的超主位、超新信息、宏观主位和宏观新信息纳入考虑范围。超主位是篇章中某个阶段/方面的主题句，它与超新信息的关系就如同小句层面的主位与述位之间的关系。宏观主位是整个篇章的主题句，它与宏观新信息的关系就如同阶段层面的超主位与超新信息的关系以及小句层面的主位与述位之间的关系。

为了探索识别过程在组织篇章中的功能，对其主位结构和信息结构的分析要从小句层面上升到阶段层面和篇章层面。

3.2.2 案例分析

接下来，本文将以《系统功能语法导论》[1]78－80 页中对“述位”概念的解释为例（如下例（5）），讨论识别过程在组织篇章中的作用。⑤

（5）

［Theme 1］ The Residue ［Rheme 1］ consists of functional elements of three kinds: Predicator, Complement and Adjunct. …

（1）Predicator. … ［Theme 3］ It ［Rheme 3］ is realized by a verbal group minus the temporal or modal operator…

The function of the Predicator is fourfold. （i） It specifies time reference other than reference to the time of the speech event, i. e. ‘secondary’tense: past, present or future relative to the primary tense （…）.（ii） It specifies various other aspects and phases like seeming, trying, hoping （…）.（iii） It specifies the voice: active or passive （…）.（iv） It specifies the process （action, event, mental process, relation） that is predicated of the Subject （…）.

（2）Complement. ［Theme 12］ A Complement ［Rheme 12］ is an element within the Residue that has the potential of being Subject but is not.

（3）Adjunct. ［Theme 14］ An Adjunct ［Rheme 14］ is an element that has not got the potential of being Subject.

［Theme 15］ The typical order of elements in the Residue ［Rheme 15］ is: Predicator^Complement^Adjunct （s）, as in the duke gave my aunt that teapot last year for her birthday. …

这个篇章中出现了五个明确的识别过程，如文中所标示的“Theme 1 – Rheme 1”，“Theme 3 – Rheme 3”，“Theme 12 – Rheme 12”，“Theme 14 – Rheme 14”和“Theme 15 – Rheme 15”。除此之外，还有其他十个隐含的识别过程，它们或由“i. e.”/“:”连接，或者没有任何连接标记。将这十个隐含的识别过程转换成明确的识别过程，也就是以“参与者1＋过程（对等动词/词组）＋参与者2”的结构出现（画线部分为补足成分），结果如下：

（1）［Theme 2］One element in the Residue ［Rheme 2］ is the Predicator…

The function of the Predicator is fourfold. （i）［Theme 4］The first function ［Rheme 4］ is that it specifies time reference other than reference to the time of the speech event. ［Theme 5］The time reference other than reference to the time of the speech event ［Rheme 5］ is the secondary tense. ［Theme 6］ The secondary tense ［Rheme 6］ refers to past, present or future relative to the primary tense. … （ii）［Theme 7］ The second function ［Rheme 7］ is that it… （iii） ［Theme 8］ The third function ［Rheme 8］ is that it specifies the voice. ［Theme 9］ The voice system ［Rheme 9］ consists of the active voice and the passive voice. … （iv）［Theme 10］ The final function ［Rheme 10］ is that it specifies…

（2）［Theme 11］ Another element in the Residue ［Rheme 11］ is the Complement…

（3）［Theme 13］ A third element in the Residue ［Rheme 13］ is the Adjunct…

…

如文中的阿拉伯数字所示，该文总共出现了十五个识别过程。第一个识别过程的经验功能是构成，用来介绍“述位”的组成成分。另一方面，它也可以被视为一个为“述位”下定义的过程：“述位”是一种包括了谓语，补语和状语（附加语）三个功能性成分的成分。所以，第一个识别过程引出了篇章的主题，是该文的宏观主位，统领全文。该宏观主位在下文分裂成三个超主位，分别介绍了“述位”的三个功能性成分。首先介绍的功能性成分是“谓语”，这从第二个识别过程可以看出。而第二个识别过程的述位则作为第三，第四，第七，第八和第十个识别过程的主位。由此可见，这一部分的话题是“谓语”，而不再是“述位”这一整体概念，也不是“述位”的另两个功能成分。从这个角度而言，该识别过程是介绍“谓语”这一阶段的超主位，它实现两方面的功能－统领阶段性内容以及转换话题。在这一阶段中，还有另外三个话题转换，体现在第五，第六和第九个识别过程中。不过这三个识别过程实现的话题转换与第二个识别过程所实现的话题转换不同。第二个话题转换是阶段性的，而第五，第六和第九个话题转换只是暂时的；它们之间是阶段性话题转换与非阶段性话题转换（phase vs. non-phase）的区别。在介绍完“谓语”这个话题之后，该文讨论了“述位”的另外一个功能成分 - “补语”。这体现在第十一个识别过程，它是描述“补语”成分阶段的超主位，是这一阶段的主题。接下来阐释的是“述位”的第三个功能成分 - “状语”（附加语），引导这一阶段论述的是第十三个识别过程。最后，对这个篇章的总结由第十五个识别过程实现。通过以上讨论可以发现该文的主位推进模式，如图一所示。

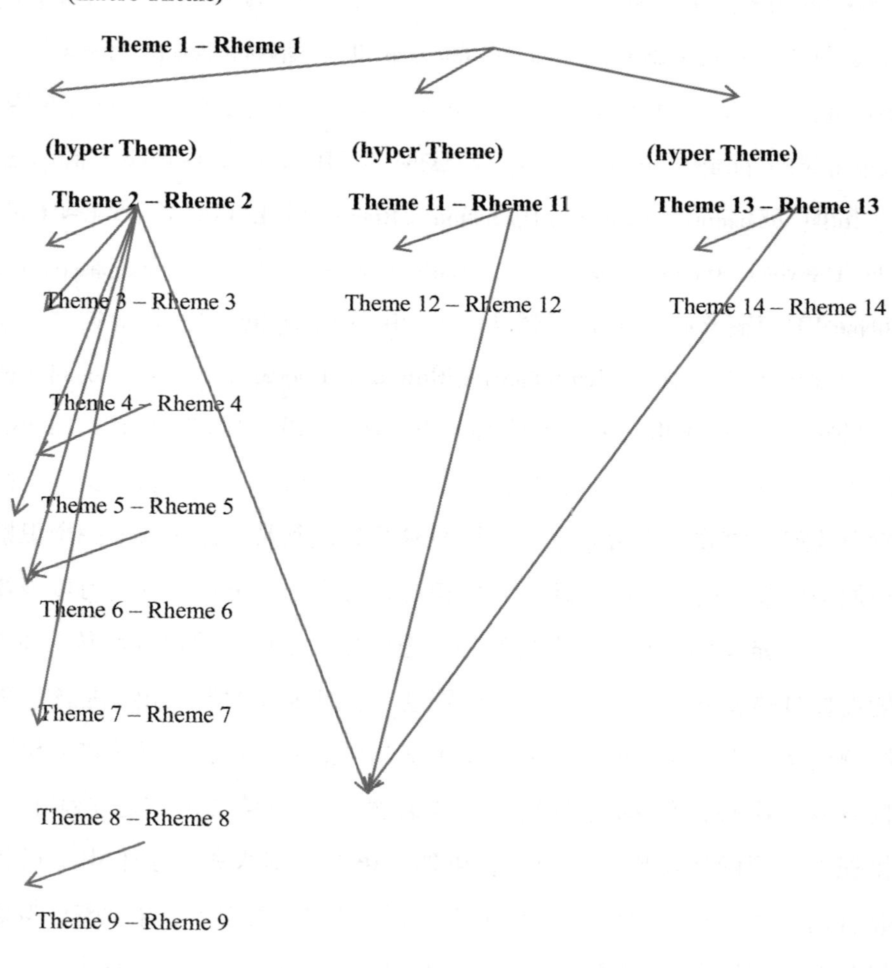

图一　篇章中的主位推进模式

从该文的主位推进模式可知，在这个介绍“述位”的篇章中，第一、第二、第十一和第十三个识别过程属于介绍部分，它们或介绍整个篇章的主题，或介绍某一阶段的主题。第五、第六和第九个识别过程是过渡部分，将一个主题过渡到另一个主题。第十五个识别过程是总结部分，将前文所谈到的内容进行总结或者评价。其余的七个识别过程所起的作用则是详细阐述或者进一步解释阶段性主题。

总体而言，识别过程在篇章组织中主要有五方面的功能：话题介绍、话题延续、话题转移（阶段性/非阶段性）、理据提供和总结/评价。

3.3 对识别过程语用功能的两点补充

上文展示了识别过程的十二类经验功能和五类篇章功能。不过，有两点需要补充，一是有关这两类语用功能研究结果的适用范围，另外一个是这两类语用功能之间的关系。

首先要说明的是识别过程语用功能研究结果的适用范围。识别过程经验功能的研究结果在较广范围能够成立，而识别过程篇章功能的研究结果则只是适用于较窄的范围。这里的范围指文本类型。Matthiessen[22]以文本所达到的社会目的为依据将文本类型划分为八类：消遣（recreating）、报告（reporting）、阐述（expounding）、考察（exploring）、能动（enabling）、建议（recommending）、行动（doing）和分享（sharing）。阐述和考察是关系过程经常出现的文本类型，这是因为阐述类文本主要用于分类和解释，而考察类文本主要用于辩论和评价。本文在研究识别过程的经验功能时所用的案例选自 British National Corpus（http://www.natcorp.ox.ac.uk），并不受文本类型的限制，所以研究结果广泛地适用于所有八类文本。不过，在研究识别过程的篇章功能时所选用的案例则属于阐述类文本，所以目前的研究结果适用于阐述类和考察类文本。

第二个需要强调的是识别过程的两类语用功能相互关联，相互作用。例如，如果作者想要阐述某物或者某事件，他在文章一开始介绍主题时通常会用表示下定义的识别过程，换句话说，识别过程的话题介绍篇章功能通常与下定义经验功能联系紧密，如上文例（5）中的第一个识别过程。而如果作者想要对某物或者某事件进行评价，他很有可能利用表角色识别或者归类的识别过程，也就是说，识别过程的评价篇章功能通常与角色识别/归类经验功能联系紧密，例如，

（6）IPhone 5S is the best smartphone ever made，…. …. The iPhone 5s processor is a big leap forward for Apple, and is the first 64-bit chip in a mobile phone。

不过，这只是一个倾向（tendency），而不是一个规则（rule）。如果作者描述的对象是一个人而非物，那么在介绍话题时通常会用表角色识别或者归类的识别过程，例如，Bill Gates is the former chief executive and current chairman of Microsoft。

4. 结语

本文研究了识别过程的两类语用功能：经验功能和篇章功能。识别过程的这两类语用功能不能仅从实现过程角色的动词或者动词词组判断，而要根据识别过程中的两个参与者的功能以及它们之间的关系进行分析。识别过程的经验功能指识别过程在说话双方的日常交流中的功能，与识别过程的经验配置结构有关，分为确指、定义、实证、命名、角色识别、象征、构成、举例、占有（拥有/环境）、相等、归类和反预期等十二类。识别过程的篇章功能指识别过程在组织篇章结构中的功能，与识别过程的主位结构和信息结构有关，分为话题介绍、话题延续、话题转移（阶段性/非阶段性）、理据提供和总结/评价等五类。这两种语用功能相互作用，紧密联系，有助于听话人明白说话人的意图，也有助于读者更好的理解篇章的含意以及结构。

注释：

① 并非所有的识别过程都呈现这四个特征，例如，某些过程的第二参与者是非确定的，而某些过程不能逆转。不过，它们仍然可以被视为识别过程，用于实现识别过程的功能。

② 黑体表示重音突出成分，也就是识别者。

③ Halliday[1]将名词词组中不同成分的功能分为指示（Deictic）（通常由限定词或者形容词实现）、数值（Numerative）（通常由数词实现）、修饰（Epithet）（通常由形容词实现）、分类（Classifier）（通常由名词或者形容词实现）以及物体（Thing）（通常由名词实现），以 the top three largest express companies 为例。

The	Top	Three	Largest	Express	Companies
Deictic 1	Deictic 2	Numerative	Epithet	Classifier	Thing

④ 在标记（marked）情况下，主位也可能与新信息重合，而述位可能与已知信息重合。以 Michael is the leader 为例，在一般情况下，作为主位的 Michael 是已知信息，作为述位的 the leader 是新信息。但是如果该小句出现在以下语境中，情况则不然。

—Who's in charge here?

—Tom and Michael. But Michael is the leader.

在该对话中，虽然 Michael 已经在上文（Tom and Michael）出现过，但是在识别过程中它充当的是新信息（重音突出成分，如黑体所示）。这是因为 Michael 在该过程中表达的是“对比”含意，它所暗示的信息是“尽管这里 Tom 和 Michael 都负责，不过真正有话语权的（领袖）只是 Michael”。

⑤ 出于篇幅原因，这里只展示有识别过程出现的部分。该例中的识别过程不仅包含了“明确的”识别过程，即小句层面的识别过程，其结构表现为“参与者 1 + 过程（表示对等的动词或者动词词组）+参与者 2”，还包含了“隐藏的”识别过程即非小句层面（词组或者小句复合体）的识别过程。该层面的识别过程没有呈现出明显的识别过程的结构。

（赵蕊华，女，陕西省宝鸡市眉县人，讲师，博士，研究方向为系统功能语言学、功能句法、语篇分析、功能翻译）

沿河土家族山歌的语言特征*

◎向笔群（土家族）

摘 要： 沿河是中国著名的土家族山歌之乡，传唱的民歌歌词，大量使用方言、语气助词和叹词；民歌中的赋、比、兴方式运用十分普遍，具有独特的地域性民族特征。

关键词： 沿河土家山歌　语言特征　地域性　赋比兴

沿河土家族自治县位于贵州省东北角的铜仁市北部，地处黔、渝两省（市）边区结合部的乌江中下游，是我国单一的两个土家自治县之一，被誉为中国“土家族山歌之乡”。《沿河土家族山歌》[①]搜集出版使长期流落在民间的土家山歌走上大雅之堂，从“多彩贵州”唱到国内外舞台。沿河土家人世居乌江流域的高山深谷，在远古的生产劳作中，以山歌壮胆，以吟唱聚力传情，所以，流传至今的山歌随处可见热情奔放和浓郁的生活气息。[②]

一、地域语言风格

沿河土家山歌使用的汉语，属于混合众多方言词汇的汉语。从语法看，山歌的语言基本上合符汉语语法。但是它的词汇中方言较多，特别是语助词与汉语有很大的差别，加上语音有地域性的差异，所以属于应用实境中沿河汉语，尤其是沿河乡村的汉语和比邻重庆附近汉语很是不同，有时会导致听不懂的状态。显然，土家化的汉语有一定的识别功能性。对于沿河土家人而言，这种简朴而贴近他们生活的口语，使他们在日常的交流中得到认同。

---

* 本文系贵州省优秀科技教育人才省长专项资金项目《土家族民俗风情文化研究》前期成果，合同编号：黔省专合字（2013）41 号。2013 年铜仁学院学生社科项目成果。

（一） 方言词汇的应用

在沿河土家山歌中有很多方言词汇，这些词汇在沿河这个地方有强表现力，出于方言词汇所附带的民族个性地域性的共同欣赏，方言词汇的使用能够强化彼此之间的认同和理解，帮助唱听双方积极的互动和个体经验，以形成良好的语言互动场域，延展生活语言的内涵。

《乌江渔歌》唱云："打鱼哥哥不要雄，船上只有两张蓬，口袋只装半袋米，还在水上逞英雄。"山歌里的"雄"是了不起、自以为是意思。其唱词中还有"打鱼郎来好造孽，冷一歇来热也歇。"造孽是十分辛苦、特受罪的意思。而歇不说休息，而是动量词"一阵子"的意思。又如"金竹钓竿马尾索，乌江甩过贵州河，红壳鲤鱼我不钓，专门钓那母猪壳。"母猪壳是鳜鱼的方言，是乌江中的淡水鱼。母猪壳是鳜鱼，钓母猪壳是人们理解的骄傲和自信，即使有知道这个两个词是同样的意思就会兴味索然，唱词里不是真的钓鱼，而是想象，是一种心愿和情感，在这样的语境中，只有方言才能表达唱词的情感尺度。强悍的土家男人精神欲望在山歌得到完全表达，富有生活本味。《望牛山歌》就是极好佐证："清早起床把鞋穿，赶着牛儿说高山，高山顶上好风光，风吹草低见牛羊。岩上砍柴岩下梭，一起梭到斑鸠窝，斑鸠出来咯咯咯，我来唱首望牛歌。"其中的"砍柴"就是打柴，砍柴是方言，表达土家人干活的力度，"梭"是滚下的意思，其中还表现有速度的意思。《这山没有那山高》唱到："这山没有那山高，那里的妹子抬柴烧，哪年哪月同倒我，柴不弄来水不挑。""同倒"就是在一起生活的意思，朴质而具有地域性。如《解放歌》唱词："四月栽秧忙，土匪太猖狂，人民受苦难，百姓不安然。""安然"这个词很古雅，保留在方言中，就是"平安"、"太平"的意思，和汉语有一定区别。

《安席歌》的唱词："办个交割，未识寒碜，文才浅薄，不会安席，万莫奈何。""交割"是方言，是有所交代的意思；"安席"是摆席的意思，颇为古雅，这里表示组织婚宴的意思，具有婚庆仪式更为庄重。又如《回门》："既讲周公之礼，莫尽力雀泼。昨日贵府堂前动驾，今日回门登科。""雀泼"是方言，是指为人的行为骄纵，不合规矩。这里有表示谦卑、客气的意思。

《我爱情姐好人才》是这样唱的："郎在屋后叫打岩，姐在房中绣花鞋，爹妈问我什么响，后园果树落干柴。""叫打岩"是方言，是沿河土家人独特的生活孕育的生活行为方式，指男青年借开山打石的唱情歌给自己相好的听，称为“叫打岩”。

《大路不平石板镶》：“大路不平石板镶，那连交不到啊慢慢诓，那年那月诓到手啊，横切萝卜顺切姜。”没有起码的土家方言的基础是很难听懂，其中的“镶”就是“铺装”的意思；“连交”就是谈恋爱，而“诓”就是哄与讨好的意思。这首歌词的意思就是讲谈恋爱失败的年轻人暗下决心讨好自己女朋友，并且鼓励自己一旦把女友娶回家，自己就会做主了想怎么样就怎么样。

这样的山歌例子在沿河土家山区不胜枚举。沿河土家族山歌中的方言词汇的种类包含了实词中的基本类型，有名词、动词、形容词、数量词、代词等，全面渗入了演唱之中，为沿河山歌带来了地方性的语体色彩。[③]

（二） 语气助词和叹词运用

由于土家族没有自己的文字，没有书写的传统，只有通过口头声音表达情感，就催生大量语气助词的产生。大量的衬字使七音与四声之间的对抗降低了，为情感的表达提供非词汇的概念方式。所谓的“一唱三叹”这叹词尤其是衬字连用所形成的声音流非常具有传达能力。

《这山没有那山高》在沿河有很多个版本，沿河田贵忠老人演唱的最为原始的《这山没有那山高》，原始的山歌的音乐性不比现在版强。“这山没有那山高（喂），那里的妹子抬柴烧（喂），哪年哪月同倒我（喂），柴不弄来水不挑（喂）。”每句歌词最后有个语助词。如夹石乡唱的《薅秧歌》，把《薅秧歌》歌词处理成为一个个短语，分别加上叹词和助词演唱，形成领和之间回旋往复的音乐旋律，听起来令人荡气回肠。

并不是每首土家族山歌跟着许多语助词，但是从整体上看，没有助词和叹词的土家山歌是没有灵气的。改编之后的山歌音乐化更为明显，更加流行和现代，不过语气词和叹词的大量使用仍然是土家族山歌创作的技法之一。如《送郎调》里唱到：“（哪哎）送郎送到五里牌（哎），（哪哎）天上（噻）雷公（哪哎）打下来（哟），（哪哎）天上的雷公（哪哎）不打我（噻嗯），我再送他五里（啊），就回来（噻哟——）。”一个送郎女子依依不舍要送自己的爱人，送了一程又一程，她知道自己早该回去了，为妻要抚养一家老小，按照土家族的习俗，太过于缠绵的儿女之情也要被天打的，但是她挣扎哀求再送五里地，这种感情的哀伤单靠实词是难以表达透彻的，整首山歌表现上采用了不少的语气助词和叹词，直观地表现女性的情感和难以割舍的心情。明显看到语气助词在土家族山歌中的意义。

如《望牛山歌》："清早起来去望牛（依二呀二哟），满山青草绿油油（依二呀二哟），吆着母牛走前头（依二呀二哟），牵着公牛后面走（依二呀二哟），公牛母牛牛想牛（依二呀二哟），牛儿吆到岩后头（依二呀二哟），牛儿吃草不吃根（依二呀二哟），你我说情不反心（依二呀二哟），切莫要对大人说（依二呀二哟），说后棍棒打在身（依二呀二哟），西落回家转（依二呀二哟），情意埋在心里头（依二呀二哟）。"望牛郎去望牛的路上，由牵着公牛赶着母牛想到男女之情，唱词通过"依二呀二哟"反复婉言表现，让人听后直白亲切，又有原始的味道。"依二呀二哟"这个叹词，把望牛郎当时的心情表达得惟妙惟肖，淋漓尽致，不难看出叹词在土家山歌中的作用。

二、赋、比、兴大量运用

（一）赋、比、兴含义

大量运用民间的创作手法进行创作，使沿河土家族山歌具有非准确的叙述特征，"非准确"是针对语言概念要从概念清楚、表达精确的角度而言的，它与理解的精确不是一回事。所谓民歌创作手法主要是指赋、比、兴大量运用。赋、比、兴是民歌最早使用的手法，早在《诗经》"风"里已经十分普遍了，沿河土家族山歌里大量采用这种方法并获得了很好的表现力。

根据宋代朱熹的注释，所谓"赋"，就是"敷陈其事以直言之也"。就是直抒胸臆的意思，说话不用拐弯抹角，把事情和感情直截了当地表达出来。

所谓比，就是"是以彼物比此物也"，就是打比喻的用法，这在沿河土家山歌中使用频率很高，常常达到生动传神效果。

所谓兴，就是"先言他物以引起所咏之词也"，兴是传统民歌中的创作手法，通过先说他的事情，再说自己想表述的内容，方法比较曲折委婉地传达心里想法，称之为"兴"。《诗经》六义中，"兴"就是其中的一种。

（二）赋、比、兴案例

沿河土家族百姓生活朴素而实在，说话风格实在而且直截了当，直抒胸臆，这就是“赋”。由于直白与含蓄优雅的传统个性相左，说直话成为一种雅与俗的分水岭。[④]而要直说，在沿河土家族山歌中是相当典型的。土家人尚武、性格豪迈，这在土家族山歌语言中有十分真切的表现。

《这山没有那山高》唱到：“这山没有那山高，那山妹子把草薅，六月太阳像把火，你来歇哈我来薅。”男女之间的爱意表达直白，丝毫没有隐瞒，把土家人直言快语的性格表达出来，听起来十分亲切。如与重庆龚滩接壤的新景乡的山歌《晴天咬咬一炸雷》：“晴天咬咬一炸雷吔，郎去沿河不想回，花花娇子抬出去，沿河有个望郎妹（哎），新景有个望郎回。”第一句是比喻，第二、三、四都用的“赋”，毫无隐讳，三句歌词，简单不过地说清楚了事情原委并且表明了态度，说得十分透彻而无遮拦，这是沿河土家山歌语言个性特征的显现。

“对门对户对大门，看到妹妹长成人，花花娇子抬出去，你看怄人不怄人。”也是七言四句，一个男人把自己隐藏在自己心中多年的相思直言不讳地表达出来，这种言说方式把土家人文化品格中直率诚挚性格表现无遗。“要吃海椒不怕辣，要恋小妹不怕杀，刀子放在脖子上，心不颤抖眼不眨。”这首情歌直言表现出爱情坚贞与生命一同重要，哪怕是付出生命作为代价也是值得。

“生要恋来死要恋，生死要恋一百年，哪个九十七岁死，奈何桥等三年。”很难想象受过“温良恭谨让”教育的文人会这样直截了当地表达自己的爱情，这种表达是需要勇气的。这是沿河土家山歌的语境中却是感情的自然流露，这种直接表达的方式作为一种生存方式是被土家人普遍认同的。土家山歌往往是大胆与火辣辣的，它属于沿河土家人。这与他们生存方式有着密切的联系。

比的技法就是打比方，老百姓特别擅长此技法。常常用日常生活中的物事作比方，使简单山歌的词汇形象性大为提高，表现力明显增强。

有使用“比”言情的。如《大田栽秧行对行》：“大田栽秧行对行，一对秧鸡来歇凉，秧鸡跟着秧鸡走，情妹跟着少年郎。”通过比拟的修辞方式，凸显男女之情，胜过千言万语，达到美不胜收的艺术效果。用“秧鸡”与“秧鸡”成双比喻男女之情，表白既形象又妥帖，选用这种生活化比喻喻体意象很容易把本体的语境叠加在一起，很容易引导人们的感受和理解。《薅秧歌》：“大田薅秧行对行，一对秧鸡里头藏，大田薅秧先薅角，情妹下田先脱脚。”夏天“薅秧”比喻着生活的“欢薅”，让人联想。

有使用“比”状态的，如“情妹长得白又白，十指尖尖像藕节，瓜子脸上酒窝起，眉毛弯弯半边月。”此曲是一幅白描的美女图，“比”提纯了画面的形象感，增加了诗歌的感染力。

“唱得好来唱得乖，妹像一朵山花开，十人见了九人爱，和尚见了不吃斋。”间接衬托与比拟，凸显一个土家女子的惊人之美，连那些所谓皈依佛教的智者，见到土家女子就欲放弃红尘。如《稀篮背篼眼眼多》：“稀篮背篼眼眼多，我是背起背篼找情哥，早晨找到天黑尽，我不知情哥在哪坡。”“眼眼多”比喻寻找真正爱情不容易，形象而具体，唱出了一个女性追求爱情的无奈与艰难⑤。

还有山歌整体使用“比”的方法，也就是整首山歌用“比”方式谋篇布局。如：“要学海椒红红到老，不学花椒起黑心，要学豇豆成双对，不学茄子打单身。”真挚的爱情表达在这首情歌中完整表达，“比”上升为构想而不仅仅是修辞手法。“哪有稀饭熬不热，哪有毛铁烧不红，哪有妹子说不拢，冷水泡茶慢慢浓。”看似几句不沾边的呆话，其实就是人生经验重叠，用生活中的事实讲述了一条有关过程与结果的辩证关系。这种比喻空间很大的个性话语方式，表达土家人生命中的感受与从生活中的经验，这种点化式的语言方式为族群内部的交流预留广阔的空间。土家山歌大量使用“比”的手法，营造了区别逻辑判断的不可限定的传达。这种表达看似不精确，实则暗示着土家人对人生的丰富性与不确定性生活的深刻审视。

“兴”的使用在沿河土家山歌中十分普遍，在沿河土家山歌中形成了一种比较稳定的格式。无论是言情还是叙事都需要有个“启头”，这个“启头”往往是通过“兴”的手法来完成。“兴”妙处在于只是要求韵脚相同，帮助引出正文，但是实际上两种分属不同类别的物事因为某种理解的可比性产生了联想，甚至是相互说明关系。言词虽短，却意味深长。修房造屋的《上梁歌》可见一斑：“凤凰山上凤凰起，出有三只金凤凰，一只飞到天空上，指派日月放金光，一只飞到海中去，统管海洋和大江，一只心想凡人间，一翅飞来站梁上，面点头一面叫，东家富贵与天长。”以凤凰山上凤凰引出修房造屋，看似没有联系的物事却构成人们的美好愿望，凸显土家人传统文化心态。

“天上有雨又不落，情妹有话又不说，有话无话说两句，免得回去睡不着。”“天上有雨”与是否“说话”与否本身没有事理上的联系，除了韵脚相似之外，还因为在理解中它们都有“欲一还”的逻辑结构，所以它们之间可以很好地互相说明。“兴”委婉地强化了一个男人焦急无助的情绪。

“大田栽秧行对行，一对秧鸡来歇凉，秧鸡跟着秧鸡走，情妹跟着少年郎。”“行对行”与“歇凉”没有本质联系，除了韵脚相似外，属于在理解上的相似性“A 不 B，B 不—”，通过引起秧鸡一对歇凉，再引起出一对男女相随，所以构成了具有说明能力的“兴”的关系。

“梅子酸来李子甜，要个媒人讨人嫌，不如两人当面讲，石板架桥万万年。”“梅子酸”与“媒人讨嫌”都一样不招人喜欢，但是也能相互说明，梅子强烈的酸味让人对媒人的讨嫌之处有了形象的共同感受。“太阳落坡山垭红，小妹似风哥似龙，风朝太阳龙归海，妹哥几时又相逢。”以“太阳落坡”引出男女分别之情，其中有几分凄婉。

“赋、比、兴”作为《诗经》“六义”中的“三义”，是经典民歌创作的传统创作手法。从采诗制乐的时代开始一直沿用。几千年过去之后，尽管文化语境一再变化，遥远采诗年代早已经淡去，但是这种文化传统还依然保存在沿河土家山歌之中，为土家人喜欢而擅长。

注释：

① 何立高、沈海波：《沿河土家族山歌》，北京：中国文联出版社 2010 年 10 月版。

② 王卫华：《土家山歌：文化新视野下的再度唱响》，《贵州政协报》2010 年 5 月 26 日。

③ ④罗章：《放歌山之阿》，桂林：广西师范大学出版社 2007 年 8 月版。

⑤ 路曲：《土家族情歌：自由的镜子》，《中国民族报》2006 年 1 月 21 日。

（向笔群，土家族，重庆酉阳人，文学硕士，贵州铜仁学院文学院教授，研究方向为南方少数民族文化与语言）

二元认识论

◎王晓真

摘　要：《二元认识论》，或称《二元律》。人类活动的客观规律反映，表现为：实践是人的第一性，万物皆规律；人的认识基础为“二元”，即世界是多元的，但人感受世界是二元的，尽管记忆是多元的。万物是进制，因为人天生的生物体感官差异导致某个时间点总体认识的差异，呈渐变递减，但因为时间是自然产物，所以是进制，进制让渐变的差异认识变成进制。智商是直觉反应和记忆的总和。悖论是怎样产生的？否定之否定原理不是螺旋式上升，是静止地围绕一根水平线上下不停波动，并且水平线不会延展。

关键词：人类活动规律　二元认识　进制

还是先用一首自己所谓的诗作入题吧：

死水，
浅显囿于大地。
大河，
沉稳不止东向，
荫翳千山的褴褛，
燃烧生命暮光下，
她多变风韵不风流，
其粗犷溶万物不息。
像一潭死水，
痴恋身边一条静谧的大河。
痴恋围在一池，
死于太阳，

自我的泯灭，

谁，可接近她？

人与人之间不同，取决于生物属性的天赋和客观成长环境。没有绝对自我，只有相对自我。天赋是异于常人的对客观事物与生俱来的敏感，譬如对色彩、对形体，与之匹配的是大脑里的物质载体。除此而外，就是对自身成长的反映。人一出生就被教育影响，倘若绝对自我就是“狼孩”，就是“容器”。用库存的客观存在质疑外在的客观存在，“容器”的开合就是逻辑。而它的起始还是自己库存的客观存在。笔者经过两年多的观察思考发现，一切搞笑的事物，趣味性的事物，都是逻辑不对等或者有意逻辑混乱的产物。比如，猴子学人走路，笑；人学猴子走路，笑。而评判事物潜意识都会有是非对错之分，其建立在伦理、道德、法律之上。每个人（容器）不同，经过历史经验总结为学问，从而形成伦理、道德、法律当代社会节奏快，不少人不屑于理解别人，不去感受其实自己也能感受的，却一味迎合多数人的兴奋点，天天炒冷饭。而真理依然像隐士行走在边缘，所以文艺逐渐被唾弃为矫情、小众化，甚至无奈执念于原生和精神病人艺术，用任性和叛逆反抗社会。那些靠天赋一般、昙花一现的“艺术”，似乎感觉和想法很微妙，到头来却连自己做的是什么都不知道。也因此，进行到一半就下不去了，要么成魔要么成疯。能剖析自己的隐士，的确真隐于市。也由此直接导致我研读结构主义的书就像和朋友畅聊，读后现代的书就像去夜店。以海子的《以梦为马》来解释，“我要做远方的忠诚的儿子，和物质的短暂情人，和所有以梦为马的诗人一样我不得不和烈士和小丑走在同一道路上。”远方的儿子就是我要一直读书，短暂的情人要吃饭绝不多想其他，和喜欢中“二”的人一起和烈士和“河蟹（和谐）”共同写入历史。理性的作品终究会让人臣服。

相对有绝对，客观即绝对。主观上升到客观是可以的。一碗饭三个人，一个人霸占另两人的饭是封建，部分学识服务一个人；两个人霸占发工资给第三人是……部分学识服务两个人；三人自己动手平分，学识才真正而相对纯粹，但保不齐有个希特勒出来，一下拉回去，如此循环。绝对，比如人要消耗自然，要吃饭、死亡等。主观把握住客观就成客观，毕竟作为生物物质载体本身的大脑进化是有限的，变化的是随时间和空间堆积的文化知识。实践的确是检验真理的唯一标准，但试图质疑部分前人经过实践证明的客观真理就要付出代价。在封建社会、资本主义社会、共产主义社会等不停循环中，真正的知识分子存在的意义就是抵抗没有文化知识积累的原始思考的民粹分子和试图质疑客观不惜代价的精英分子（后现代那些玩票的），让状态保持在无限接近最佳。好斗是人的生物属性，追求平等的逻辑是人的理性。“斗争存在并将长期存在”，只是时间问题。主观是相对概念，一群容器装着自己的客观存在，其中一个相对于另一个就是主观。因为逻辑不对等，但对于人要吃饭，“不吃就死”这绝对是所有容器都装着的客观概念，就这概念达成逻辑对等，就成了普遍客观。有些客观概念有些容器没装，真理要么大众要么小众，通过实践就认识到了，后面的容器肯定都会装下实践证明，所谓前人实践后人的真理。

小孩库存为零，所以触发不了逻辑。世界是新的，库存少，教什么是什么，触发不了。等到有一定库存触发逻辑，就像给新入库的东西清洗或者做成罐头，和某些插画师把头画成工厂就逻辑联系了，构成相似关系，所以 1 +1 和 2 在数量上是逻辑对等，数列上是逻辑相似。物质存在是绝对的，但其属性是相对的，是人强加的，是人在认识这个物质的同时寻找其他物质和其比较，逻辑对等和逻辑不对等（相同和不同）。这也就证明人的精神库存存在是绝对的，也就是记忆。但和他人的库存是相对的，相对主观。但这并不能否认你比较出来的是真理。你发现石头比鸡蛋硬，他发现石头比山小，只是库存的逻辑不对等，或许是物物交换的初始。逻辑的很多状态，相等、相似等。人与人寻求相等是一种精神共鸣的快感，侠义物质相等是历经战争的前人总结的客观真理。自我对于刚出生没有库存的自我是相对，对于他人也是相对，是比较出来的，靠的是有了库存之后触发的逻辑。证明逻辑是生物本能，那就有大脑的物质载体，是生物学范畴。也就是生物本能的记忆通过时间和空间触发逻辑，这在人思考之前就是逻辑，那就是逻辑是绝对客观的规律，就算没有人也存在，一物也会生一物。客观物质绝对是美的？需要人的逻辑与物质的逻辑逻辑对等就发现美？先提个问题，之后证明。达达主义作为一个无政府主张艺术派别，我觉得杜尚的《泉》应该算行为艺术，其第一篇论文里用符号学分析黄金就是一客观物质，有一定审美和利用价值，但是纯粹的、数量少以至于在市场体制下人赋予了它不一样的属性和文化符号，戴金链就是土豪，我戴金链我炫富，微妙，搞笑。

人的逻辑就是客观物质规律在人脑中的反映。人的感官强于动物，其实也是传统生物感官感知事物，逻辑并没有生物物质载体。智商就是出众的生物感官（味觉、听觉、嗅觉等）和记忆的总和，通过感官接触到第一个东西，随着时间空间接触第二个东西的时候自然有了不同或相同等感觉。感觉和感官挂钩，所以实践是第一性。第一个人看第一个石头先是感官实践。客观规律即逻辑。一个人感知越来越强并不是生物感官的进化，而是库存的客观存在变多。1 +1 和 2 在数量上是逻辑对等关系，在数列上是逻辑相似关系。讲笑话，以及打比方等文学形式的原理就是逻辑相似关系，虽然相似，但不是，所以好笑或者有趣。等号被定义的那一刻就决定了人就更容易掌握逻辑对等或者逻辑相似的客观存在，鸡蛋和鸭蛋放一起绝不把土豆混在中间。所以会寻求平等，寻求共鸣，会嫉妒会羡慕。人也是靠生物感官感知世界，所以有的人接受第二个事物时接受程度低，因为感官不灵敏，接受不了新事物。一个未受教育的小孩或者称绝对自我，即使自己的侠义物质比别人多，别人拿他的东西就出于生物本能的恐惧、反感、报复。可见教育多重要。教育程度不同，所以就有那么多主义。外星人是想象出来的，准确地说是感知出来的。首先是人在了解到宇宙后才定义外星人概念，当逻辑相似的发现其他星系感官进行库存的匹配。前人的实践证明，一个大陆和另一个大陆都有人，因为逻辑相似关系，所以感官像分拣土豆和鸡蛋一样，因而定义了外星人，是掌握了规律。外星人要不是像人，发现外星系的其他客观物质和是不是人有什么关系呢?

按照相对论，时间从 a 到 b 点，在外太空由于介质不同，经过的短时间而在地球上就是长时间。假设 a 和 b 之间有个 c，在太空的 c 点最多回到地球应该是无限接近 b 的 d 点，毕竟都是在地球，去太空也是地球，a 就是定量，不可能回到 a 之前吧。笑? 其实笑我无所谓，我不会笑回去。因为逻辑不对等你会笑我。但逻辑相似的话，说明有点共鸣，你会觉得我有趣。我的库存有前人的实践证明，证明一个人笑别人，别人笑回去对大家都不愉快。如果逻辑相似，而感觉别人库存多就会恐惧，这是生物本能的未知恐惧。就算是平行空间，我无法知道一个封闭的空间里猫是否活着，打开箱子才知道。这就是相对发展到绝对，两个空间的联通就是一个空间，从而产生普遍客观的东西。

恋爱这种东西也可以用智商解释了。感觉不到别人喜欢你，因为你的库存几乎为 0，再强的生物感官也没用。就像第一个人看到第一个狭义的客观物质，看到了但没办法下定义，加属性，智商为0，亲才有用。你感觉到的直接到情绪，在库存里找不到自己的实践证明，别人的实践证明最多做参考。分科教学就是个罪恶的制度，它直接的结果可以将人在其他领域的智商消减为0。

恋爱恐惧症原理如下：恋爱或求爱过程中，对方给你的反馈与你的客观库存打上不好标签的东西产生逻辑相似，或者直接引爆了你的另一个维度的生物本能情绪，变成不好的实践证明。下次感官感知到与恋爱相关，再一次逻辑相似的在库存找到打上恋爱不好标签的库存，或多或少有抵触。幻想这东西要么是感官差，进库存进错了位置，要么几乎没自己库存通过感官和自己的别人库存产生逻辑相似。所以一个没有恋爱经验的人要么喜欢幻想，要么感觉不到别人喜欢他。感知到物质，人通过感官直接产生相同和不同的反应，这个反应是感官的直接感受，同时和记忆中的库存发生逻辑对等或者逻辑相似关系，从而引发情绪。

主观能动性是生物本能反应，时间有长有短。主观的我思考、我选择、我想、我愿意让人产生人有精神原力的幻觉，所以分为弗洛伊德的故意、无意、潜意识。之前分析了客观存在输入，没有分析主观能动性。一个客观存在的物质通过人的感官直接反应存进记忆，人通过感官感知物质，和记忆的库存产生逻辑对等和逻辑相似关系。逻辑对等的东西直接归纳在一起，逻辑不对等的物质存在单独库存。随着时间和空间的变化，库存记忆的增加，原本逻辑不对等的客观存在和新的客观存在物质进行逻辑对等。逻辑不对等，逻辑相似反应。所谓思考，欧洲无政府主义有个思想，即我主张每个个体追求绝对自由，整体就绝对自由了，但同时有反自由的出现，客观的悖论。共产主义社会的绝对自由也是无法实现的，但高级社会主义是必然实现的。人类寻求不同和相同从而追求平等，但高级社会主义是脆弱的，因为天生生物体感官不同。认识不同，无法做到绝对；人与人永远相对，但相对中又有绝对，有人质疑，有人不理解，但质疑实践证明后的真理就会付出代价，所以前文提到真正的知识分子有两大敌人。记忆是类似于摩斯码的化学式规律排列，因此能通过感官直接逻辑对等和逻辑相似等。人对于逻辑对等或者逻辑相似的事物反应极快，外界给我 a，很快就反应到 a；外界给我 b，而库存没有 b 系列，就自动分捡到和 c 在一起，而 c 系列在库存也只有这一个，并不是思考的结果。

个体是绝对客观的，外界也是绝对客观的。外界的绝对客观包括自然和人造物。第一个人认识第一个狭义客观物质除了实践无法定义。人本身是自然产物，所以自然对于人是绝对客观关系，人对于自然也是绝对客观关系。人与人是相对主观，因为人与人的最基本生物感官是差异的。这就要论证平行空间学说。空间是一个绝对客观的空间，还是存在一个和人与人相对主观的空间，去太空是空间的联通还是同一空间的位移，相对论是否成立？每个绝对客观的人（相对自我）在自己的实践中对于不吃饭要死又达成普遍客观，逆推证明人与人是同空间，绝对自由的悖论或许是只看到每个人的绝对客观，但没有发现一个绝对客观的人与另一个绝对客观的人之间的普遍客观和主观关系，孤立了个体，也就证明了同物种的集群性，人的社会性。

人因为自然造人所以不同，变量，但不同里面有相同（逻辑对等的某一概念）。假设有平行空间，时间是平行的，那不同空间的人呈现逻辑对等概念的逐步递增，再加上同一时间的空间平行，相当于打格子，那就有格子是空的，就和逻辑对等悖论，所以平行空间不成立？假设如此，就像进制，相同生不同，不同再生相同。结论是，客观规律下的人，规律性地反映客观规律。就像一面正常的镜子和哈哈镜，客观进去，被反射，出来的图像不一样，色彩相同。准确地说就是某个时间点一个物质被人感知，因为感官天生不同，折射成五彩斑斓。人本身就像三棱镜，所以世界是多元的。人感知世界是二元的，此二元是指找不同和相同，故记忆是多元的。举个例子，我说这个世界是绝对二元的，非黑即白。请千万不要质疑，因为如果质疑就和我构成二元关系。素描的黑白灰，社会的黑白灰是人造物，是人感官差异体现的不同程度，表现为渐变逐步递减状态，人接收信号只会在库存找相同和不同。物与物的运动是相对的，但是，之间还是有普遍客观，反作用力或摩擦力。能量守恒定律物体之间相互能量转移也是相互作用，普遍客观。世界是绝对的，而人不管怎样只能做到相对。人都是客观的二元感知世界，但感知后的记忆与他人成相对，多元不准确，应该是数列的关系。也就是说我也是人，依然没跳出对世界相对的认识。a 说对，b 说错，我去质疑 a 和 b 本身这个行为就构成二元，成了进制。人和其他客观的物质都是进制关系，相同中产生不同，不同中再产生相同。时空是自然产物，也是进制。人造物在某个时间点永远都是数列关系，但因为有进制的时空，所以也成为进制。汽车否定马车，收割机否定锄头。也就是世界是绝对的，而人不管怎样只能做到相对。但否定之否定原理对于人来说不是螺旋式上升状态，因为社会这种人造物是解决人与人的关系，不是人与物的关系。人与人是相对，相对中又有绝对，所以状态应该是静止的围绕一根水平线上下不停波动。水平线并不延展，波动状态本身是表达相对，而围绕水平线上下不停波动是表达绝对。

我想用文学举例证明客观存在输入和输出、输出和输入是相反的两个逻辑。写的人真诚而读的人不真诚，读的人真诚而写却不真诚，这是相对的真诚。譬如，卞之琳先生译作《海滨墓园》，“起风了！……只有试着活下去一条路!”（宫崎骏《起风了》台词）按照作者的真诚，“起风时，请努力生存!”文学是反应后的产物，写“我笑了”和“哈哈”两者都是意识到自己笑了，但后者更深入地意识到笑的具体状态。但对于读者“哈哈”更直接。印象派找到个新东西，人看万物的色彩都是太阳光直射物体反射光的集合，而人眼和反射光是垂直的，所以有色点，也就出现点彩。印象派比其他画家理性得多，是不是莫奈等画家还是物理学家发现人眼看色彩的规律就不知道了（光的反射是物理学家发现的)。以至于后来梵·高，毕加索能找到新东西玩。文艺是有绝对的高度，就是理性。文艺分为三个大的分层，人对自然的生物本能热爱，人对人的生物本能热爱，最后就是理性。理性之所以有高度，是因为理性过后，人能更好地生存，认识到更多物质。

假如现代主义思潮是肯定绝对，后现代主义是反对绝对、肯定相对，那就等于是从相对中再次肯定绝对，如绝对自由悖论，本身就是绝对，人看事总是二元的。如果客观规律下人类规律性的反应客观规律，那为什么会有学识高低？为什么会有文艺的评判评级？因为人是自然造物，生物感知有差异，以渐变呈现。有的人把握不住人本身看待事物是规律的这一绝对客观存在，所以他只能取悦比他弱的人。再比如，谈恋爱必备两部小说《远离尘嚣》和《洛丽塔》。一本书说先要彻底了解对方，先成为朋友；另一本书说不要单方面思考。男生不知道自己要什么，以为女生会按自己想法生活，太男权，所以纯粹地对小女生的保护欲比小女生还不理性。因此，一个大学老师就被一个十几岁的小姑娘要了。

万物除人造物皆进制。一个绝对必然包含一正一反。反物质的发现也证明了这一点。也就是说，宇宙空间外有个反宇宙空间，而包含和被包含也是正反关系。证明平行空间是不存在？只有一个空间，进制变无限。人造物在同一时间点是数列关系，但时间是客观存在的自然物；时间让人造物变成进制关系。社会也是人造物，某个社会必然实现。人看人总是进制。进制的单独某点是数列，从这个支线延展，就能找到数学天才来求解哥德巴赫猜想。

人看事物是二元的。进制地认识进制，所以产生悖论。在进制的时间影响下还是进制，只是某个时间点看似静止。因为其本身是进制，所以所有人看悖论都是进制。进制是无限的，逻辑封闭就开始循环、静止，因为进制是绝对的。人太有趣了，一个高智商被低智商要是可能的。你无法知道低智商会做什么，你以为会那样，但他往往会让你意外。这就是相对关系。所以对方煞笔还是比你高智商，需要找你们的共鸣。共鸣很多而他有你没有的东西，那敬畏比耻笑对你而言更主动。和朋友聊天，而你盯着手表看时间，同样的时间对于后者却更慢。因为看到时间进制，逻辑封闭。很多gift图片都是规律性运动，所以看着想睡觉。下次老板让加班，看时间的时候潜意识破坏静止的那几个阿拉伯数字，想象那几个阿拉伯数字不规律的运动，但好像不可能，所以不要看时间。中庸之道也是进制，平衡，不平衡，平衡，不平衡，平衡，不平衡……

资本游戏规则还没见过谁不输。股票、物质是定量。瘦死的骆驼比马大，可它还是比别人吃得多。市面的货币终会缩水。投机不过是拉别人下来，自己上去。顶层拉不下来，别人控制股票，制定规则，他输的话那就另外的方式。最大限度到中上层，新的人又来拉你，你绝对会输。

我的上述观点或许可以完善拉康的镜像说。人岂是一面镜子？是三棱镜，折射出五彩。就像有的人读书喜欢记印象派代表人物雷诺阿、马奈，而有的人读书喜欢思考为什么印象派那么画。前者会积淀成死水，后者因为思考会不停思考、不听读书而成为“大河”（本文开篇诗句之隐喻）且致敬施滉等先烈。社会也是规律，别人不理解或者敌对也改变不了规律。他人或许把握住了绝对客观的东西，只是也许最后干事的人都没听过你，也不在乎一张纸。写这篇论文，目的是实质性摧毁宗教理论，让其停留在美学范畴；或让某些人意识到，走实干家和资本家干好事的人之路将得到力量和重新找到方向，不干好事的人只有沉入深海落得无法上浮的无奈和恐惧。一切虚无的成就都是无聊。小孩才看对错，而大人只分利弊是可笑的。社会是人造物，解决人与人的关系问题，必须弄明白：人与人是相对的，人与自然物质是绝对的。在时间的进制影响下，社会也是进制。进制不是人造的、人规定的，而是绝对客观的。只是人们反映了它，发现了它。人改变不了规律，只能认识和利用规律。否定人类史代价极大，学识都是前人实践后的证明。就算把世界上所有的书烧了，把所有人的知识和记忆抹去，回到类人猿时代，也还是会发展到今天这一步，而且会不断创造未来。

（王晓真，男，文学学士，曾在四川省作家协会任美术编辑，又在完美世界成都分公司担任平面设计师，研究方向为当代诗歌）

当代诗学

客观化诗学的生态维度

◎马永波

摘　要：20 世纪 90 年代至今，汉语诗歌界发生了一次重要的转型，那就是由单纯解构的后现代主义向建设性的后现代主义的“因缘之诗”的过渡，其理论自觉即为我所提出的“客观化诗学”。这种转型暗合了世界范围内文化范式从机械论向有机论的转型，在汉语诗歌写作实践中已经成为不可或缺的范式和倾向。

关键词：客观化　解构　建设性　后现代　生态

从 20 世纪 90 年代中期我明确倡导“客观化”诗学并大力实践以来，随着时间的推移，这种诗学已经成为当代汉语诗歌写作中最为重要的诗学范式之一。它是少数有觉悟的汉语诗人的独立创造，与其具体的写作实践及人生信念密切相关。因此，这种转型正如著名学者王晓华所指出的，“如果非要在西方找出与它对应的思潮的话，那么，我将说它与美国建设性后现代主义所提倡的过程哲学有相似之处。由此我们可以判定因缘之诗在世界文化版图上的先锋地位。”[①]继西方文化与哲学中的语言论转向、后现代转向之后，生态转向从 20 世纪 90 年代前期开始，日益成为众多思想家、学者和诗人共同关注的焦点，而 90 年代汉语诗学中的类似转折，则是第一次呈现出汉语学者对中国经验的重视，在学术的中国话语的建构上面，第一次显示出自觉的转化与创造性潜能。

一、解构的限度

我们知道，解构性后现代主义对深度模式的解构直接导向苏珊·桑塔格的所谓“拒绝阐释”。她认为在当代，对释义的热情不是对原著的尊重，而是出自公开的侵犯，是公开的对于现象的蔑视。“真正的艺术具有使我们紧张的力量，把艺术作品缩减为只是它的内容，然后再解释‘那个东西’，人就把艺术作品给驯服了。释义使艺术成为可以随心所欲的驾驭的、使人舒服的东西。”[②]释义造成的文化过程排挤掉了感性经验的敏锐性，因此，桑塔格呼唤保留艺术作品的感性体验空间，呼唤重新恢复我们的感觉，而不是在艺术作品中寻找最大量的内容，更不能榨取比原作更多的内容，而是切断内容，也就是拆除阐释竖立在我们与作品之间的隔墙，使我们看见事物本身。她告诫我们不要用人为的不满足于原作的释义的内容抽象去替换掉原作，例如，不可把作为有机体的卡夫卡的作品当成现代官僚主义的疯狂案例的社会寓言，或者是惧父心理、阉割焦虑等等的精神分析寓言，也不可把他当成宗教寓言。她赞赏当代文艺的透明性价值，“透明性意味着体验物自体的光辉，事物本来怎样就怎样。”[③]阐释的相对性来自于标准的相对性，在这点上，庄子《齐物论》中的说法颇有相通之处，觉悟者不是根据是或非的相对性尺度来下判断，而是如其本然地来认识事物，也就是遵循事物本身来行事，以空明的心境去对待事物的本来面目。

总而言之，后现代主义对以人为中心的心物二元的传统哲学极度质疑。他们发现，正是这种思想体系导致了人与自然、人与社会、人与人的隔阂和分离。后现代主义尤其关注人类行为对自然生态的作用。人类文明不断发展使人与自然关系经历了一个协调融入——矛盾冲突——征服破坏的过程。今天，当自然开始对人类的破坏行为予以无情的反作用时，人类才真正深刻地开始反思人和自然的关系，人与自然休戚相关的生存意义。在后现代视野中，唯我论和人类中心主义正是当代生态危机和人文危机的根源，因此，消解它们便成为后现代主义者的主要诉求。就像苏珊·桑塔格所谓的“反对释义”之说，解构性后现代主义的大致目标就是阻断意义的生成，使释义成为不可能。其中的具体手段可以有两个向度的推进，一种是削平各种二元对立的差别，可称之为“还原法”，如不吁请阐释的沃霍尔式的“平面化”；另一种是继续强化现代主义的文学实验，将其极端化并试图超越，如文本中交替出现对于同一事件的不同可能性的叙述、突出不连贯性和任意性、嘲弄性地过度使用某种修辞手段等来中断对作品的阐释途径等。

但是大多数后现代者在消解的起点处就走上了本体论的歧途，从上面所开列的消解意义的诸种方式中，我们就可以看出，解构性后现代主义者实际上“把唯我论和人类中心主义等同于自我中心，试图以零乱性、非原则化、无我性和无深度、卑琐性和不可表现性来对抗中心主义。这使他们错误地反对任何有关中心的言说，甚至无视个体主义的合理性”④。其实并非任何对中心的设置都是非法的，宇宙内所有的存在者都是相对于自身而言的中心，本体论意义上的自我中心是人类整体与个体无可选择的存在方式，承认存在者普遍的中心地位反而会消解唯我论与人类中心论等对绝对中心的设置。因此，我们务必区分开两种不同的后现代主义：1. 解构的后现代主义，它孕育了“一种虚无主义的对所有价值的反整合”态度，仅仅在现代性的崩溃中扮演角色；2. 生态的或重建的后现代主义（ecological or reconstrctive postmodernism），它寻找创造性和增长的机会，使地球和人类向可能性开放。⑤解构性后现代的平面化使所有意义都落在语言层面上，文化不再依靠与自然的同一来获得可靠性的确证，文本与人本也无法互相印证，使精神丧失了肉体的依托，归于真正的虚构。它极端地全然拆除了客观性，使得主体成为没有对象和环境的孤零零的单子，强行造成了“真实”的退隐。解构性的或消除性的后现代主义在逻辑上承袭的其实是现代性的否定的意识形态，因此充其量只能在消解主体某些顽固信念方面发挥作用，是纯粹的破坏，是本质上极端至极的相对主义，凭借它是不可能彻底克服现代性的分离意识的。因为解构主义“把目光从人类计划的层次降到了‘语言游戏’（概念的建构）的层次。他们坚持现代的身－心分离，断言在社会建构的这一内在样式里，文化（心灵）把种种假设和其他概念投射在无声的物质（身体）上，根据笛卡尔和解构主义的思想，这通常是意义的单向建构。缺乏自主性的个体陷在了他们文化的语言游戏和权力剧中，他此时的感受甚至比自我与世界中其他存在物的彻底分离更加严重”。⑥

因此，在词与物或者语言与意义的关系上面，我们既要抵制客观主义的观点，又要避免滑向解构主义极端的相对主义。客观主义认为，由各具性质的诸对象组成的世界外在于人类理解，它具有合理的结构，正确的理性映现了这种结构，词语是通过指称世界中的事物而获得意义的符号，理性是其操作规则。与之相反的则是解构主义的主张。它以一种反世界观的方法战胜了现代世界观；它取消或消除了世界观中不可或缺的成分，如上帝、自我、目的、意义、真实世界以及作为与客观相符合的真理，因此导致了相对主义甚至虚无主义。⑦这种解构性的后现代主义认为，语言仅仅是武断的符号自我相关的系统，由这些符号构成的所有概念只是特殊文化武断的社会建构，意义与真实完全是相对的。在这两种观点之间，我认为经验主义的见解最为恰切。它发现，通常我们以为隐喻是与概念或抽象的思想相对的，其实几乎所有概念的和抽象的思想都是隐喻性地构成的，大部分隐喻不是武断的，而是从身体在世界中的体验得来的。隐喻（富有想象力的投射）是精神具体化的结果，是对真实的具体化的理解，在与我们自己经验程度相当的概念体系的创造性发展过程中，这种理解共同承担着建立意义的任务。语言是在与活生生的世界交互作用的过程中出现的，它出现后为了自己的符合性仍旧要依靠那个世界，也就是说，客观性必须与人的“经验信念”相适应。这将使我们回复到对存在的全方位的感性把握上去，并由此发现，“我们的感性知觉是一个更大的感觉和知觉之网中的一部分，那个网还包含了数不清的身心。生物圈不是从科学中借来的一个抽象而客观的概念，而是其中由理智的身体去体验和居住的真实。”⑧

也就是从这里开始，后现代主义的解构工作达到了尽头。

二、元文学意识，一个必要的准备

文学对自身的反思（如及物功能）如果表现在文本的构成过程中，就会形成一种关于其本身的文学，亦即元文学。而元文学概念的创生，其动力源自对文学对真实的“附魅”的消解，只有解构掉文学意识形态，事物本然才能从文字场域之外浮现出来。因此，元文学可以归之后现代“走向沉寂的文学”，亦即有取消自身冲动的文学，吁请读者脱出文本空间，重回生活世界，亦即从原子化主体建构的小世界重新嵌合到无物无我的世界整体之中。因为人为的东西已经成了隔在人的感官感觉与活生生的生活之间的障碍。正如我在诗中所言明的：

从混乱大脑中流出的诗
清澈，寒冷，拖在大脑的石头上
冷却着历史的热度
于是有人开始泛舟垂钓
于是有村庄和车站
褐色蘑菇一样沿岸冒出来

于是我承认，虚构才是现实的起源
于是白花花的大脑一般的石头越来越多
它们将水流分散，让我们
再不能把水聚拢在一块石头周围

因此，读者如果被文学的致幻作用所迷惑，从而将文学中的世界观照搬到生活世界之中，其危害自不必言。因此，具有自反意识的诗歌吁请读者阅读的同时，又排斥读者，驱赶读者，嘲弄读者的轻信。它鼓动读者仅仅将文学作为维特根斯坦式的“综观”，要为人生而阅读，也就是说，在承认文学乃虚构之词语圣灵的同时，在其身上看到我们表达的基准（standards），看到那些叙述，通过它们，我们能够叙述我们自己在世界中的方式。无条件信任文学所提供的世界观的“形而上学”疾病，理应由文学对自身的策反所治愈。于是，文学为我们提供的就仅仅是一个中间环节。我在《隔夜的雨》中触及这一点，亦即写作主体与写作对象的性质都由阅读所决定和改变：

风吹树叶如翻动书页
风吹落树叶上的雨水
风也把我吹斜——
我是雨水、书，还是树叶
这个，由你，亲爱的读者来定

这就意味着，在诗所提供的这个“综观”中，我们看到一幅人类活动的图画呈现于其中，这种活动与曾经似乎成问题的实践有点儿相似；只有现在才没有日常生活中对事物的那种如影随形的惊讶感，也只有现在才没有事物需要解释的感觉。因此，我们从一种综观式表现中看到一种可能性：我们该如何用一种类似的眼光去看待我们自己的实践，如何回到它们并清楚地看待它们。文本期待读者最终摆脱这个“中间环节”，看到用相似的形式可以大致解释我们的表达实践，它期待我们在文本之外继续下去，并考虑我们的标准原器，或者我们的公共世界中等同于文学的那些特征，期待我们去寻找我们贮藏表达工具的真实地点。正是这样，我才在《有关重新恢复诗歌与生活关联的尝试》一诗中，吁请读者要摆脱词语的迷宫，重新回到迷宫外面的广大的现实世界：

这是一首诗
它的内容由你阅读这首诗时
头脑中出现的所有事物
和你的周边环境构成
包括你的疑惑、愤怒、身体和性别
对，这首诗是有性别的
它由你，亲爱的读者
亲爱的同谋
决定

我们知道，在对存在真相的不倦追问中，事物如同散落在舞台上的道具，被一束光圈笼罩，而其周围的黑暗似乎不是在消散，而是更加凝重。这反倒使我们发觉，事物明亮的部分其实是暗的，是与人性的黑暗胶着在一起的。这种对事物幽暗背面的追问，是以阳光的运动影响、改变事物内部质地的分析开始的，可以说，正是这运动和事物本身的时差错位，导致了光与影、明与暗、虚与实之间的“分别”。在此期间，观察者的观察势必始终在参与着对事物的影响。从此，我们对存在的追问势必仍然是反观自身，一切终究不过是人的目光使然。这似乎也印证了这样一句话：事物周围隐秘的热度使得事物并非仅仅是其自身。人性对物的改造，已经是不可避免的过程，而能意识到这种人化的过程，并对其抱有警惕，当是接近觉悟的智慧。而对于事物与人性相互改变的必然性，使得诗人必然采取悲悼的挽歌形式，着迷于短暂易逝的事物。死亡始终是现在进行时。面对一切的消逝，没人能停下奔跑的脚步，没有哪一个秋天不是匆忙坠落。可是，当我们“回到词的根源”，却发现，事物的消失仅仅是我们自身消逝的幻觉，包括时间。这是词语的秘密魔法。太初有言。是这“言”如一只大手，把我们在坠落的最深处接住。

从这个前提出发，我们看到，汉语文学中，尤其是诗歌，从 20 世纪 90 年代中期开始，逐渐产生出对自身的强烈反思，这种新类型的写作已逐渐发展出相对成熟完善的形态，有诸多代表性文本出现。作为汉语诗歌中元文学性（元诗歌）的最初倡导者和积极实践者，我在1994年的大批作品中，即已鲜明地呈现出诗歌的元意识探索，其后不久，在我的重要诗学论文《谈近年诗歌的客观化倾向——复调、散点透视、伪叙述》中，系统阐述了这种元诗歌实践，明确地将具有自反意识的诗歌写作纳入到“客观化诗学”范畴。这一方面的代表性作品有《伪叙述：镜中的谋杀或其故事》《简历：阿赫玛托娃》《默林传奇》《奇妙的收藏》《眼科医院：谈话》《本地现实：必要的虚构》，都从各个方面印证了元诗歌写作的现实存在及其重大影响。

元文学意识的产生是随着对元叙述（Metanarratives）的怀疑而产生的。“元叙述”是批评理论中使用的一个术语，尤其在后现代主义中，它是一个核心的概念。它是一种宏大叙事（Grand Narratives），一种包罗万象的虚构，这种虚构试图给历史记录赋予秩序。这个术语因利奥塔在其《后现代状态》中的使用而闻名，他认为，简化到极点，我们可以把对元叙事的怀疑看作是“后现代”。元叙述是现代性的根本特征，它的典型特点是以“超越、普遍的真理”为形式的，此外还抱有对人类存在的进化论信念——一个有头、身、尾的虚构。例如，许多基督徒相信人类天生是有罪的，尽管能够在天堂中得到拯救和永恒的宁静。对于启蒙理论家来说，理性思维与科学推理结合能促使人类获得不可避免的进步。马克思主义者认为异化的人类能够通过集体的、民主的组织化来实现其充分的潜能。任何构造宏大理论的企图都必须忽略宇宙天然存在的混乱和无序。“元叙述”忽略了人类存在的多样性、异质性，它包含了历史发展观，认为历史是朝着一个特定目标进步的。在“后现代时代”，元叙述已经丧失了其令人信服的力量——它们是虚构，目的在于使各种版本的“真理”合法化。因此，后现代主义者企图将元叙述代之以所有多样性的共存和局部合法化。这种努力是破坏后重建的一个必要的准备。汉语诗歌从20世纪80年代中期的第三代至今，近三十年的解构工作，已经卓有成效，但，这仅仅是我们面向事物本然，进行汉语诗学正向建构的一个前奏。或者说，我们已经到了一个需要一边拆解一边重建的阶段。这种重建同步于世界范围内的生态文明转型，加入其中，既是一份光荣，又是一份责任。

作为对现代性的某种抵抗和否定，现代主义文艺“尽管对辨识现代否定性的意识形态有所帮助，但并未在匡正后者方面取得成功。当今通行的政治与哲学上的批判性分析也是如此。之所以这样，是因为现代信仰体系及其概念已然能够对所有挑战它的行为进行过滤、塑造和转向了”[⑨]。从对现代主义文学的分析中，我们不难得出这样的结论。同样，解构性的后现代主义也陷入了类似的悖论，它认为“真实”是不存在的，“真实”仅仅是语言和概念上的社会建构，而语言和概念是对人的所有经验的建构。因此它将对现代性的进攻仅仅框定在一个向度上，却遗忘了此间最为核心的问题：对真实的压迫。我们知道，现代性是人与自然、自我与他者、心灵与身体之间的破坏性断裂的根源，它所造就的现代世界观的抽象，强行造成了心灵对身体的“强制”计划、技术“进步”对无声自然的设计、全球性强权对“落后的”地方的规划。而“极端破坏”运动中的解构主义的后现代主义，延续的依然是现代性成问题的信念和假设，比如与自然分离的二元论、对人类“语言游戏”能力的唯我论、毫无责任感的极端的主体性、对灵性的轻蔑和生命内在统一性的否定等等。总而言之，现代主义的否定性美学与解构性后现代主义的能指游戏均告失败，因此，从现代的权力话语向后现代的机缘话语的转向，就是不可回避的艰难而光荣的责任。

三、尊重事物本身

谢默斯·希尼在重估文学的社会功能时，不是将诗歌当作有助于压迫的东西，而是当作一种平衡的行动，一种矫正的形式，一种补偿的状态。他思考的是，在生态危机时代，语言和文学能否起到调节人与自然的紧张关系的作用。这种作用就是社会与自然之间的平衡关系。希尼得出的结论是肯定的。因为，与以往将人类主观秩序强加给自然的“差的文学”不同，好的文学不但要叙述自然，而且要提及——至少要暗示——自然的抵抗。在其中，自然不仅仅扮演符号或隐喻的角色，更是在抵抗、质疑、逃避我们试图强加给它的意义。[⑩]汉语生态诗学的建设便是对文学功能的这种新的理解的一种呼应，其乐观和急迫交织在一起的吁求，体现的是一代学者应有的内心良知。

纵观中西诗歌的历史流变，可以得出这样一个大致不差的结论，那就是诗歌的日益客观化。这种现象与创作缘于主观的习见看似矛盾和悖反，但从现代主义者艾略特的“客观对应物”开始，里尔克的“事物诗”，一直到后现代主义者威廉斯的“思想只在事物中”，朱可夫斯基的“客体主义”诗歌，阿什贝利的“尊重事物本身”，都在反映出西方诗学中对还原事物本真面貌的诉求日益成为主导。而在汉语诗歌之中，尤其是朦胧诗之后，从第三代、90 年代前期的个人化写作、90 年代中后期的客观化复调写作，到 70 后诗歌对异化事态的默默认同、新世纪网络诗歌的语言狂欢，诗人们不约而同地对意识形态所塑造的“第二自然”实施了大面积大规模的“祛魅”。汉语诗歌从过去依附于“宏大叙述”逐渐过渡到游戏于“微小叙述”，回到生存现场、个人处境、身体、语言，汉语诗歌似乎有望回到“事物本身”。

回到事物本身意味着返回存在的本源，返回存在整体，从我们长久以来形成的二元分立的思维惯性中解放出来，从孤立的自我和片断中解放出来，感受与整个宇宙的休戚相关。从强调孤立的自我到感知整体；从强调个人英雄般地与世界斗争，到协同进化与合作；从视自然为孤立个体的集合，到把我们自己当作自然组织的重要方面；从观察者与对象的分离，到意识到观察者总是观察对象的一部分；从专门强调逻辑、分析，到审美式的推理，不放弃分析但承认分析的局限；从执着于控制和预测，到敏感于事物的涌现和变易。利用我们微妙的影响力，成为地球这个蓝色星球的参与者而不是管理者。这样，我们就可以不摒弃文艺复兴以来对个体的认识，以及随之而来的知识和技术的进步，而且使每个个体形成的集合具有崭新的意义，用混沌理论的术语来说，那就是成为“表述整体的隐喻和分形”。[⑪]

回到事物本身意味着学会倾听，倾听为我们提供了对身体、大脑和灵魂的治疗，因此有益于我们自身和周围一切。这种倾听事物之声的能力在当代土著部落中依然存续着，我们的祖先也曾经拥有过，而我们大多数人在现代文化的进展中已经丧失殆尽，仅仅将注意力集中在了人类世界之上，自然的声音被淹没和遗忘了。而实践这种谦卑、耐心、虚己的倾听，将使我们与更伟大的源泉接通，重新思考我们自身在自然与宇宙中应有的位置，进而改变我们的生命和未来。丧失了和本源的联系，人类便被放逐到语言和物质的双重荒野。人的内心对存在的精确意识受到了严重的干扰。在这样的时刻，作为存在追问者的诗人，以诗的方式发现存在本身，便是一项必不可少的责任。正如远人在其组诗《山居或想象的情诗》中之第八首所写到的那样，学会倾听能让人重新参与到自然的伟大进程之中，亦即看到“太阳强硬的光正在把每一片树叶锻打成黄金”：

在林子里走过之时，我们同时听到
一阵时断时续的声音传来。我觉得
那是一个伐木人在里面伐木；不对
你说，那是啄木鸟在啄树木的声音

当我们一直穿过林子，路上没看见伐木人
也没有在那棵树上，看到一只站着的啄木鸟
我们回过头看见，太阳强硬的光，正捶打
树叶，它要把每一枚树叶，都锻打成黄金

这就要求我们放下己执，认识到伟大诗歌产生的必然前提是其作者的消失，只有这样，它才具备和万物一样自在具足的客观本性。这里的“作者之死”和解构主义者的含义不同，它不是在文本互文性的背景中产生的。它要求诗人从舞台式的垂直姿态下降为一个普通观众，要求去除个人的骄傲和执着。这正如一个好演员，他塑造角色的成功在于让我们忘记他现实生活中的身份和名姓。他已被角色本身所抽空和占有。伟大诗歌的客观属性容许我们这些平日充满令人头痛的自我意识的人通过它进行真正平等的交流，因为我们面对的是一个共同的对象，它是超乎我们的观念差异之上的整体，一个中介。

在一个“每一边都有坏消息”的世界中，每个人都处于他不能控制的外部事件的操纵之下，在这些外部力量的统治下，诗人，依然要努力持续与存在整体的对话与交流——那就是我在《凉水诗章·交谈》中所说的：

清风徐徐吹开了晨雾，这是又一日
我试着和你们交谈，试着
把自己想象成你们的一员
我的语言犹豫、生疏，如花粉
粘在鸟舌上，如颤音从石缝中传来
我必须找到它，找到它吐露的金砂
在一场雨后，我必须把路上的石头

放回原处，或是一脚踢下山谷
这是简单的，但无法重复
一种无法找到动作的心情
与未来保持了一致。如何能复活
早已失传的语言。当晨雾散去
昨天又是一天，是无言也无心跳的七千年

注释：

① ④王晓华：《在现代和后现代之间》，哈尔滨：黑龙江人民出版社 2006 年版，第 57、161 页。

② ③王潮：《后现代主义的突破》，兰州：敦煌文艺出版社 1996 年版，第 373、379 页。

⑤ Laurence Coupe eds. The Green Studies Reader：From Romanticism to Ecocriticism. London and New York：Routledge，2000：7.

⑥ ⑧⑨查伦·斯普瑞特奈克：《真实之复兴》，北京：中央编译出版社 2001 年版，第 78、89、15 页。

⑦ 大卫·格里芬：《后现代科学》，北京：中央编译出版社 2004 年版，第 21 页。

⑩ Karla Armbruster , Kathleen R. Wallace eds. Beyond Nature Writing：Expanding the Boundaries of Ecocriticism ［M］. Charlottesville：University Press of Virginia，2001：249 –252.

⑪ 约翰·布里格斯等：《混沌七鉴》，上海科技教育出版社 2008 年版，第 156 页。

（马永波，男，黑龙江哈尔滨人，著名诗人，南京理工大学诗学研究中心副教授，博士（后），研究方向为中西现代诗学、后现代文学和生态文学）

新诗必须重视现代性研究及现代性建设

◎王 珂

中国的20世纪是革命、战争、运动、改革……此起彼伏的动荡时代，21世纪是否应该是“可持续发展”的建设时代？中国建设“和谐社会”是否有利于建设“和谐诗歌”——自由诗与格律诗并存、传统与现代共处的诗歌？建设新诗是否首先应该完成新诗现代性建设？新诗现代性建设是否有利于中国人成为现代人，有利于把中国建设成为现代化强国？

答案当然是肯定的。百年新诗的历史就是新诗现代性建设的历史。新诗本身就是一种现代性文体，是与政治文化的现代性建设基本同步的先锋性文体。今日新诗与古诗以及不同时期的新诗比较，这种文体在功能、体裁、题材、技法，特别是在写作方式和传播方式方面都有较大变化，这种变化通常是“现代性变化”。这种变化有的有利于新诗的健康成长，有的却产生了负面作用。“波德莱尔，尤其是从1850年代晚期起，就清楚地意识到了现代化各个较为阴暗的方面，它的各种社会代价和美学上的冲击力。”①不能用进化论的观念来肯定新诗现代性建设的价值，还需要有“现代性批评”。当代赫勒、皮平等多位西方学者研究现代性时普遍重视传统的重要性和现代性的弱点；哈贝马斯把现代性理解为一个方案，强调一种与古代性的过去息息相关的时代意识；吉登斯认为现代性有正面与负面双重现象。中国新诗也应该“现代”，但必须珍视中国诗歌传统和重视中国国情，处理好客观存在的八大矛盾：民族性与全球性、现实性与现代性、保守性和先锋性、世俗性和高雅性、启蒙性和审美性、个人性与公共性、边缘性与中心性、大众性与精英性。回答好三大问题：如何采用现实主义来完成现代主义的现代性建设任务？如何通过培养现代公民来建设现代国家？如何处理启蒙现代性与审美现代性的复杂关系？

“现代性”通常指启蒙时代以来的“新的”世界体系生成的时代，或状态或语境，标志着一种断裂和连续的统一。中外有很多学者研究它，如马克斯·韦伯、姚斯、汤因比、利奥塔、帕森斯等，产生了大量著作，如哈贝马斯的《现代性的哲学话语》、吉登斯的《现代性的后果》、赫勒的《现代性理论》等。海外学者李欧梵的《徘徊在现代和后现代之间》的一节题目是《中国文学的现代性》，20 世纪 80 年代初他为《剑桥中国近代史》写的有关中国文学的章节标题是《文学潮流：现代性探索，1895－1927》。中国文学界主要有文艺学和中国现当代文学学者研究它，前者重理论思辨，后者重史学考察，能将两者结合进行“跨学科”研究的较少。优秀著作有文艺学学者王一川 2001 年出版的《中国现代性体验的发生——清末民初文化转型与文学》，现代文学学者李怡 2006 年出版的《现代性：批判的批判》。优秀论文有张福贵的《20 世纪中国文学中的两种反现代意识》、赵学勇的《人性的建构与解构》等。新诗理论界只出版了龙泉明的《中国新诗的现代性》、魏天无的《新诗现代性追求的矛盾与演进：九十年代诗论研究》、赵金钟的《中国新诗的现代性与民间性》、苗雨时的《走向现代性的新诗》等几部专著。它们大多只是新诗史的考察性研究，不是全面的体系性研究，如龙泉明的现代性更多指启蒙性，魏天无的现代性更多指先锋性，赵金钟的现代性更多指西方性，苗雨时的现代性更多指主体性。研究新诗现代性的优秀论文也不多，只有谭桂林的《西方影响与九叶诗人的新诗现代化构想》等。2014 年 10 月新诗理论界才召开“如何现代，怎样新诗——中国诗歌现代性问题学术研讨会”。已有的新诗现代性研究过分重视现代诗轻视当代诗，重视启蒙现代性轻视审美现代性。还出现照搬西方现代性理论来解决中国问题的不良倾向，如美国学者卡林内斯库的“现代性的五副面孔”中的“颓废”和“媚俗艺术”涉及世俗化甚至庸俗化，并不适合强调意义大于娱乐的中国，在“中国梦”建设中，需要适度控制。也有的学者比较保守，甚至对现代性过分“不满”。

新诗现代性研究要将文体学研究与现代性研究合为一体，让文体学理论与现代性理论相互支持，如功能文体学理论可以回答新诗为何过度重视启蒙现代性，为何具有高度的严肃性和极端的启蒙功能，政治抒情诗为何受到国人欢迎。功能文体学家斯皮泽要求通过文体研究考察作者心灵、集体意识及民族思想文化的流变历史。受巴赫金对话理论及福柯话语理论影响，话语文体学及历史/文化文体学受到重视，一些文体学家想借此揭示和批判语言中的意识形态和权力关系，通过研究文体的复杂结构来反思社会生活，揭示政治生活和文化习俗的形态。近年多部新诗文体学著作也涉及现代性问题，如吕进主编的《中国现代诗体论》、许霆的《趋向现代的步履》；中国台湾丁旭辉的《台湾现代诗图像技巧研究》、简政珍的《台湾现代诗美学》；美国叶维廉的《中国诗学》、奚密的《现代汉诗：1917 年以来的理论与实践》等。

1930 年 12 月 12 日，梁实秋给徐志摩写信说："我一向以为新文学运动的最大的成因，便是外国文学的影响；新诗，实际上就是中文写的外国诗。"② 实际上从 30 年代开始，新诗就不再"全盘西化"，多次出现"反现代性"潮流，如"大跃进诗歌"及"新民歌运动"。甚至直到今天，不仅波德莱尔的阳光还没有普照到中国新诗的大地上，也没有建立起"现代语言"和"现代诗体"，更没有培养出"现代情感"和"现代精神"。

不可否认新诗百年在现代性建设上也有些成绩。尤其是在五四运动时期和改革开放 30 年，诗的启蒙功能得到重视，促进了中国人的思想解放，加速了中国的现代化进程。但是中国诗歌的现代化和中国国家的现代化一样，与西方相比，起步太晚。20 世纪又没有得到应该有的重视，21 世纪应该奋起直追。西方诗歌的现代性建设开始于 19 世纪，比中国早半个世纪。"19 世纪可以被称为自由主义（Liberalism）的年代，尽管深入观察那个伟大运动，其结局带来了最低潮。"③ 世界文学的"现代运动"（modern movement），如英语文学的"现代运动"大约开始于 1880 年，更早可以追溯到 1800 年英国的浪漫主义运动。"这个运动的重要性在于它是过去文学与现代文学的一大转折点。"④

21 世纪的新诗现代性建设仍然要强调"新"，甚至要"与时俱进"地重视"当下性"，要充分利用"现代性的动力"。"现代性的动力首先是在一个拥有传统和固定信念的世界里开始动摇传统和信念的。它们在催生一种现代社会格局上是有帮助的。但它们仅仅有一次成功地完成了这一任务，在它出现在所谓的世界舞台上之后两千年。在它们最初出现的时候，现代性的动力遇到了一种非常暧昧的接受。"⑤ "'modern（现代）'这个术语源于一个拉丁词，意思是'在这个时代'。这一英语词汇迅速地演变出两种用法，意味着'当代、当今'，另一用法则添加了这样的涵义——在现代时期，世界已不同于古典的和中世纪的世界。在这一词汇的现今用法中保留了这两层含义，只是当今世界与之相对立的历史时期已经不只是古典的和中世纪的两个阶段了。在社会科学中，而且某种程度上在它的通常用法中，已演绎出关于现代的和传统的生活方式之间的一种更为精致的对立。很多的时代可能也会觉得他们是与众不同的，但我们倾向于认为我们的独特性远非一般的差异可比；我们正在发展着历史中的崭新事物。"⑥"我们不能低估像'现代'这样一个具有不规则动力的词语。要理解这一术语，我们至少有两个互为竞争的模式。第一种模式是将它放入时间框架中并对它进行分类。这势必引出一些划分时间的词（将来时、前将来时、过去将来时、未完成时，等等）。"⑦库尔珀强调"新"是为了突出现代与传统的对立，把现代性事物视为"历史中的崭新事物"。20世纪出现的这种用现代汉语写的抒情文体，就是"历史中的崭新事物"，它是与古代汉诗"对立"的产物，所以称为"新诗"或"现代诗"都有异曲同工之妙，不管它被称为"新诗""现代诗""现代汉诗""汉语新诗"……这些命名都具有"现代性"特质，都是特定时代产生的"现代性"文体。

21世纪的新诗现代性建设强调的"新"与20世纪的"新"有本质差异。20世纪的"新"是"标新立异"的"新"，是与"旧"极端对抗的"新"，是为了"破坏"，而且是"只破不立"的"破坏"的"新"。所以20世纪新诗坛流行"弑父式写作"。21世纪的"新"更多是为了"建设"的"新"，"新"既有"创新"的"新"，也有"推陈出新"的"新"，新与旧的关系更多是"和解"，甚至不能作好与坏的价值评判。今天致力于新诗现代性建设，应该适当采用"现代"或"现代性"的早期概念："现代的观念本身就多半是西欧、基督教传统的产物，或许是其最有代表性的或典型的产物，即使这个词语本身在文字上源于罗马，在日期上早于16世纪与17世纪所制定的一种明确的、革命性的规划。人们广泛承认：这个词语的出现，是在5世纪晚期或6世纪初期的某个时候（源于副词modo，即'最近的'或'此刻的'），最初注意到现代与古代之间重要的，甚至有疑问的差别，可能是在罗马历史学家卡西奥多鲁斯在那个'新的'时代对'旧的'罗马之德行和实践活动的思考中，这种思考受到了东方和日耳曼人的极大影响。……这段史实是现代性逐渐形成的史实之一，远远不是一个年代学的范畴，而是一种标明与'那时'相反的'现在'的简单方法。这种情形出现于'现在'开始被理解为一种古代方式之连续性或转变，甚至是根本转变之外的某种东西，被理解为标志着一个真正新奇的时代，这个时代对于最高尚的或根本的事物的设想，与过去的各种设想不一致。”[⑧] “作为一个概念，‘现代性’一词经常与现代相关联，因此当我们发现这个词实际上早在公元5世纪就已经存在时，不免会大吃一惊。基拉西厄斯（Gelasius）教皇一世（公元494－公元495）在使用该词时，它仅仅用于区分不同于先前教皇时代的当代，并不含有现在优越于过去的意思（除了现在在时间顺序中的排列）。……站在教皇的角度看，哥特人新建立的帝国并没有在基督教传统中形成一种断裂；但对于知识人士而言，它却代表了一种根本性的分界，这种分界使得先前的经典文化有别于现代文化，而后者的历史任务在于对先前的文化进行再造。正是这种分界使得‘现代’这一术语形成了特定的意义，这一特点因此延续至今。……这里的一个争议是关于‘新’（novus）和‘现代’（modernus）的区别。我们能不能说，凡是现代的必然是新的，而新的未必就是现代的？在我看来，这个问题类似于个人与集体（或者历史的）之间的区别问题：一方面是形成个人经验的事件，另一方面是对整个集体暂时性进行明显调整的那些时刻做出隐含或者公开的认同。”[⑨]

“新的未必就是现代的”，“新诗”也不能与“现代诗”等同。新诗与旧诗是断裂的甚至对抗的，打破了“无韵则非诗”的作诗原则。新诗是在“诗体大解放”甚至“作诗如作文”的口号下，在“白话诗运动”甚至“新诗革命”的洪流中，在文化激进主义甚至政治激进主义的思潮中，“意外”问世的。它丝毫没有对先前的诗歌进行再造，它只有现代性激进的一面。所以今日的新诗现代性建设必须强调现代性面孔的丰富性，一定要重视现代性中庸甚至保守的一面。

一方水土养一方人，不同国家有不同的文化，“现代性”在不同国家也各有特色。“‘在法国，现代被理解为一种特定的现代性，它始于波德莱尔和尼采，因而它带有虚无主义色彩：就它与现代化，尤其与历史的关系，以及它对进步采取的怀疑和顾虑而言，这个概念从一开始就显得模棱两可……然而，在德国，现代始于启蒙运动，否定现代就意味着抛弃各种文明理念。’……波德莱尔首次使用的现代仅仅指法国传统中的审美现代主义，剩下来的还有西班牙的用法。事实上，是尼加拉瓜诗人卢本·达里奥（Ruben Dario）在1888年首次传播了‘现代’（modernismo）这个术语，显然，这个词非常清楚地是代表某种风格的同义词，这种风格有时候也被称作‘象征主义’或者‘青春艺术’。”[⑩]弗雷西在《现代作家与他的世界》一书中认为很难确定诗的现代性标准：“在诗中，读者更能体会到‘现代’的明显风格，特别表现在诗的格调上，尽管很难给出诗中的‘现代性’的绝对标准。”[⑪]弗内斯在

《表现主义》一书中也说："法国的'现代'诗无疑开始于波德莱尔。诗人们如英国的艾略特和庞德在他和拉弗格、兰波那里找到了他们正在寻求的现代性。20 世纪的法国诗歌中并没有什么彻底的创新可与艾略特和庞德在 1914 - 1920 年的英国所做的一切进行比较，这一切在数十年前的法国就已经完成了。早在 1870 年，兰波就宣称：'应该绝对地现代'。"⑫但是他也没有研究出波德莱尔和兰波的"现代性"的准确含义。

"现代性"在中国的意义，即使在不同时期，也各有侧重。20 世纪，偏向西方现代性的"前期"概念，所以新诗革命是政治激进主义和文化激进主义的产物。21 世纪，偏向西方现代性的"后期"概念，所以新诗革命的合法性和新诗问世的时宜性一直被质疑。因此今天新诗现代性建设必须借鉴外国的经验，又应该有中国特色。如马泰·卡林内斯库在《现代性的五副面孔》一书中认为现代性有五个基本概念：现代主义、先锋派、颓废、媚俗艺术和后现代主义。他甚至认为"现代化"是现代性的第六副面孔。但是这五副面孔是相互交错的，如"现代主义"和"后现代主义"都有"现代性"意味，尤其是都有"先锋"特色。有些并不太适合中国，如"颓废"和"媚俗艺术"都涉及世俗化、日常生活化，甚至欲望化、庸俗化。"诗乃人之行略，人高则诗亦高，人俗则诗亦俗，一字不可掩饰。见其诗如见其人。"⑬在强调意义大于娱乐、严肃性大于抒情性、群体大于个体、社会人大于自然人的中国，"颓废"和"媚俗艺术"需要适度控制，如情色诗与打油诗是新诗现代性建设应该重视的八大诗体之二，却受到中国特有的社会道德和中国诗人特有的写作伦理的巨大压制，这种压制在特定的历史时期竟然是既合理又合情的。

新诗现代性建设可以分为新诗启蒙现代性建设和审美现代性建设两大部分，具体为一大问题、两大需要、三大功能、四大任务、五大建设、六大特质、七大类型、八大诗体、九大题材和十大关系。一大问题指生存问题。两大需要指人的生理需要与审美需要。三大功能指启蒙、抒情与治疗功能。四大任务指新诗要促进改革开放，记录现代生活，优美现代汉语和完美汉语诗歌。五大建设指要新诗建设现代情感、现代意识、现代思维、现代文化和现代政治。具体为：一、现代情感重视自然情感和社会情感的和谐。二、现代意识重视个人意识和群体意识的融合。三、现代思维重视语言思维与图像思维的综合。四、现代文化强调保守主义与激进主义的共处。五、现代政治追求宽松自由与节制法则的和解。六大特质指要重视新诗在新世纪的六大文体特质。具体为：一、在写什么上多变的情绪多于稳定的情感。二、在写作手法上叙述受到重视，但是诗的叙述是从主观世界，尤其是从感觉和感受出发，写的是所感所思；散文的叙述是从客观世界，尤其是从生相和物象出发，写的是所见所闻。三、在写作语言上平民化口语多于贵族性书面语，意象语言受到轻视，口语甚至方言受到重视。四、在诗的音乐性上诗的内在节奏大于诗的外在节奏，诗的音乐性减弱。五、在诗的结构形式上诗的视觉结构大于听觉结构，诗的排列形式重于诗的音乐形式。六、在写诗的思维方式上图像思维受到重视，语言思维受到轻视。七大类型指现实主义、浪漫主义、现代主义、后现代主义、先锋派、颓废和媚俗艺术。八大诗体指自由诗、格律诗、小诗、长诗、散文诗、图像诗、网络诗和跨界诗。九大题材指校园诗、城市诗、乡土诗、生态诗、旅游诗、爱情诗、打油诗、哲理诗、政治诗。十大关系指新诗现代性建设分别与时代、政治、经济、文化、科技、宗教、性别、年龄、地域、民族的关系。

研究新诗现代性，准确点说是在探讨新诗现代性建设，尤其是在寻找新诗现代性建设策略，即回答“现代诗如何现代，新诗如何新”。过去流行的本质主义和现在流行的关系主义方法都不可能回答这些复杂问题，必须将两者结合起来，把新诗现代性问题细分为以下多组关系：现代性和后现代性、世俗性和先锋性、断代性和相关性、叙事性和抒情性、主体性和主体间性、文体性和诗体性、启蒙性和审美性……尤其要弄清各组关系两者之间的既对抗又和解的复杂关系，才能回答“如何现代，何为新诗”这一新诗现代性建设的基本问题，才能明确新诗的现代性建设的主要任务是培养现代中国人和建设现代中国，应该为实现政治上的“中国梦”做贡献。要通过研究新诗现代性，尤其是新诗现代性建设，来完成新诗的两大建设：以“诗体重建”为主的审美现代性建设和以“诗歌精神重建”为主的启蒙现代性建设，最后完成新诗的文体建设，让新诗真正成为用现代汉语和现代诗体，抒写现代情感及现代生活，具有现代意识和现代精神的语言艺术。两大重建互相支持交融，诗体既是诗的语言体式，也是调控权力之流的规则系统。诗体研究不是单纯的形式研究，也具有意识形态性。主张新诗采用准定型诗体，就是希望中国有宽松而有节制的上层建筑，中国人既有自由欲也有秩序感。所以以诗体研究为核心的文体研究和以现代性建设研究为核心的新诗现代性研究具有诗学和政治学意义。21 世纪的新诗现代性建设必须吸取20世纪新诗革命的教训，只有把它限定为稳健的现代汉语诗歌改良活动，而不是激进的现代汉语诗歌革命运动，才能通过新诗的现代性建设促进中国人的现代性建设和中国社会的现代性建设。只有通过新诗的诗体现代性建设带动新诗文体现代性建设，通过新诗的文体建设带动整个新诗的建设；通过改善诗歌生态来改善文学生态，通过改善文学生态来改善政治文化生态，才能完成新诗现代性建设培养现代公民和建设现代国家的神圣使命，才能拓展新诗的功能，完善新诗的文体，提升新诗的价值，净化新诗的生态，让现代诗真正“现代”，让新诗真正“新”。

注释：

① ［美］罗伯特·皮平：《作为哲学问题的现代主义——论对欧洲高雅文化的不满》，阎嘉译，商务印书馆，2007年，第63页。

② 梁实秋：《新诗的格调及其他》，杨匡汉、刘福春编：《中国现代诗论》，上编，花城出版社，1985年版，第141页。原载1931年1月20日《诗刊》创刊号。

③ L. T. Hobhouse. Liberalism. London：Richard and Sons，Ltd.，1911. p. 214.

④ G. S. Fraser. The Modern Writer and His World. London：Penguin Books Ltd.，1964. p. 12.

⑤ ［匈］阿格尼丝·赫勒：《现代性理论》，李瑞华译，商务印书馆，2005年版，第65页。

⑥ ［美］库尔珀：《纯粹现代性批判——黑格尔、海德格尔及其以后》，臧佩洪译，商务印书馆，2004年版，第22-23页。

⑦ ［美］库尔珀：《纯粹现代性批判——黑格尔、海德格尔及其以后》，臧佩洪译，商务印书馆，2004年版，第22-23页。

⑧ ［美］罗伯特·皮平：《作为哲学问题的现代主义——论对欧洲高雅文化的不满》，阎嘉译，商务印书馆，2007年版，第41页。

⑨ ［美］詹姆逊：《詹姆逊现代性的四个基本原则》，王亚丽译，王逢振：《詹姆逊文集．第4卷，现代性、后现代性和全球化》，中国人民大学出版社，2004年版，第13页。

⑩ ［美］詹姆逊：《詹姆逊现代性的四个基本原则》，王亚丽译，王逢振：《詹姆逊文集．第4卷，现代性、后现代性和全球化》，中国人民大学出版社，2004年版，第82-83页。

⑪ G. S. Frase. The Modern Writer and His World. England：Penguin Books Ltd.，1964. p. 31.

⑫［美］R. S. 弗内斯：《表现主义》，艾晓明译，昆仑出版社，1989 年版，第 90 页。

⑬［清］徐增：《而庵诗话》，《续修四库全书》编纂委员会：《续修四库全书（1698）·集部·诗文评类》，上海古籍出版社，2002 年版，第 4 页。

（王珂，男，重庆人，文学博士，1966 年生，东南大学现代汉诗研究所研究中心主任，东南大学人文学院教授、博士生导师，主要从事现代诗歌和文艺理论研究）

悬空阁说诗（十则）

◎张庆岭

◆精粹之一种

许多人都喜欢精粹的短诗，我想，这主要是因为她短，而且精粹。但，写短似乎并不难，而写精粹，就不容易了。她，仿佛有着不可告人，亦或被称为天机不可泄露的秘诀。近日读90后女诗人康雪的一首小诗，我好像猛不丁悟出了一点什么。请先看作品——

婆婆纳

“这种草三月会开花。细细碎碎
像雨雾像刚开始恋爱。”

她的眼睛。水深三尺
说什么映什么。好像去年就蹲在这草中
一起开过

“它的花总在风口。端着个小碗
在夜里捡满碎蹄。”

（原载2016年《人民文学》第六期）

不难究知，这里的“婆婆纳”，似乎是指类似蒲公英的一种中草药。李时珍的《本草纲目》，把它列为“菜部”，苗，甘，平，无毒，可“化热毒，消恶肿”。多产路边杂草中。春天采之，洗净，晾干，代茶饮。自古，农人多以此防病治病健身。

我喜欢这首诗的原因，就在于它，以“有形”达“无形”，从而抵达“精粹”，这是创造，有一丝小小的惊天动地的意味。一般的咏物诗，多以绘其形，呈其义为要，而此诗不，它以小见大“借物说事”直击深刻、无限。仿佛，在演绎一江南少女朦朦胧胧的爱情，但写得虚无缥缈，诚挚感人，催人遐思，其味无穷。

“这种草三月会开花。细细碎碎/像雨雾像刚开始恋爱。”这是恋爱吗？少女哪里知道？但，“她的眼睛。水深三尺/说什么映什么。好像去年就蹲在这草中/一起开过”，是啊，她一直就在这里等呀，她在等谁呢？她不知道，而且谁也不知道。这样的“爱情”就颇为耐人寻味了，就值得让人崇敬了。尤其最后一节——把“爱情”推向高峰，“它的花总在风口。端着个小碗/在夜里捡满碎蹄。”她把爱给神化了，她将“等待”，化为永恒了，你看她那双手捧着的小碗，特别是里面那满满的碎蹄声，又有谁对此不感动呢？

此诗的短而精粹，有着小小的美学意义。

最后，我还要说，写诗最好先从“小事物”、“小意思”写起，少些贪大求洋，少些“大事件”，而小事物，小生活，小意思，从来都蕴含着无穷的诗意世界，从那里我们往往可以得到“踏破铁鞋无觅处而得来全不费功夫”的惊喜，就像诗人康雪的这首《婆婆纳》。

2016. 6. 8

◆亟待突破与急功近利

有两个短语，诗人都应该一辈子铭记。它们就是“亟待突破”与“急功近利”。

先说，亟待突破。世界上不存在不心存“亟待突破”的诗人（假诗人除外），无论他有名，还是无名，初学，还是已功就，大诗人，还是小诗人，“冷”诗人，还是“热”诗人，皆无例外。因为，诗的本质是创造，而创造从来都不会眷顾于“惯性”，依赖于过去式历史式传统式，任何一首能称得上是“诗”的诗歌（好诗犹然），一旦诞生，便在其“父体”与“母体”那里，独立出来，成为永远不能再复制的艺术品，此时诗人的创造性归零，而为了喜迎下一首诗的诞生，诗人便只有重新凝聚新的创造能量，寻求新的创造思路（没有思路就没有出路），于是，这就面临了“亟待突破”的创作态势，古今中外，概莫能外。一位好诗人，永远都会苦于亟待突破，而又乐于亟待突破，一辈子在这里打转，这是他们的共同命运，像时间一样永恒，是雷打不动的铁律。在“亟待突破”面前，好诗人，弱诗人，大诗人，小诗人的根本区别，就在于是顺其自然还是工于心计，是以无所为而达无所不为，还是焚火攻心急于求成。大诗人的做法，是放下、远离、固本、强根，而小诗人的做法，则是投机、取巧、谋人、媚市。殊不知，在艺术面前，特别是在大艺术面前，天上永远都不会掉馅饼，即使真的掉下了馅饼，砸到了你的头上，其实那正是害，会扼杀掉你步入大艺术殿堂的可能，委实得不偿失。

再说，急功近利。一般说来，急功近利，源于“亟待突破”，它是由亟待突破，引发衍生出来的“副作用”而非“良果”，是诗歌创作中的阴暗面与不光彩现象，是诗歌创作这一美好事物的另一面，它的出现既有其偶然性，又有其必然性，由诗人的“三观”、道德修养与文学创作品位所决定。当诗人日久天长地囿于某种“功”不可取“名”不可得的创作状态时，如，自以为好的作品，不能及时发表啊，在一定圈子内得不到相应的荣誉啊，相应的社会名义、地位啊等等，尤其是，当看到别人成果累累而自己却收获甚微时，这种情绪，便会火山爆发式喷发出来，羡慕一闪，嫉妒便生，急功近利就不可遏制地到来了。其表现之一：自闭，不接受好的创新的诗歌信息，对不符合自己口味的作品、作者诋毁，不笑纳良好作品的感染，不向别人良好的创作“立场、观点、方法”学习，甚至关上门，夜郎自大，老子天下第一。其表现之二：大做诗外功夫，忘记了“诗的功夫在诗外，但千万不要在诗外做功夫”的训言，以为搞关系，比搞创作更重要，视跑门子，走人脉为第一要务，“北上”、“南下”、“左谄”、“右媚”，无所不用其极，于是便在创作上放弃了开源固本大力拓展诗学准备的根本途径，而只求舍本逐末缘木求鱼游戏文字的枝末之术了。表现之三：剽窃，比模仿，更低劣，它是一剂无法自拔自我瘾吞的鸦片，至此，诗人已沦为罪人。其实，据《现代汉语词典》的解释，“急功近利”，原本并不是一个贬义词，它只是“急于求目前的成效和利益”而已，但，在诗歌创作这一万分圣洁的事业面前，它却是一个不可小觑的大敌。首先，它背离了创作规律，让原本良好的创作态势误入歧途，直至走向深渊，而无法回头。其次，急功近利，不仅会停滞诗人的创作进程与步伐，尤其会导引诗坛的腐败，让一位可能有希望大步走向世界走向未来的诗人，因道德沦落而自绝于诗歌，造成天才的泯灭。纵观中外诗坛，这绝不是耸人听闻。

2016. 5. 28

◆思绪的纵横与诗魂的内敛

在诗人的笔下，完全可以贯通古今，纵横万里，而又收放自如。现实中的一个小小的场景，生活中的一次平凡的举手投足，心灵里的一缕游丝般的思绪，都可以让诗人顺手拿来，翻手为云覆手为雨地鼓捣出一首诗来，并且令读者刮目相看，神魂颠倒，激动不已。然而，这样的诗，看似信口开河，随心所欲，信手拈来，实则艰辛自知天性自备有着严格的诗写逻辑，它的内敛的诗魂，都大有技巧所在，而且大美如玉，自有洞天。下面以诗为例，略陈己见。请看诗人路也发表在 2016 年《扬子江》诗刊第三期上的一首《镇扬渡口》。全诗如下——

我和母亲
两小时走完隋炀帝两个月路途
京沪高铁替代京杭大运河
使须臾人生变得更短促
让一路捧读古文的我感到些许不适

接下来从镇江去扬州
瓜洲在望
想起妙玉和惜春
船至江心，忽举起行李箱，仿杜十娘怒沉之状
母亲微笑：箱子里没一件值钱的东西！

旁边是横跨的公路大桥
一架波音 737 从空中掠过
整个时代都在汽车上，我偏要行船
整个民族都在飞机上，我偏要行船
我的慢，使我脱离数学和经济学的原理
成为诗人

江面承载着

自己的浩渺和浑浊
河洲上芦苇患着自闭症
在臆想中抽刀断水
一叶小舟漂荡在长江，离岸而尚未靠岸
一叶小舟漂荡在长江，竹木之心起伏而空寂
一叶小舟漂荡在长江上，哦，这是汉语的孤独。

在当代中国诗坛上，这应该是一首不可多得的才子之作。在我看来，写这样的诗，必须具备以下三种功力：

其一，丰富的诗学准备。诗的功夫在诗外，古今中外天文地理物化生文史哲儒释道……，无所不用其极，无所不为诗之空气、大地、土壤。作为诗人，读书是为诗，做事是为诗，旅游是为诗，谈恋爱、做学问、搞实验，经商、教学、行医，琴、棋、书、画、吹、拉、弹、唱……，无一不是在写诗——向诗奔跑，为诗做准备。在教学一线指导高考语文那些年，我常给我的学生说：语文不用学，学什么都是学语文，比如写作文，不要管怎么写，要积累大量素材、经典素材、鲜活生动的素材，积累着积累着你就会越跑越快，你就终有一天会展翅飞翔。你看人家路也，又是隋炀帝，又是高铁，又是京杭大运河，又是妙玉、惜春，又是杜十娘，又是波音737，又是跨江大桥，又是数学经济学，又是臆想又是自闭症，又是孤独……如此一来，对这些“学问”，倘若她不能如数家珍，她的诗就是几行一钱不值的白纸。诗，人人会写，而伟哉昆仑般的诗学储备，却终究难倒了人人，吓跑了人人。

其二，强大的变素材为诗才的能力。兴衰荣辱，衣食住行，听说读想……毕竟不是诗，而要将其变成诗，就得练就一身好“诗才”，而诗才说到底还是对众多“素材”的深刻理解与精准选择，从词语与意义等多个方面给以充分的打磨。“接下来从镇江去扬州/瓜洲在望/想起妙玉和惜春”，读过《红楼梦》的人都知道，那扬州是与妙玉和惜春，有着千思万缕联系的。“船至江心，忽举起行李箱，仿杜十娘怒沉之状/母亲微笑：箱子里没一件值钱的东西！”，这素材就更是家喻户晓了，只是不可同日而语的是，诗中的此“主人翁”与在小说里怒沉八宝箱的彼“主人翁”——杜十娘，怎么看都大相径庭，然而，正是在这里，诗人为我们做足了诗意。

其三，居高临下的掌控技巧。本诗共四节，写的是一次旅途中的小小场景——坐船自镇江去扬州。这在众多旅人眼里委实没有什么，可在诗人眼中却是一首不可多得的诗材，她要把此时一路上的所见、所闻、所得、所想……一概掌控在自己的手中。技巧有三：首先将诗的气场做实——第一节准备；第二节妙想；第三节远望；第四节遐思，无一不是写“镇江渡口”的所见所闻所思所想，不枝不蔓，让诗素充沛结实，而又毫不游离。其次借力打力，做足太极——凡是与江水与行船与此时的天地有关的都要写，让诗意丰沛富足，给诗插上最强大的翅膀以让其展翅飞翔，于是二三百字的一首诗里，就有了天文地理、古今轶事，文学趣闻，其丰厚与灵动，力透纸背。再者深刻挖掘——“江面承载着/自己的浩渺和浑浊/河洲上芦苇患着自闭症/在臆想中抽刀断水/……一叶小舟漂荡在长江上，哦，这是汉语的孤独。”好一个“汉语的孤独”！你若再与第一节的最后一句联系起来，一种为时事、为人性而铸造诗魂的路也式诗歌情结，将带给我们多少奇思妙想？

这首《镇扬渡口》，无疑是中国诗歌走在世界诗歌前列的又一例证。

2016. 6. 7

◆这样写旧中国女人的一生

写女人，写中国女人，写旧式中国女人，有小说，有散文，有随笔，有日记体，有报告文学，还有回忆录。诗歌，怎么写？请看诗人敕勒川的写法。全诗如下——

树与钉子

面对一枚钉子，一棵树
怎么痛也得忍着

先是拒绝、挣扎、咬紧牙关，然后是
沉默、妥协、半推半就，最后融为一体

一枚钉子终于成为一棵树的一部分
一棵树终于承认了现实

它们小心翼翼地呵护着共同的部分
——那生锈的生活

（原载2016年《诗刊》上半月刊第五期）

十年前，读胡弦的《钉子》，我读出的是普遍的“人生”，钉子与墙与锤子，共同演绎出的人生，一颗、两颗、三颗以及更多钉子的人生。今天再读敕勒川的“钉子”，竟有了截然不同的感觉。他写树与钉子，而且将主人公定位给了树，在一枚钉子面前的树。这就一下子让我，想到了女子，中国女人，旧式的中国女人，一直将命运不能不交由“钉子”来左右的旧式的中国女人。想到了那些奶奶、妈妈、姐姐、妹妹，以及她们由钉子般的制度所决定的可歌可泣的命运。

“面对一枚钉子，一棵树/怎么痛也得忍着”，钉子是她们的男人，更是她们的命，“痛”，再痛“也得忍着”，这是天意。一开始，不忍着的也有，她们“先是拒绝、挣扎、咬紧牙关”，可然后呢？然后还不是“沉默、妥协、半推半就”了吗？上帝说：就认了吧，于是她们最后还是与钉子“融为一体”。正如诗人为此天经地义的评论——“一枚钉子终于成为一棵树的一部分/一棵树终于承认了现实”。

更为匪夷所思而又不能不思的是，树与钉子居然创造出了中国式的奇迹，“它们小心翼翼地呵护着共同的部分/——那生锈的生活”。多么真实！生锈的生活，就是女人最好的生活，当然那叫中国特色。

然而，随着二十一世纪的到来，随着世界东西方的大融合，当代的中国女人，怕已不再是那棵“怎么痛也得忍着”的树了，她们与时俱进的铿锵步伐，也许更加匪夷所思地让人想象了。

2016.6.9

◆让语言与意义相得益彰

诗人山鸿的诗，从未读过，今日一读，觉得不错，并且再读时，还生发出些许小震撼。诗人的诗让我突然想到，写诗应该怎样择词精准，金玉词语，吟妥语句，而又如何框架结构，打磨意义。这是多么重要的事情。

先把诗人发表在2016年《星星》诗刊第二期上的一首《升段赛的第六局》，展示于下，以此说说我的想法。

升段赛的第六局

我是看着儿子
走进的对局室
不过也就二十分钟
就出来了："输了"

和他一起出来的
还有满头的大汗
像刚刚才从大河里爬上来
他的每一根头发都是湿的

在这凉爽的秋日
不忍细想
刚刚过去的二十分钟里
儿子所遭遇的事情

他才九岁啊
这个世界，就露出了它的速度
和锋利

这是一首小小叙事诗，写爸爸陪儿子，去参加围棋升段赛。是第六局，也就是第六关，大概是一对一的对抗赛吧。我不懂围棋，不敢乱说。

诗歌的叙事，应与小说的叙事迥异，异在简洁，异在以一当十，异在精心选择，异在含而不露，异在神龙见首不见尾……这，在我叫金玉词语。此诗做得不错。第一，它少写，甚至不写暗线，对暗线遮遮掩掩。"我是看着儿子/走进的对局室"，这是开头，再简，此处不能不写。"不过也就二十分钟/就出来了：'输了'"，怎么输的？和谁下的棋，对的抗，拼的命？有着怎样的具体过程，如何惊天动地的细节？一概不写，不必写。第二，对明线就大不一样了，它要大肆宣扬，甚至无所不用其极——“和他一起出来的/还有满头的大汗/像刚刚才从大河里爬上来/他的每一根头发都是湿的”，显而易见，孩子一定是经历了一场不同寻常的出人意料的厮杀，其残酷的目不忍睹的场面一定让人撕心裂肺，正如爸爸所思——“在这凉爽的秋日/不忍细想/刚刚过去的二十分钟里/儿子所遭遇的事情”，把明线写得淋漓尽致。第三，事后慨叹，启示人生。“他才九岁啊/这个世界，就露出了它的速度/和锋利”。其实，这个世界，又有对谁不时时刻刻地露出“速度”与“锋利”呢？人生就是一场残酷的对弈啊！

这就是此诗值得让人深思的地方——金玉了诗的语言，同时也金玉了诗的意义，让语言与意义相得益彰。

2016. 6. 14

◆诗意古都的大气之作

这是六年前，我从《扬子江》诗刊上读李发模《西安印象》（见2010《扬子江》诗刊第一期）时，自内心敲定的题目。如今再读，激动还在，涛声依旧。以诗歌的方式，举重若轻地俯瞰历史，深入骨髓地剖析古都，谈何容易，而要以寥寥数十行的文字，将一方经天纬地的时空，塑造出金玉般前无古人的诗章，将更是怎样的艰难。可，我们的诗人做到了，而且写得很好，写得令人爱不释手。

这首《西安印象》共七节。为了节约篇幅，行文方便，且让我们一节一节，边录边说。

1

西安之“安”，是不是
收购天下人心的金币？
如若不是，中外目光擦亮的
那天生丽质，何故
总让游客似新郎，揭起红盖头
惊艳宝盖下那妙龄“女”子
且充满了爱意

西安之“安”，是一枚玉玺
以民心铸就
盖红盛世

一问一答，巧妙切入。“西安之‘安’，是不是/收购天下人心的金币?”问得好，问得妙。“得人心者，得天下”，哪位皇帝不是把“人心”挂在嘴边上，而履行的却是皇权至上，一统天下，顺我者昌逆我者亡?于是，这“收购”一词，就有了惊世骇俗的精准与分量。而回答，更为巧妙——“如若不是，中外目光擦亮的/那天生丽质，何故/总让游客似新郎，揭起红盖头/惊艳宝盖下那妙龄‘女’子/且充满了爱意”。天生丽质的杨玉环，当然也是一枚“金币”（皇帝亲自收购的金币），即使是“红盖头”不揭开，为江山、为美人、为这极富代表性的“金币”，中外的游客、中外的后人，也没有理由，不“充满了爱意”啊?结论式回答，则极其经典——“西安之‘安’，是一枚玉玺/以民心铸就/盖红盛世”，这才是真正的“金币”，真正的“天意”，真正的西安!

2
老周、老秦、老汉、老唐
四老展开各自的兴衰
听今人话说沧桑
品味得失
王气也渐渐现代起来
把一个民族的神话与启示
亮在阳光下
天空高朗，人心向善
历史也是一个乖孩子

第一节之后，大幕拉开，以人喻史，古今转换，次第深入，诗意鲜活。“老周、老秦、老汉、老唐/四老展开各自的兴衰/听今人话说沧桑/品味得失”，于是“王气也渐渐现代起来”。历史是“一面镜子”，说的是历史，但照出来的，却永远是现代，甚至当下。你看，“把一个民族的神话与启示”，展示开来，撕裂开来，如数家珍般“亮在阳光下”，“天空高朗，人心向善”，历史的深刻，推动着现代的深刻。所以，诗人说“历史也是一个乖孩子”。善于俯视一切的诗人啊，信手拈来的诗之大气，以及大气之下的灵动鲜活，不禁让人拍案叫绝。

3

把秦皇汉武穿在身上，最贴身的
是盛唐
盛唐是一身细软，适宜于
诗意酒浪

一身山光水色花香鸟语
醉了，好醉酒当歌
相思，让离愁凉爽

历史，无论如何都回不去了，但仿一仿历史，演一演历史还是可以的。于是，“把秦皇汉武穿在身上”，也过一把皇帝瘾。于是，历史的层次感油然而生，可仿来仿去演来演去，还是觉得“最贴身的/是盛唐/盛唐是一身细软，适宜于/诗意酒浪”，尤其是毫无顾忌大张旗鼓地——弄“一身山光水色花香鸟语/醉了，好醉酒当歌/相思，让离愁凉爽”，历史就是现实，现实就是历史，好在古人与今人，自盘古开天地以来，就有着天经地义的同感与不尽相同的喜怒哀乐。

4

历史的回音声声喊：“长安”
现实的名字响响叫：“西安”
一个“安”字
中国人、地球人、古人、今人
谁内心不轰轰叫，轻轻唤……

喊一声“长安”，安日月在天
养云飞霞卷
叫一声“西安”，安山水于地
种花好月圆
古之历朝帝都哟，国之心脏
啊！长安
今之力挽未来之大腕哟
啊！西安

大大的“安”字安民安天下
壮“杭唷杭唷”，柔“关关雎鸠”
诗意华夏，声声“嘿哟嗨”
天长长，盛世天时地利
地久久，诗唱国泰民安

古今继续转换，长安、西安轮番显耀。“历史的回音声声喊：‘长安’/现实的名字响响叫：‘西安’/一个‘安’字/中国人、地球人、古人、今人/谁内心不轰轰叫，轻轻唤……”，诗人对中华古今文化的景仰与歌颂，在这里迸然勃发。“喊一声‘长安’，安日月在天/养云飞霞卷/叫一声‘西安’，安山水于地/种花好月圆”，一个贯穿全诗的“安”字，让诗人发挥得淋漓尽致，且又恰到好处尽善尽美。尤其难能可贵的是，此节的最后一节，“大大的‘安’字安民安天下/壮‘杭唷杭唷’，柔‘关关雎鸠’/诗意华夏，声声‘嘿哟嗨’/天长长，盛世天时地利/地久久，诗唱国泰民安”，把个西安的“安”字一下子扩到整个中国，偌大华夏，让西安立马就有了九百六十万平方公里与五千年民族文化的力量与光芒。

5

美酒洗过的眼色，应该是
消过毒的月光
诗意净化的长安，理应是

鲜花可托付的太阳

将属于月光的眼色，和
属于太阳的意象，以及
属于自我的那颗心
融入日月星辰
我想说，其浩歌与低吟
既可壮人类精神
还可奶养上苍

“美酒洗过的眼色，应该是/消过毒的月光/诗意净化的长安，理应是/鲜花可托付的太阳”，以史为鉴的中国啊，以长安为鉴的华夏大地啊，在“消过毒”之后，在“诗意净化”之后，应该而且必须成为一颗“鲜花可托付的太阳”，正如诗人从灵魂深处呕出的三行诗——“我想说，其浩歌与低吟/既可壮人类精神/还可奶养上苍”。“上苍”者何也？当代权力也。诗从历史回到了现实，不禁令人深思。

6
播我在古都，春种一粒粟
耘我在西安，汗滴禾下土
开秦汉之花
结盛唐之籽
给后世以盘中餐
我精神的谷粒，哪怕
仅是一碗小米粥

可溯古，可论今，可帝王，可草民，多好的西安啊！我不走了，我要——“播我在古都，春种一粒粟/耘我在西安，汗滴禾下土”；我要——“开秦汉之花/结盛唐之籽/给后世以盘中餐”，是啊，我一定在这里尽我的微薄之力，即使让“我精神的谷粒，哪怕/仅是一碗小米粥”，我也在所不辞。我意已决矣。显而易见，诗人已陷入大爱之境，无可救药，不能自拔了。

7

想提一些贵州的山，装点西安
八百里平川
想分一些平川，带给多山的贵州
增添些平坦

我还想，带点儿周礼、秦皇汉武
盛唐景象
给我贵州乡民，告诉家乡的山水
多些繁华，少些偏远
众山如握，想把世界握在手里
除了山势的雄壮，还需要
襟怀的宽阔与坦然

想贴近雁塔，抱定“长安”
结一分佛缘
许一个心愿
以一生清白之有限融入无限之
肃穆，站起
一个龙族子孙的尊严

这最后一节是诗人意犹未尽之作，看似“画蛇添足”，却给这大气之作，平添了天然奇峰，九重磅礴。“想提一些贵州的山，装点西安/八百里平川”，好大的慷慨，好大的口气与想象力。“想分一些平川，带给多山的贵州/增添些平坦”，好公平的交易与痴情。“我还想，带点儿周礼、秦皇汉武/盛唐景象/给我贵州乡民，告诉家乡的山水/多些繁华，少些偏远”，多好的意愿啊，可，这得需要多大的本领啊——要“想把世界握在手里/除了山势的雄壮”，还得有“襟怀的宽阔与坦然”，西安不仅给了诗人无比的情怀，尤其给了博大深邃的世界观。可，早已钵满盆满腰缠万贯的诗人，还在想——他要“贴近雁塔，抱定‘长安’/结一分佛缘/许一个心愿/以一生清白之有限融入无限之/肃穆，站起/一个龙族子孙的尊严”，这是诗人藏在心底永远都不想被人知的心声。他好幸福！

应该说，李发模的这首《西安印象》，应是一组完整而又成功地由七首诗组成的组诗，但诗人没有给出七首诗的标题，只以 1/2/3/4/5/6/7 标之。不知诗人想过没有，如此一来，端的给了读者，以更大的想象空间。不知读者以为然否？

◆视角决定成败

写身陷其中的城市、乡村，写司空见惯的自然、社会、生活，而且要写出新意，写得精彩，选准视角尤为重要。什么是视角？视角，就是不同于别人的独特发现，是对所面临的题材以别开生面的词语构造方式艺术地打开、进入与呈现，从而让整首诗浑然一体，诗意盎然，耐人寻味。现在就以诗人李斌平发表在 2015 年《星星》“诗歌原创”第十二期上的一首诗为例，略陈己见。全诗如下：

小镇

一条河
像三点水的偏旁
绕着小镇
浅浅地流

几条小巷　连着
一条街道　一个简单的字
横竖就这么几笔画

离镇中心不远的电影院
如弯钩里的一点
我想起早年的黑白电影
和电影里的那场乡村爱情

紧邻小镇的是
马关村　中河村
仿佛小镇的两只口袋
装着几缕炊烟
几声蛙鸣

还有夹在镇中心的
农业银行
能否取出往昔的
旧时光

这首以小镇为题材的小诗唯美、简洁、扎实、传统，但，它至少有两点值得借鉴：一是，构形——别出心裁；二是，铸魂——灵气动人。

小镇，是什么呢？在诗人的眼里，小镇就是一个简单的汉字，世界上独一无二的方块字（请注意，这里诗人已经不动声色地将“小镇”上升到了家国的层面，有了民族文化的意义）。你看，“一条河/像三点水的偏旁/绕着小镇/浅浅地流”，还有，“几条小巷　连着/一条街道　一个简单的字/横竖就这么几笔画”。这就是，我们的小镇，遍布中华大地的小镇，让所有的中国人记忆犹新的小镇。何其准确，生动，形象？以这样的比拟视角切入，唯有中国的汉语诗人得天独厚，要不你用英语、俄语、法语、德语、阿拉伯语试试？中国的汉字是与中华民族的形象、内涵乃至人文地理风土人情互为因果一脉相承相得益彰的，诗人抓住了这一点，作品就出新出彩。

最为让人心仪的还是诗的最后三节——以“电影院”、紧邻的“马关村、中河村”、“农业银行”三个具象，来承载小镇的历史，点燃诗人的记忆，引起读者的共鸣。“离镇中心不远的电影院/如弯钩里的一点”，而这“一点”为什么依然在记忆里闪着光芒？原因是，它会让“我想起早年的黑白电影/和电影里的那场乡村爱情”。这里没有大城市的灯红酒绿、光怪陆离，但这里那沉浸在记忆底层的青春，却依然在吹着生命的号角。“紧邻小镇的是/马关村　中河村/仿佛小镇的两只口袋/

装着几缕炊烟/几声蛙鸣”。写到这里，读者不禁要问：诗人啊，你所描述的那些平静、美好的“炊烟”、“蛙鸣”，现在还在吗？这些被现代化阉割掉的纯真、自然，它们去了哪里？于是，这“小镇”就有了动人心弦的震撼。意犹未尽的最后一节，恰好又在这“震撼”上猛地推了一把，“还有夹在镇中心的/农业银行/能否取出往昔的/旧时光”。中国之大，世界之大，谁能有回到“旧时光”的本事？诗人的多愁善感，正是读者的多愁善感。诗写到这份上，能不让人流连忘返，难以释怀？

2016. 2. 18

◆诗意的叙述与叙述的诗意

好诗从来不以题材取胜。那么好诗以什么取胜呢？在我看来，好诗必须以令人信服的艺术创造力取胜，以读者在最为熟识的身边生活中看到不同于他人的“陌生”、“新鲜”、“震撼”的诗意取胜，也就是说，它必须自始至终贯穿着诗意的叙述，同时又在叙述中做足诗意。汗漫发表在 2016 年《星星》“诗歌原创”第一期上的一首诗，就是这样吸引了我挑剔的眼球的。原诗如下：

某风景区里的一次同学会

一个同学因肝癌去世，
儿子代替他参加聚会，像多年前那个少年的复制品
三个同学失联，像三架飞机与大地绝交
传说他们偶尔闪现在精神病院、监狱或招摇撞骗的路上
四个同学婚变，其中，一人独身，
三人再婚并生幼子，就必须显得比其他同学年轻，
穿牛仔裤、染发、唱周杰伦。

六个同学成为级别不一的官员，带秘书同行，
秘书为官员提着茶杯、文件包、摄像机。
三个同学致富，赞助这次风景区里的同学会，
痛说创业史，解密当年的暗恋，
发动同学连锁加入他们繁荣昌盛的事业。

两个同学从国外发来视频，在私家花园里抒情：
月是故乡明、天涯共此时。
二十二个同学表情平庸、埋头喝酒，
与其他肥胖得像废墟一样的相似形合影——
我，属于这二十二分之一。相互打听近况，
并因此增加一点自信或自卑。
对校园往事进行质疑、争辩，合唱：
“青春啊青春，美好的时光……”
有人就开始低头、抽泣。

我们围绕着一张又一张饭桌而不再是课桌，
男女参差，像老枝条参差旧花朵。
生活的方程式在继续考试，分数秘而不宣，
最终都要去做一道填空题——
填入一个新鲜的墓穴，再错误的人生
也能成为正确的遗体和答案，
况且有一年年的青草野花继续润色、修改？

“干杯啊！”某女生嘴边著名的酒窝，浅了。
我的初恋浅了。在风景区一角的白杨树下，
我和她轻轻拥抱三秒钟，向校园和往事致敬。
很快就没有人知道这个夜晚、这一细节。
很快的心跳，是酒精而不是激素在推动、加速？
很快的晚风使白杨树代替我的头颅哗哗啦啦思想。
她豹纹装内的豹子让我的血压，重新陡峭……

这样的“同学会”，可以说几乎是每一个上过学的中国人的同学会，它题材陈旧不堪，内容司空见惯，但，它却让人百读不厌。其原因何在？那就是它自始至终贯穿着诗意的叙述，同时在叙述中做足了诗意。

第一、二两节写各类同学的现状。“一个同学因肝癌去世”，这一句似乎没有诗意，而接下来“儿子代替他参加聚会，像多年前那个少年的复制品”，就诗意昂然了。“三个同学失联，像三架飞机与大地绝交/传说他们偶尔闪现在精神病院、监狱或招摇撞骗的路上”，读了这两行，难道你就不浮想联翩，扼腕嘘唏？“四个同学婚变，其中，一人独身，/三人再婚并生幼子，就必须显得比其他同学年轻，/穿牛仔裤、染发、唱周杰伦”这深重而又辛辣的诗意，让人实在无可奈何。“六个同学成为级别不一的官员，带秘书同行，/秘书为官员提着茶杯、文件包、摄像机”，白描、素写、照相，一句评论都没有，可是你却读出了某个时代的官场现形记。“三个同学致富，赞助这次风景区里的同学会，/痛说创业史，解密当年的暗恋，/发动同学连锁加入他们繁荣昌盛的事业”，富了就有话语权，一个物欲横流的社会，被呈现得淋漓尽致。“两个同学从国外发来视频，在私家花园里抒情：/月是故乡明、天涯共此时。”似乎漂泊国外一切都好，唯有怎么都割不断的乡愁，方能让他们望洋兴叹。“二十二个同学表情平庸、埋头喝酒，/与其他肥胖得像废墟一样的相似形合影”，这是大多数，活着的大多数，在这样期盼、亲切而又隆重的场合，他们不可能显山也不可能露水，唯一能做的，就是“相互打听近况，/并因此增加一点自信或自卑。”其中，有人在“对校园往事进行质疑、争辩”，也有人在“合唱：/青春啊青春，美好的时光……”，还有人动了真情——“开始低头、抽泣”。

第三、四节，整首诗便在诗意的叙述与叙述的诗意中将“同学会”推上了高潮。“我们围绕着一张又一张饭桌而不再是课桌，/男女参差，像老枝条参差旧花朵。”这近于描写的叙述，有着多么强劲的艺术感染力。“生活的方程式在继续考试，分数秘而不宣，/最终都要去做一道填空题——/填入一个新鲜的墓穴，再错误的人生/也能成为正确的遗体和答案”，诗人况达的生死观在这里给了读者一个“真理”的答复。“‘干杯啊’！某女生嘴边著名的酒窝，浅了。/我的初恋浅了”，好一个“我的初恋浅了”，在诗的结尾诗人开始由概述转为细节描述，让叙述的诗意更为充盈。“在风景区一角的白杨树下，/我和她轻轻拥抱三秒钟，向校园和往事致敬。”早已各有家室的两个人，看来也只能如此了。

这首诗的成功，让我们看到了诗歌叙述的无限表现力。

2016 年 2 月 26 日

◆打破思维定式让诗飞得更高

讲一段飞行史吧。

工业革命之后，人类一直想圆飞行之梦。发明家们看到鸟飞翔的时候总是在不停地扇动翅膀，以为机翼也要不停地扇动才行。大家一直在按这样的模式来设计飞机，飞机就一直没有发明出来。后来，发明家们以为飞机的翅膀应该相当于船的桨，桨在水里划，船就往前走，再一次形成了一个思维定式，飞翔的梦想自然继续难以实现。直到美国的莱特兄弟跳出了这种思维定式——他们创造性地以为，飞机的机翼既不应该是鸟翅，也不应该是船桨，它应该是船帆，在飞行达到一定速度后，机翼上下即会形成巨大压力差，相当于从下面把它顶上去，或者说是从上面把它吸上去，与此同时，再在一定方向的引领下，飞机自然就可以翱翔了，于是，这才破天荒地发明了飞机。

飞机的发明，是如此，诗歌的创作，何尝不是如此呢？

一部诗歌发展史告诉我们，诗歌创作永远在路上，它的创造性的语言，它的前无古人后无来者的诗意发现，它对人间真善美惊天动地的艺术妙呈，以及对未来和未知世界的真理性探求与预言，永远在路上。从这个意义上讲，中国诗歌史上的所有经典诗作与经典诗人，世界诗歌史上的所有经典诗作与经典诗人，都是诗歌前进中的小小的一个点儿，谁也没有资格说“OK”，更羞于说“伟大”。“自信人生二百年”，谁二百年了？“会当水击三千里”，谁“三千里”了？而我们之所以如此不断地肯定自己的智慧，赞美自己的成功，只不过是因为我们不够智慧不够成功罢了，于是，在这茫茫的文明天空，我们就有了不断自己为自己壮胆、加油的一百个勇气与理由。

于是，永远不间断地打破自己的“思维定式”，努力探求新的诗歌创作的“飞翔”之路，以让诗歌飞得更高、更远，就成了所有诗人诗歌创作共同的努力方向。

下面举两个例子，看看诗人是怎样努力地让自己的诗飞得更高“一点儿”的。

其一，是青小衣的诗《我走后，一切从简》（见 2015 年《诗潮》第二期），全诗共有六行：

我走后，我将把第一人称一同带走

第二人称，也将禁止使用

那时，我只适合用第三人称
且是女性

我走后，一切从简
包括，代词

说青小衣的这首诗飞得高“一点儿”，理由有二：一是，写“死”，她选了个好角度；二是，她把“死”写绝了。众所周知，写死亡的诗比比皆是，生命、病痛、思想、灵魂、身体、前生、后世，甚至各个脏官，一任有之，一种不约而同的思维定式，早已形成，再那么写无异于难脱窠臼。于是，聪明的诗人大胆地选择了“称谓”这一从来无人问津的绝好角度。“我将把第一人称一同带走”，是啊，我走了，“我”还能存在吗，不带走才怪。于是，一场围绕“称谓”这一又熟悉又陌生的“后事”描述，便一一展开了，新鲜、奇妙、精准、真实，且令人心仪。更为难能可贵的是，我们的诗人既然执意要把这首死亡之诗写绝，那么就一定不会浅尝辄止，为此她不仅要上九天揽月，她还必须下五洋捉鳖。你想呀，“我走后”，“第二人称，也要禁止使用”，为什么呢？我已经灰飞烟灭，谁还能随时随地地再对着我一个不再存在的人说“你”呢？必然天经地义的是，“那时，我只适合用第三人称/且是女性”，且只是女性，于是，诗便有了登峰造极之势，“我走后，一切从简/包括，代词”。一首好诗，一首飞得更高的诗，就这样臻成了。

其二，是王贵的《星星》（见 2015 年《小拇指》诗刊“春季号”），原诗如下：

星星

六岁的瞳孔
七岁的院落
九岁的夜色
婴儿的歌谣
河水一夜夜长大成人
走向你

面对我

浣洗声音

我紧抱水做的爱人

直到天堂多了两颗

不落的水滴

应该说，这是一首浩瀚于股掌、须臾于永恒，且颇富时空“穿越”感的精美短制。此诗，有两方面的别开生面：之一，极度张扬时空的模糊性。在诗人眼里多么浩大的星汉，都不过是“六岁的瞳孔/七岁的院落/九岁的夜色”，世界与生活一样，总是在“婴儿的歌谣”里，伴着“河水一夜夜长大成人”，人生啊，事业啊，岁月啊，爱情啊，全是在一次次轮回里“走向你/面对我/浣洗声音”以完成过程，到达圆满。所以，“我”必须“紧抱水做的爱人/直到天堂多了两颗/不落的水滴”。人，既是地上的水滴，又是天上的星星，诗，产生了震撼的力量。之二，赋予诗歌内涵的神秘感。对于无始无终的时空来说，在无可穷尽的未知面前，人，当然只能是个孩子，而且永远都是个孩子，人、水、夜、星星……一幅多么美好的童话世界，但，唯有人是宇宙的精灵，是大自然最为精美的部位。于是，诗便有了无限的深意，且颇为神秘莫测了。

◆酣畅淋漓的人性批判

好诗，从来都是民族文化的传承与发扬，而好诗人，又都是民族文化不可多得的酣畅淋漓的批判者。在诗人汤养宗的一首诗里，我就嗅到了这种味道。这首诗的题目是《光阴谣》（见 2014 年《鸭绿江》第五期）。原诗如下：

一直在做一件事，用竹篮打水

并做得心安理得与煞有介事

我对人说，看，这就是我在人间最隐忍的工作

使空空如也的空得到了一个人千丝万缕的牵扯

深陷于此中，我反复享用着自己的从容不迫

还认下活着就是漏洞百出

在世上，我已顺从于越来越空的手感

还拥有这百折不挠的平衡术：从打水
到欣然领命地打上空气。从无中
生有的有到装得满满的无。从打
死也不信，到现在，不服不行

何为文化？文化无非是一个国家一个民族的人性习惯，而这种人性习惯，从来都是先源于少数，再形成发展于千百，而后臻成潮涌于亿万。其实，它就是人们约定俗成的文明动作、文明契约、文明心理，直到成为大家的共同命运。它，血液一样流淌在我们的身体里，引领着我们兴衰荣辱悲欢离合，一直到生老病死。然而，正因为这种人性习惯已经成为国家民族甚至全人类的生命习俗、生活体征、灵魂姿态，那么，我们便对它有了天经地义的服从，而且从不怀疑，甚至再也看不到它，一句话，就是它让我们十分体面地染上了“人类精神文明局限病”、“文明强迫症”：

——比如博爱；

——比如自由与民主；

——比如爱情；

——比如高尚与伟大……

此诗，就为全人类惊心动魄地揭示了这一点。这是，也只能是，只有诗人才能完成的功课，且让我们以诗为鉴，聊做剖析——

“一直在做一件事”，当然是你，是我，也是他（她）。做什么呢？回答是“用竹篮打水”，“并做得心安理得与煞有介事”。传承前人啊，不由自主啊，自然而然啊，功莫大焉啊——这是人“在人间最隐忍的工作”啊，而且这“空空如也的空”必须得得到“千丝万缕的牵扯”啊，而且“深陷此中”后就肯定会“反复享用着自己的从容不迫”与“认下活着就是漏洞百出”的人间定律啊，而且还要到达“越来越空的手感”之高境界啊……倘若对这些“啊”，说的再具体一点，比如在我们中国，那就是修身、齐家、治国、平天下，你看啊：一个人，千百个人，亿万个人，十几年，二十几年苦读，然后成家立业，求取功名，不断春风得意，不断置车买房，既抱美人，又遇美差，甚至步步高升，呼风唤雨，大权在握，俨然一“先天下之忧而忧后天下之乐而乐”的人间宠儿。正如诗之所云，彻底地完美了“这百折不挠的平衡术”，可，这又能怎样呢？这在大自然、大生命、大智慧、大气象面前，又能是什么呢？说到底，这，只不过是“从打水/到欣然领命地打上空气”，甚至也只不过是“从无中/生有的有到装得满满的无”呀！

啊，人性的太在乎自己，人性文明的太在乎自己，必然导致人心巨大的执着与痛苦，这应该是人类为自己掘下的最后的坟墓。诗人汤养宗的这首经典美制，为我们提示并预言了这一人间真谛，值得人类为之深深反思。

（张庆岭，男，山东德州人，中国作家协会会员，德州市作家协会名誉主席，《小拇指》诗刊主编，主要从事诗歌创作与研究）

走向未知的高原*

——论李成恩诗歌中的精神救赎

◎罗小凤

摘　要：李成恩在青海玉树藏区采诗而得的新诗集《酥油灯》是李成恩把灵魂向新的世界伸越的诗歌创作实践，她以诗歌创作为媒介把灵魂伸越向青海玉树藏区这片“未知的高原”和“辽阔的大地”，试图在诗歌中进行精神救赎，追回自我，昭示了李成恩诗歌创作走向未知的高原的新起点。

关键词：李成恩　诗歌　精神救赎　酥油灯

弗洛伊德曾指出，人的历史就是人被压抑的历史，只要文明存在，压抑和不幸也就必然存在。生活在有限时间里的人，内心深处总有一种超越有限的愿望，一种形而上的冲动：企图超越生命的有限性而企及无限。[①]这种“超越”生命有限性的愿望和努力其实是人对自己的一种“精神救赎”。而所谓“救赎”（Redemption），“就是对无限、超越、盼望和光的肯定，实现对有限、世俗、绝望和黑暗的最终胜利，从而使人与终极之间的对立成为内在的和谐关系。救赎是信仰一个绝对的实在后产生的生命事实，从而越过人类的最后一个虚假理想——乌托邦，使灵魂向一个新的世界伸越，并在其中居住下来。”[②]面对琐碎的世俗生活和物欲横流的当下社会，一些诗人自觉地将诗歌作为修炼自己的路径，在诗歌中修行、救赎，超越“有限、世俗、绝望和黑暗”，使灵魂向新的世界伸越。

李成恩的新诗集《酥油灯》便是她把灵魂向新的世界伸越的诗歌创作实践，她

* 此文系作者主持的2015年国家社会科学基金项目“新媒体语境下诗与公众世界之关系新变化研究”（15XZW035）和2013年度广西高等教育教学改革工程立项项目“驻校作家制度：当下高校现当代文学教学改革的新路径之研究与实践”（2013JGA164）的阶段性成果。

把灵魂伸越向青海玉树藏区这片“未知的高原”和“辽阔的大地”，试图在诗歌中进行精神救赎，追回自我，正如她自己所坦承的：“玉树藏区让我的诗歌进入一次精神的‘西游记’，我找到了天空与大地的灵魂，找到人类在灾难之后的精神力量”，“这些作品有了人类学的意义，有了诗歌语言的寒冷性生成后的灵魂热量，我试图从人内心的肮脏与黑暗进行反思，去寻找文明的源头”，[③]可以说，《酥油灯》成为李成恩用诗歌进行精神救赎的起点。

一

人为什么需要救赎？因为人有罪。这是李成恩进行精神救赎的重要原因之一。她反复在诗中认为人有罪，如“我向神灵说出我的罪过/我身为人的罪过/人啊/有多少罪过就有多少泪水/我的泪水盛满了一个银碗”（《我的寺院》）、“人有罪，草木皆知”，“人有罪，眼露凶光/腰上挂小刀子，并有口臭//罪躲在口里/但口臭无罪/牙齿闪亮，有罪/嘴唇翻起/也有罪/嘴唇吐出的痛苦/像莲花/从淤泥里出来的并无罪”（《数罪并罚》）。

“人生而有罪”的“原罪”意识是基督教教义中最核心最基本的意识特征。

按照《圣经》的说法，原本生活在伊甸园中的人类先祖亚当和夏娃由于受蛇的引诱而违背上帝禁令，偷尝禁果，由此受到上帝处罚，被驱逐于伊甸园之外，从此成为“罪人”。由于人类始祖犯罪，后辈便都生而带有“罪性”。基督教哲学认为，“罪性”是人与生俱来的、内在的本性，是从人类始祖那里传下来的“罪行”，人由于有罪性而必然要犯罪。这种“原罪”心态是一种深层的潜在的根柢性意识，使人对自身的缺陷与有限性有了清醒而自觉的意识。现代基督教思想史家勒塞（Kurt Lese）等人曾把“罪”定义为“人的一种总体状况、总体属性”[④]，在他们看来，“原罪”是一切生存之人与生俱来的共有属性，人的生存本身便是一桩“原罪”。李成恩便有这种“原罪”意识，正是原罪意识，使她试图在诗中救赎原罪。

“原罪”心理一方面使李成恩在诗中不断呈现人类的罪恶和历史的罪恶，试图负责、担当起这些罪恶，为世界和人生负责，对宇宙、世界和大自然负责。如《人为什么不吃草》中对人类的各种“罪”进行批判，“你们说说/野兽何曾背叛过我/而人类/你们何曾忠诚过我？/你们制造了家庭/又亲手将家庭交给了虚伪的法庭/我被人类驱赶到草原/但置身于傲慢的野兽之中/我有了怀疑病”，对人类缺乏忠诚、信赖和习惯背叛、怀疑、虚伪的“罪”进行了追问、揭露；“人类没有理想/人类太实际了/人类深陷物质里/正在腐烂”则批判了人类的过于“实际”、缺乏理想、物质至上的“罪”；“我痛恨人类为什么那么喜欢吃权力下的蛋/吃权力的臭蛋/已经成了人类维持体面生活的习惯”批判了人类对权力的过度欲望。在这首诗里，李成恩深刻透彻、尖锐犀利、体无完肤地解剖了人类的本性，揭露和批判了人类的“罪”，但诗人并没有绝望，而是“坐在一堆牛粪上/我点燃了人类残存的良知/火苗在草原左右摇摆/我用我弱小的心护着这豆火苗”，这句诗充满了象征意味，“牛粪”是动物的粪便，是最原始的自然之物，“我”在这堆牛粪上“点燃”人类“残存的良知”，喻示了人类的良知只有在最原始最自然的东西上才能寻回；而“火苗”被“我弱小的心”护着，已经成为“这豆”火苗，并已“左右摇摆”，喻示了人类良知的微弱和需要呵护。而“我”对“这豆火苗”的呵护，其实象征了诗人对精神救赎的渴望和实践，她试图以自己微弱的力量呵护人类残存的良知，拯救人类，救赎灵魂。在李成恩看来，人类都是“污染之身”、都是肮脏的：“只要你掏出你的心/肯定是黑的/只要你伸出你的舌头/肯定是有毒的//我只要上网/就可以看到毒舌”，只有“草原”才能拯救人：“草原上的人/是纯粹的人/是脱离了/低级趣味的人”，“人类保留草原/就是让肮脏的人/来清洗灵魂”（《草原笔记》），因此，李成恩在《低头吃草》《草原上的尊严》《巴塘草原》《致草原先生》《草原腰》等诗中试图通过“草原”救赎人类的罪。

另一方面，“原罪”意识使李成恩对自身进行无情的自我解剖、自我批判，如“狼都不想吃我/可见我的存在引不起它的食欲/我是被人类污染的肉体/我的肉体披着人类的外衣”（《人为什么不吃草》）在批判人类之“罪”的同时批判了人类这个大群体中的个体“我”所沾染的人类的肮脏、污浊；“我来草原之前/一直被过度的爱困扰/我生活在过度的爱里/爱人类的身外之物/爱人类不该爱的权力与名誉/爱父母亲人与朋友也就罢了/但为什么我们还要爱那些虚头巴脑的东西/为什么讨厌这个世界/还要居住在那里？/为什么明明可以绕过去/我们还要与权力交朋友？”（《人为什么不吃草》）则批判了个体“我”对名誉、物质、身外之物的贪婪本性。确实，在当下物欲横流的社会环境中，大多数人已经失魂，失去自我，但只有少数清醒自觉的人将之视为个人的罪，进行忏悔、救赎，为自己招魂，追回自我。李成恩的原罪意识使她不断地对自我进行重新寻找、重新定位，一直试图在诗歌中招魂，如“我守住了/一颗沾满灰尘的心/但我的魂魄/寄存在哪里？/谁又能还我？”（《招魂歌咒》）“我千里迢迢/来高原寄魂”“我来高原/寄魂/高原呀/给我一块绿松石/我命中的寄魂之石”（《寄魂》）。这种“寄魂”的愿望便是她进行自我救赎的努力与实践。

二

当下社会正遭遇现代文明侵蚀人类社会而陷入各种危机的困境，人们已经忘了文明的最初意义。而诗歌场域中，鱼龙混杂，诗歌创作早已失去其昔日高居“文学中之文学”的高贵地位和诗之为诗的本体要质，割断了文明传统的接续血脉。对此，李成恩都保持高度的警觉与清醒姿态，她试图通过诗歌来进行精神救赎，寻找文明的源头，“高原”便是她所探寻文明源头的一个方向。在寻找精神救赎路径的过程中，李成恩“有意识地走向西域”，走向“高原”，青海玉树藏族自治州便是她地域诗歌写作新的开始，在她看来，“那片神奇的雪域高原是我最想写的诗歌”[⑤]，事实上，“高原”成为李成恩精神救赎的一个精神高地，她的诗中遍布“高原”意象群。在李成恩的诗歌版图上，“高原”不仅仅是地理学意义上的高原，更是指未被文明完全裹挟、淹没、席卷的精神领地，是文明的发源地。因此，李成恩“千里迢迢/来高原寄魂”，她在诗中大声呼喊：“我来高原/寄魂/高原呀/给我一块绿松石/我命中的寄魂之石”（《寄魂》），显然，诗人将“高原”视为其精神救赎的一块寄魂之所。因此，“高原”意象群成为李成恩笔下集中、鲜明而突出的一道独特景观。

“高原”在李成恩笔下既指地理学意义的“高原”，又指诗歌艺术和精神、心灵世界的高原，象征着诗人的精神高地，而向高原攀登的过程则象征着诗人追寻自我、精神救赎的努力和对自由的追求与对世俗的超越，地理学意义上的“高原”与艺术、生活的高峰形成对应和隐喻。在地理学意义上的“高原”上，人的视野更开阔，灵魂能得到洗礼，心灵可以挣脱世俗的羁绊，实现真正的自由。因而，“在高处”的人生姿态则既象征着登高望远的视野，又象征着灵魂的超脱、精神的自由。易卜生曾说：“我从高处看着人群，看清了他们的真正的本质，他们在上界将是什么情景。也许在山下站在人群当中，这件事不会理解”，[⑥]确实，“在高处”的姿态能让人更清醒地反观人类自身的局限性，看清“本质”。李成恩为了获得这种“在高处”的姿态，进行了艰苦的努力。她面对重复性的、惯性的、保险的、冷漠的当下诗歌写作景观曾明确宣告：“我不能这样写作，我的肌体需要新鲜的血液，我的诗歌需要重新上路，走向寒冷的高地，融入陌生的审美境地，走出惯性的写作，抛弃保险的写作，哪怕我呼吸困难，甚至有窒息的危险，我也要走向未知的高原”。[⑦]显然，这个“高原”既是现实生活中的“高原”，也是诗歌艺术的“高原”。因此，李成恩笔下的“高原”意象成为其灵魂和思想的重要载体，喻示了她对高原生命意义的求索和对精神自由的渴望，也是其理想主义的一种象征和体现。

李成恩笔下，高原上的草原、牦牛、雪山、群山、格桑花等等无不入诗。李成恩在诗中多次表达了“做一条牦牛”的愿望，如《独自吃草》中的“我无数次想象/来巴塘/做一条牦牛/低头吃草”“我吃过生活的垃圾/那枚生锈的炮弹/咬掉我的一颗门牙”“我吃过甜饼/一种圆圈圈/像是骗人的”“我口里残留的农药越积越多”“我学会吐掉/嘴里那只/世界强塞给我的/绿皮青蛙”，诗人在批判人类之“罪”的同时以“做一条牦牛/低头吃草”作为救赎自己的一种方式。高原上的“草”是未经污染的原生态的草，是未施加过“农药”，是未被垃圾、炮弹、甜饼侵蚀过的纯净之物，只有像牦牛一样“低头吃草”，方能自我救赎。李成恩还表达了“做一棵青草”的愿望：“做一棵青草/做青藏高原腹地的一棵青草/比做喧嚣都市里的有钱人/更加挺立/关键是/更像个人”（《在草原我想起你们》），当今社会，人不像人已成为普遍的社会事实，如何救赎？李成恩认为“做青藏高原腹地的一棵青草”可以让人“更加挺立”、“更像个人”。《我请求白云》中的“白云”，《格桑花仙境》中的“格桑花”，《遇见一座雪山》中的“雪山”、“野花”、“鹰”，《与群山对话》中的“群山”、“菩提树”、“嘛呢石”、“鹰”、“雪花”、“野花”，《我的藏獒》中的“藏獒”，《过西域》中的雪、沙、风，《与狼对视》中的“狼”、狼群，《青秆青稞》中的“青稞”等都是高原意象群的个体意象，是李成恩建构其精神“高原”的系列意象，是她进行精神救赎的外在载体。在“高原”的洗礼和救赎中，李成恩写道：“我的诗/学会吃草了/我的诗/拉出热气腾腾的牛粪了/我的诗/被卓玛捡进背篓里了/我的诗/在牧民的炉子里/发出温暖的火光//在去神山的路上/我的诗/被一块嘛呢石/迎面击中了”（《草原笔记》），可见，李成恩的“高原”救赎路径于她个人而言是成功奏效的。正是循此路径，她建构起了独属于她自己的精神“高原”。

三

佛教自西汉末、东汉初传入中国后，对中国文学、诗歌创作产生了深远影响，正如有学者指出的：“佛教对中国文学的影响，无论是文体的开创、技巧的表现、文藻语法的讲究、境界的创新、内容的蕴涵、价值观的突显等，还是对人们思维领域的扩大，都产生了既深刻且广泛的影响”。[⑧]李成恩在青海不断遭受宗教氛围的感化，并多次见到活佛，因而她于 2014 年 2 月正式皈依藏传佛教，但她并非削发为尼，而是将佛教作为一种信仰，一种超越世俗的智慧和精神引领的向导。

弗洛伊德曾指出：“宗教已不再是一种幻觉，它在学术上的发展同占统治地位的实证主义倾向并行不悖，只要宗教仍然保持对和平与幸福的坚定期待，它的幻觉就仍然要比致力于消除这种幻觉的科学具有更多的真理价值。”[⑨]他道出了宗教对于人的意义与价值在于“保持对和平与幸福的坚定期待”，显然，李成恩在佛教的信仰中保持了对和平、幸福、理想的坚定期待，而且，佛教已成为李成恩反观世俗生活，追求精神性超越的重要催动力。

由于皈依佛教，李成恩的诗笔下具有了神性维度。她在诗中反复写到神性力量、佛、神，出现了一系列具有佛学意蕴的意象，如酥油灯、嘛呢石、菩提树、经幡等。

“酥油灯”是藏传佛教的寺庙和信徒家中佛龛前长期供奉的长明灯，代表广大信徒的精神，无论是在寺庙还是藏族人民的生活中都扮演着重要角色。佛教认为人的生命的终结，如果没有酥油灯的陪伴，灵魂将在黑暗中迷失。[⑩]可见，“酥油灯”是一个具有佛教意蕴的象征体，李成恩将诗集名命名为“酥油灯”，并在诗中不断写到“酥油灯”，“酥油灯”成为她进行精神救赎的一个重要载体。《酥油灯》这首诗中她集中以“酥油灯”为意象，书写了酥油灯对她的引领：“一千盏酥油灯点亮了来世的路/我明亮的额头散发清淡的奶油香味”，在酥油灯的引领下，“我跪倒在神的面前，我跪倒在万物的怀抱”，并回望自己在黑暗的人世走过的路和经历的各种世态，最后，“我”得到了新生：“一千盏酥油灯点亮了来世的路/颓废的人呀抬起你的头，擦掉脸上肮脏的泪//我眼睛里的业障看不见了/我的灵魂经过了酥油灯日夜的舔食/现在，我的灵魂呀燃烧得像婴儿嗷嗷叫唤”（《酥油灯》），“酥油灯”消除了“我”眼中的业障，燃烧了“我”的灵魂，点亮了来世的路，让“我”成功地进行了自我救赎。李成恩在其他诗中也反复写到“酥油灯”，如“我点燃了灯盏，酥油灯里我泪流满面”、“业障与浮世在酥油灯之外”（《遇见一座雪山》）、“心如酥油灯扑闪扑闪”（《仙境》）等。在酥油灯的感化与引领下，诗人的灵魂、心灵得到了净化、救赎，获得了神启，获得了新生。

“嘛呢石”是李成恩笔下另一个喜欢采用的意象。“嘛呢石”是藏传佛教文化影响下一种信仰的产物，是藏族地区一块刻上六字真言、慧眼和神像，以及各种吉祥图案的石头，所表达的是藏族同胞对于信仰的赤诚和发自内心的美好愿望。李成恩多次写到“嘛呢石”，如“我是20亿块石头中的一块/我是沉默者中/唱歌的那一块/我是挣脱黑暗发光的那一块”“我的肉身上/雕凿了美丽的/嘛呢石经”“我终会飞翔/你终会从长跪中获得我的爱”（《你怎样获得我的爱》），诗人已与“嘛呢石”合二为一，具有神性、佛性；“我静静呼喊明亮的嘛呢石/嘛呢石呀我的泪水打湿了静夜”（《与群山对话》）中诗人则静静呼喊嘛呢石，实际上是对信仰的呼唤和对美好愿望的祈祷，都是自我救赎的路径。

李成恩笔下还有一个集中的具有佛学意味的意象：“菩提树”。相传佛祖释迦牟尼在菩提树下遇仙成道，因此，菩提树成为佛教的象征，在佛门中是圣树。“菩提”是梵文 Bodhi 的音译，用以指人忽如睡醒，豁然开悟，突入彻悟途径，顿悟真理，从而达到了超凡脱俗的境界，[11]而菩提树则是一棵觉悟的智慧之树，亦带有浓郁的佛教意蕴。李成恩反复写到“菩提树”，如“我一步一步走向菩提树”“我说出内心的业障等于说出了人世的不平”“一棵菩提树养育了来世”（《与群山对话》），“菩提树”成为引领她自我救赎、获得新生的精神向导。

除了这些代表性意象，李成恩笔下几乎万物都具有佛性、神性，如《与群山对话》中的“经幡”、《格桑花仙境》中的格桑花、《酥油灯》中的“鹰”、《人为什么不吃草》中的“石头”、《与群山对话》中的“山”等，都由于具有佛性、神性而成为诗人自我救赎的载体。

此外，在虔诚的诗人看来，诗本身就是一种宗教。诗人昌耀于1986年12月曾在《诗的礼赞》中指出：“诗，可为殉道者的宗教”。诗是昌耀生命的寄托与艺术的追求，是他选择的一种应对荒诞人生和悲剧命运的工具。而诗，也是李成恩的另一种宗教：“我是虔诚的诗歌圣徒”“经书即诗书”（《晒经台》），她以诗对自我的精神、灵魂进行救赎。当下诗坛乌烟瘴气，泡沫横飞，真正有良知的、有清醒姿态的诗人太少，李成恩表现出了她“在高处”的姿态，她以“走向未知的高原”的诗歌姿态试图对诗歌进行救赎，对诗人进行救赎，同时对自己进行救赎。她“置身玉树，做采诗者”（《到玉树采诗》），她以“牦牛的步子”、“白云的姿态”、“高原采诗者”的身份走向高原，“我只在白云上写诗，只在草原上/把我的词语、意象、节奏与音乐/全部拿出来与玉树交换她的诗篇”，超脱于世俗，在诗中实现了自我救赎。在青藏高原采诗的经历是李成恩作为诗歌圣徒向西天取经的一次“西游记”，是她将诗歌视为一种宗教的虔诚膜拜与“取经”的历程，也是一个自我救赎的过程。

李成恩在青海玉树藏区采诗而得的《酥油灯》是李成恩以诗歌创作为媒介进行的精神救赎之路，昭示了李成恩诗歌创作新的起点，正如她自己所说的：“我的灵魂仿佛经历了一次天葬，我看到了活着的意义，人是可以超越尘世的，我重新认识了大自然与人类的关系、人与动物的关系”。[⑫]在经历这场灵魂历险和精神救赎之后，但愿她走向更高的高原。

注释：

① ⑨赫伯特·马尔库塞（美）：《爱欲与文明—对弗洛伊德思想的哲学探讨》，黄勇、薛民译，上海译文出版社，1987 年版，第 3 页，第 49 页。

② 谢有顺《救赎时代》，《文艺评论》1994 年第 2 期，第 42 页。

③ ⑤⑦⑫李成恩：《酥油灯·自序：寻找文明的源头》，《酥油灯》，青海人民出版社，2014 年版，第 3 页，第 2 页，第 2 页，第 3 页。

④ 勒塞：《里尔克的宗教观》，《〈杜伊诺哀歌〉与现代基督教思想》，上海三联书店，1997 年版，第 121 页。

⑥ 王忠祥：《易卜生》，华夏出版社，2002 年版，第 95 页。

⑧ 陈沫吾：《围炉者墨》（下册），四川出版集团巴蜀书社，2014 年版，第 573 页。

⑩ 薛建华：《藏传佛教视觉艺术典藏：法器面具》，青海人民出版社，2012 年版，第 1 页。

⑪ 郭宏若：《真假菩提树》，《思旅无涯》，作家出版社，2012 年版，第 133 页。

（罗小凤，湖南武冈人，文学博士，广西师范学院教授，硕士生导师，研究方向为中国现当代文学）

《翠鸟》：超越诗学界域的后现代经典*

◎尚 婷

摘 要：以 1949 年的红色中国为幕景，查尔斯·奥尔森创作了长诗《翠鸟》。围绕“翠鸟”“E 字符”“毛语录”等核心意象，作者开掘出大量被西方现代文明遮蔽的异质文化，对宰制西方数千年的逻各斯中心主义提出了质疑和批判。建基于开放多元的文化观念，《翠鸟》不仅超越诗学界域而对二十世纪后半叶的世界政治格局和全球文化走向做出准确预言，且在一定程度上修复了西方与东方、现代与传统的对话机制，成为影响深远的后现代经典文本之一。

关键词：《翠鸟》 后现代主义 逻各斯中心 查尔斯·奥尔森

在美国黑山诗派领袖查尔斯·奥尔森（CharlesOlson）的长诗创作中，长达 200 余行的诗作《翠鸟》（The Kingifishers）仅算是小制作，在篇幅体量上很难与《玛克西姆斯诗章》（The Maximus Poems）等宏篇巨著相提并论。不过若论知名度和社会影响力，《翠鸟》反倒更胜一筹。不仅有诗评家拉尔夫·莫德（Ralph Maud）、爱德华·福斯特（Edward foster）及托马斯·梅里尔（Thomas Merrill）等赞不绝口，认为“《翠鸟》以诗歌的形式完成了诗论散文《投射诗》所提出的诗学主张”①；就连一些历史学、政治学学者也钟爱有加。如佩里·安德森（Perry Anderson）在论著《后现代性的起源》（The Origins of Postmodernity）中就以《翠鸟》为范本，结合文本中的三个地域意象“陕西”“吴哥”“尤卡坦”深入阐述了后现代谱系的生成特点。能够赢得学界各方的普遍赞誉，不仅在于《翠鸟》成功践行了奥尔森的投射诗学理论，为黑山诗派创作提供了重要典范，更在于它以奇妙的诗学形象，积

---

* 本文为国家社会科学基金项目《美国后现代诗歌与中国第三代诗歌比较研究》（11CWW004）和全国高校外语教学科研项目“美国后现代诗歌在中国的译介传播及汉化机制研究”（2014SX0001A）阶段性成果。

极参与并推动了二十世纪下半叶后现代政治文化的建设。其对未来社会的许多预言和设想正在不断被印证、实现。

一、对红色东方的诗学想象

《翠鸟》创作于1949年，这是一个具有划时代意味的时间点。“二战”后美苏同盟关系破裂，东西方在政治、经济、军事、文化、意识形态等诸多领域紧张对峙。当共产主义在1949年的中国取得实质性胜利时，西方世界一度恐慌、焦虑，对红色革命持以巨大敌意。奥尔森正是在此政治幕景上创作完成了《翠鸟》。

奥尔森有过从政经历。“二战”期间，他曾任职美国战争信息办公室，后又积极支持罗斯福的总统竞选，出任民主党全国委员会外联司司长。1945年后，他退出政坛而专注于文学创作，任教多所高校。从政治家转向作家、知识分子，并没有使奥尔森放弃对社会政治的关注。在他看来，政治原本就是现实生活的重要组成部分，你可以不以其为职业，但却不可无视它的重要作用和巨大影响。对于知识分子而言，向政治发言更是不可推卸的职责。在这方面他做得非常出色。当庞德因“叛国”罪名被限制人身自由时，奥尔森多次前往伊丽莎白精神病院探访，并为他辩护；因广岛和长崎的原子弹事件，他在1948年坚决反对再次提名杜鲁门任民主党全国大会代表。对社会生活的积极介入，使奥尔森诗作具有极强的现实针对性和政治意味，“奥尔森特别倾向于暗示某件事的政治意识，仿佛文化的政治诠释是底线”。[②]《翠鸟》即是如此。

1949年1月底，中国人民解放军开进北京，完成了东北解放。奥尔森几乎同时开始了《翠鸟》的创作；同年4月，渡江战役行将打响之时，初稿完成，5月，最终定稿。[③]此时中国革命正处于紧要关头，中国共产党已控制了中国领土的大多数，并在军事政治上取得了较大优势，“但中华人民共和国还没有成立，重庆、广州等大城市还为国民党所控制”。[④]在此背景下，奥尔森以其特有的政治敏感和文化立场，将这场尚未彻底完成的东方革命与西方社会联系在一起，在艺术空间内对未来世界格局做出大胆想象。不过奥尔森的真实意图绝非要展开意识形态辩诘，而是从文化层面出发，以非西方的“他者”为参照，揭示现代社会所隐伏的深重危机，并努力寻求纾解之策。

二、翠鸟西飞的后现代隐喻

《翠鸟》共分三章，其中第一章篇幅最长，由五小节构成。[5]

第一节起句即是惊警之语，“不变化的/是变化的意志”（750）。“变化”的主调由此确立。接下来诗人写到，面对刚刚捕获的漂亮翠鸟，自己还是难以摆脱昨日晚宴上的不快。当时那些高谈阔论的朋友们对翠鸟满是不屑，“翠鸟？/如今谁还/稀罕/它们的羽毛？”（751）。只有诗人自己明白，没有翠鸟，池塘将是一摊烂泥，没有翠羽，就没有举世闻名的吴哥窟遗址，“翠鸟的羽毛是财富”（751）。据传，当年柬埔寨统治者正是用翠羽换取黄金，才得以修造吴哥窟的。然而时至今日，伴随古老文明的衰落，曾被奉为天赐之物的翠羽已变得一文不值。当然，真正让诗人忧心忡忡的并不是翠鸟本身，而是翠鸟所承载的象征意义和文化内涵。翠鸟的命运，集中反映了东方传统的隐没以及世界文明的同质倾向。

第二节在语义上稍有错转，“我考虑着石头上的 E 字，考虑着毛泽东说的话。/曙光/可是翠鸟”（752）。“E 字”来自希腊历史家普鲁塔克（Plutarch）发现的“石头之谜”。这位智者在德尔斐神殿的柱子发现了刻有“E”形的文字，但经年未得其意。“毛泽东说的话”是指 1947 年 12 月底毛泽东在陕西杨家岭中国共产党中央委员会上所作的报告。[6]诗人用“翠鸟”“E 字符”“毛语录”三个意象，将吴哥窟的僧侣文化、前苏格拉底文化，以及中国当代的红色革命串联起来，勾勒出一套游离于西方正统的异质文化体系。这当中，东方僧侣文化和前苏格底文化已遭现代文明严重侵蚀。即便有人试图通过历史遗迹去复原它们，也无一不以失败告终。脱离特定时代背景与文化坐标轴后，这些遗物仅以物态的能指符号而存在。其所指涉的事物、价值和意义，在历经后人的反复揣度后，不断丰富也不断模糊，最终面目全非，沦为仅供观赏的历史标本，“传奇就是/传奇。死了。挂在房间里，翠鸟”（752）。在东方僧侣文化中，翠鸟不仅是物品交换的中介，而且是祈福避祸、保佑平安的通灵之物。但在现代社会里，其原有的抒情气息与神秘意味被彻底清除，“并不意味着一帆风顺，/也不会阻止雷电霹雳。也不会因为/和新年同禁止七天而使这片水域变得宁静”（753）。

“翠鸟已成为被人废弃的虚构（传奇终究是传奇），这也反映了西方文化的堕落”。[⑦]苏格拉底之后的西方文化实质是一套建立在数理基础上的形而上的符号系统。它所使用的抽象符码以及逻辑编码程序，将使阐释对象“格式化”，造成生命感受和神性魅力大量流失，“对于普鲁塔克来说，翠鸟包孕着毕达哥拉斯（Pythagoras）的‘数’的隐秘，但在奥尔森看来，翠鸟只不过是用于各类仪式庆典的物品。无论是古文字还是翠鸟，其原初本包含的意义都早无从考究，尽管达文波利特（Davenport）还曾在诗歌中用一长串的注释与推论阐释它们。”[⑧]即便如此，西方文明还是自恃强大的理性科技，在世界范围内攻城略地，众多异质文化传统因之纷纷陷落。翠鸟以及E字符的命运已说明了这一切。那么，大洋彼岸的红色革命又将遭遇什么境遇呢？它将重演翠鸟的悲剧吗？在众多西方人断言这场革命将以失败告终时，诗人却寄予其以全部光明与希望：

曙光
可是翠鸟
就在
可是翠鸟向西飞去
我们前头！
他胸前的颜色
得自落日的余温。（752）

这段诗节的第一、三、五行，是对毛语录“曙光就在我们前头”的化解，第二、四、六、七行则是对翠鸟的记录。诗人有意切割语意，将毛语录与翠鸟交错配置，目的是要在毛语录引导的中国革命与振翅飞翔的翠鸟之间建立一种类比关系。二者都立足当下并以持续的“动”来创建全新未来。于此不难看出奥尔森对中国革命的赞扬和支持。

诗作中，翠鸟不知疲惫地飞翔，在河沟衔枝筑巢，产卵孵雏，孕育新的生命；而毛泽东的发言亦铿锵有力，对战争持有必胜信念，要求将革命进行到底，“毛总结说，我们必须\ 起来\ 必须行动！”（753）。它们都应合了奥尔森所期盼的理想人格：在由能量流动构筑起的宇宙中，“你，必须，在行动”，唯有以行动来回应宇宙变幻者才是真正的强者、最终的胜利者。翠鸟的复活与繁衍，预示着东方文化的现代复兴，预示着古旧中国在革命浴火中的重生。作为行动者而非冥想者的中国共产党，将如翠鸟更生一般创造红色革命的辉煌。

历史证明，奥尔森的预见是极其准确的。但作此断言，他主要调用的并非政治实践经验，而是独特的时空意识和历史观念。在他的理解中，西方正统文化虽以强大的理性力量牢牢控制了话语权力，但却不断制造并扩大着人与自然、主体与客体、体验与理念的裂痕，最终严重妨碍了生命能量的流动、削弱了人类的行动能力，“它们（逻辑和分类），从根本上改变了人们的思维习惯，妨碍了，我觉得是严重妨碍了行动”。[⑨]不过西方文化的积弊却又不断召唤着东方世界的崛起，并催生了足以改变全球五分之一人口命运的大革命（中国的无产阶级革命与共和国政权的建立正是以西方马克思主义为理论指导的）。这场红色革命在奥尔森看来非但不是对西方社会的威胁，反倒以一种充满生机活力的异质力量拯救日渐沉沦的西方文化。翠鸟复活并西飞即是此寓意。

在奥尔森构筑的文化体系内，东方与西方，传统与现代不再具有明确界限，它们此消彼长，但又相互融通，呈现复合多元的共生形态。以逻各斯中心主义为内核的西方文明在此不再拥有任何特权。这种文化理想高度契合于二战后兴起的后现代主义思潮。而事实上，奥尔森正是在文化领域内最早提出“后现代”的学者。1951年，与好友罗伯特·克里利（Robert Creeley）的通信中，奥尔森多次使用“后现代”概念。他认为1945年的原子弹投已昭告世人，理性意识的破坏作用已远超它的建设成果。人类在倚靠理性而强化自身主体地位的同时，又不断让渡生命本身，沦为被动执行理性指令的肉身机器。人类社会将进入一个由生物化学与电子技术主宰的畸态时代，“人类已成为计算机器的形象”。[⑩]正是带着对后现代社会的深刻反思，奥尔森才在诗作中热情瞩望着西飞的翠鸟，对东方红色革命表现出极大的理解和支持。

三、古老图符中的文化嬗变

首章前两节主要描述了远古文化的衰败、批判了现代社会的畸变、预言了东方文明的勃兴。在此基础上，后三节紧紧结合E字符，展现了异质文化之间的冲突、融会与持续嬗变。在远古文化中，人类并不享有宇宙中心、世界主宰的特权。他们任将自己抛入天地之间，与丛林、石头等一切自然之物紧紧相拥。但这种自在自为的状态却被现代文明以极不文明的方式侵犯、破毁，“当注意力发生变化 丛林/跃进来/连石头都被劈开/它们碎裂”（753）。这些侵入者以文明人自居，他们是苏格拉底的传人、柏拉图的弟子、亚里士多德的随从，“那一个我们生来就更熟悉的征服者/他酷似我们自己”（754）。正像孕育人类的自然最终被理性利刃砍得体无完肤一样，远古文化也无可逃避地被现代文明绞杀，仅留下少数难以辨识的印迹，“但是那个E字极粗暴地刻入那块最古老的石头”（754）。E字符经历了远古文化的浸染，承载着古老的思维方式与生命状态。但对后人来说，它“发出另一种声音”，“每人听到的都不同，就像，在另一个时代，每人使用的财富的方式不同一样。”（754）现代人的艰难解读很可能只是误读的叠加，看似严密的逻辑阐述，不过是对历史遗产的爆破，“对于历史学家费尔南及那些自以为是的听众而言，德尔斐神庙的E字就如翠鸟的羽毛一样只是文化想象中的一个论题”。[11]

不过奥尔森没有就此放弃对E字符的探秘。对于远古文化，他有着绝大多数现代人都不具备的丰富认知。根据自己对玛雅文字、苏美尔文字的研究经验，奥尔森认为最早的文字当是表意性的，通常以图画的形式承担表义功能。那么根据线条开口方向，“E”极有可能指示的是东方（east）。奥尔森的猜测或许只是一家之言，但却显露出一种独特的思想观念，那就是“以‘E’字的开放的线条结构重新确立了变化原则，并且通过它将前苏格拉底、亚洲神秘主义与希腊有机联系在一起”，实现了古今东西的文化的融通；而这种开放的文化观念作用于政治领域，就是要打破森严的国族边界和意识形态壁垒，“冷战设计者像乔治·凯南（George Kennan）和迪安·艾奇逊（Dean Acheson）都将苏联视作威胁，而将亚洲视作封闭而神秘的国度，这都是有违西方的自由开放原则。但奥尔森却要努力挖掘东方的潜力，而绝不将其视作一个任人揣度的古代图符。”[12]

滑行在漫长的时空隧道内，E字符以内涵的不断更易，提示“变化”实乃宇宙运行的恒常准则。世间万物都以一连串的“死亡”而完成演变，“不是一次的死亡而是许多次死亡，/不是聚积而是变化，反馈已经证明，反馈就是自然法则”。（756）无论细微之物还是宏阔之景，都无法阻止消失的命运，“当火熄灭天空就会死去/谁也不会留下，一切都一样”。（756）通过对“变化”的反复强调，奥尔森廓清了他与庞德的界限。庞德喜欢回望过往，并常常将某一久远的时空段落想象为天堂圣景；奥尔森也常常怀旧，但从不掩饰古老文明崩坍后的满目疮痍。在“变”的观念支配下，历史、现实、未来相互交汇，历史残骸的价值体现，就是为当下现实提供参考，以设计更加合理的未来蓝图。在此意义上，无论翠鸟还是E字符，它们都将在东方红色革命的巨大胜利中绽放光芒。

四、文化重建与政治预言

进入第二章，诗人转入回忆，描述了自己走访印第安人族群时看到的殡葬仪式，“他们让死者保持坐姿将他们掩埋/蛇　手杖　剃刀　阳光”。（758）在印第安人的观念中，生与死仅仅是生命状态的调整，逝者不仅携带着图腾圣灵蛇，生活所用的手杖、剃刀，还要与阳光、大地、自然万物相伴，“那儿，白骨抛在地上，每人一堆/旁边搁着他们心爱的对象，蒙古寄生虫/总在周围繁衍”。（758）未被现代文明洗礼的印第安人不会殚精竭虑地思考生命的价值、生存的意义，而只是生机勃勃地承受着宇宙能量的灌注，与天地万物同生共长。其对生的珍视、死的豁达，都远超出现代人的想象。在奥尔森看来，长期为逻各斯中心主义统治的西方社会早已积弊重重，“他们在论证，解析，分类，这样便中止了事物的发展”[13]。而印第安人“天人合一”的文化形态恰为纾解危机提供了良方，“光芒在东方闪现”。

只是为何要将美洲土著印第安人划归东方呢？原来从种属起源来看，印第安人属黄种人，是在两三万年前经白令海峡从亚洲移居美洲的。他们很早就开始在美洲大陆上种植玉米、马铃薯等作物，还创立了象形文字、制定了天文历法，形成了以玛雅为代表的古文化体系。不过自16世纪后陆续进入美洲的欧洲殖民者，很快就以血腥屠杀剥夺了印第安人的统治权，征服了尚处萌芽状态的美洲文明，成为“西方”的实际主宰。原本作为欧洲文化源泉的希腊罗马文化也成为了整个西方世界的文化正宗。奥尔森将先后统治美洲大陆的印第安人和欧洲殖民者称为“那两个首先来到这儿的人”，他们“都是征服者”，但“一个医治，另一个打破东方的偶像，推翻的围墙”。（759）前者以野蛮人身份创建了美洲的自由与繁荣，后者顶着文明人的礼帽，制造了令人发指的种族灭种，让大地血流成河。何为文明，何为野蛮，何为进步，何为落后？奥尔森不禁厉声斥责西方社会的罪恶本质，“什么样的堕落面对我们/多么可畏，夜的休憩和邻区会腐烂/什么会在肮脏是法则的地方繁衍/什

么在下面/蠕动”。(760)

带着对西方世界的“深恶痛绝”，诗人在第三章表达了“弃暗投明”的意愿。虽然身为西方人，但奥尔森并不因此苟同于有违宇宙运行法则的西方文化体系，“我不是希腊人，不具有那种优势。当然，也不是罗马人；他们可以自由地去冒险，特别是为寻求美而冒险。”(761)推崇冒险，目的不过是抬升人的主体地位，此举将严重破坏人与自然的和谐关系，而以“美”的名义展开的冒险更是对“美”本身的玷污。真正的美要顺应于宇宙能量流转，它更贴近于东方古典的朦胧美或远古文化的混沌美。为此奥尔森决意切断与西方文化母体——希腊、罗马的联系，而追随更符合人性和宇宙准则的印第安人，与他们结亲交友。为此，诗人常常遭到西方主流文化的压制和驱遣，被指认为“异己”“流氓”。但他没有屈服，“生活还将继续下去”，他仍以最大的努力去亲近那些“泥土和石头”，与自然相伴。诗人在决绝反抗中不断表达文化重建的愿望：用以印第安为代表的异质文化来消解西方逻各斯中心主义，革除独断专行、虚伪残暴的民族习性，重建人与自然、灵魂与肉体、物质与精神的和谐关系。

需要注意的是，奥尔森的文化建设非常注重实践性，而不满足于一般的理论规划。这正如诗人在《人类宇宙》所宣称的，“目的从未超越此刻，从未超越此刻的你，明确了目的而如此这般行动的你。假如存在任何绝对规律，那么就只有这么一个规律：你，此刻，在行动。”[14]确实，奥尔森创造的艺术空间是动态开放的。对于社会生活，它始终持有强烈的介入欲望，即便是重拾历史遗骸，也不离当下现实的需求，“今日的视域仍在生成过程中，因为我们仍须不断修正我们形形色色的偏见。其中很大一部分重要的修正工作发生在我们遭逢历史、解读传统的过程中。离开了过去，我们就无法确定我们的视域。[15]他对翠鸟、E 字符、印第安文化的反复书写，绝不是简单的吊古寻幽，其最终目标还是要以东方红色革命来改造西方文化传统，革除现代社会所遭遇的重重积弊。

《翠鸟》结尾写到，“我用你提出的问题来问你：/你会找到甜蜜吗　蛆虫在哪儿/我在石头间搜索”。(762)对于这位在石头缝间寻找真理的“行动者”来说，诗歌除却纯粹的美学追求，更承担着观照现实、改造社会的重任。但这并不是说，奥尔森将诗歌当作了意识形态的附庸、政治斗争的工具；恰恰相反，奥尔森在写作中始终执守着知识分子的独立意志和批判立场，从不将诗歌创作与任何集团利益发生关联。他对社会政治的评判，更多是站在历史文化层面而完成的，内中有坚实的哲学观念为支撑。其绝大多数创作，虽然取材社会政治，但内容却是历史文化的、形式亦是艺术审美的。以中国革命为创作幕景的《翠鸟》，就在主题上超越了意识形态，而在宏阔的历史空间内展开深层文化批判，以鲜明丰满的诗学形象突显出传统与现代、东方与西方的繁复关系，有力推动了社会政治、思想文化的后现代转向，“他力图按照他所提出的演进方式，在后现代语境下去赎回人类自我意识或重建我们对历史的认知。”[16]正因如此，《翠鸟》方才跨越诗学边界，辐射、牵动历史、政治等诸多领域，成为文坛学界频频征引的后现代经典文本。

注释：

① Nicholas Boone, Truth and Method on Black Mountain: The Hermeneutic Stances of Charles Olson, Athletic: Auburn University, 2007, p. 28.

② 萨克文·伯科维奇：《剑桥美国文学史：诗歌和文学批评》，马睿等译，中央编译出版社 2008 年版，86 页。

③《翠鸟》是到 1950 年才公开发表的，刊登在《蒙特瓦洛评论》（Montevallo Review）1950 年第 1 期。

④ Perry Anderson, The Origins of Postmodernity, London and New York: Verso, 1998, p. 8.

⑤ 本文所引《翠鸟》的中译文由王恩衷翻译，均出自王家新：《欧美现代诗歌流派诗选》，河北教育出版社，2003 年版。本文以后引用，仅在正文中随文标注页码。

⑥ 奥尔森对于中国革命形势、中国共产党政权了解主要通过他的两位朋友：让·里布（Jean Riboud）和卡蒂埃—布雷松（Henri Cartier-Bresson）。《翠鸟》中所引用的毛泽东语录源自从让·布里那里得到的法文译本。（参见 Perry Anderson, The Origins of Postmodernity, London and New York: Verso, 1998, p. 8；以及 Ralph Maud, Charles Olson's Reading: A Biography, Southern Illinois University Press, 1996, p. 26. ）

⑦ Anthony M. Mellors, Late Modernist Poetics: From Pound to Prynne, Manchester and New York: Manchester University Press, 2005, p. 34.

⑧ Michael Davidson, Guys Like Us: Citing Masculinity in Cold War Poetics Chicago: University of Chicago Press, 2004, p. 207.

⑨ 查尔斯·奥尔森：《人类宇宙》，孟亮译，《诗探索》2015 年第 3 期，240 页。

⑩ George Butterick, Charles Olson and Robert Creeley: The Complete Correspondence,

Vol. 7, Santa Barbara: Black Sparrow Press, 1987, p. 234.

⑪ Thomas Merrill, The Poetry of Charles Olson: A Primer, Newark: University of Delaware Press; London: Associated University Presses, 1982, p. 73.

⑫ Michael Davidson, Guys Like Us: Citing Masculinity in Cold War Poetics, Chicago: University of Chicago Press, 2004, p. 208.

⑬ Charles Olson, Selected Writings of Charles Olson, New York: New Directions, 1967, p. 55.

⑭ 查尔斯·奥尔森:《人类宇宙》,孟亮译,载《诗探索》2015 年第 3 期,240 页。

⑮ Hans Gadamer, Truth and Method, London: Continuum, 2004, p. 305.

⑯ John Wrighton, Ethics and Politics in Modern American Poetry, New York: Routledge, 2010, p. 27.

(尚婷,女,山西运城人,文学硕士,太原师范学院外语系副教授,研究方向为 20 世纪美国诗歌研究)

论普拉斯与塞克斯顿诗歌创作中的女性意识

◎熊北雁

摘　要： 美国自白派诗歌代表作家西尔维亚·普拉斯和安妮·塞克斯顿对现代女性的生活以及命运进行了深刻地思考，在诗歌中对传统男权文化提出质疑。分析她们的诗歌，讨论她们作品中反映出的女性在传统男权社会中的生存困境，希望女性坚定地去反抗男性权威，找寻自我存在的价值，也揭示出女性解放运动进程中女性自我发展与社会要求的矛盾导致女性陷入的“角色危机”。她们以女性特有的敏感，细腻地挖掘女性自身独特的体验，通过对女性主题的深入探讨建立起60年代美国女性话语内容，代表了一种诗歌的潮流。

关键词： 西尔维亚·普拉斯　安妮·塞克斯顿　女权运动　女性意识

引言

第二次世界大战之后，美国社会生产力迅速提高，经济持续繁荣，人们处于一个巨大的社会转型期，一系列反战运动、黑人民权运动、女权运动、各类示威活动等此起彼伏。弗洛伊德主义、德国存在主义哲学等艺术形式在美国流行开来，受T·S·艾略特影响而在美国诗坛长期占据主流位置的形式主义、保守主义等学院派诗风以及“非个人化”、“客观性”原则已不再那么适用，“诗人们开始推崇一种大胆的、简单易懂的语言风格，追求自然清新的创作方式，源于生活，贴近生活，并转向个人性和主观性，更富有自我意识，敢于揭露自我内心及自己的经验”①，这一切促使了“自白派”诗歌的产生，它是由罗伯特·洛威尔（Robert Lowell）倡导的，兴起于五十年代中期，盛行于六十年代，因其空前彻底的自我剖白，令人惊讶的坦陈直露成为战后影响深广的诗歌流派之一。西尔维亚·普拉斯（Sylvia Plath）和安妮·塞克斯顿（Anne Sexton）是自白派第三代的代表诗人，她们的创作将自白派运动的发展推向了高潮。

普拉斯与塞克斯顿所处的时代正处于激烈的社会动荡之中，传统的价值观念和道德准则受到怀疑和批判，妇女解放运动出现了新浪潮，许多妇女已经不再满足于做家庭主妇，或是供男子玩耍的花瓶。她们中的许多人走向社会，要求平等与独立，并开始了对人生以及女性自我价值的思考。这种妇女意识的觉醒表现在文学中就是反传统的女性文学，而普拉斯和塞克斯顿的诗歌创作正是在重建女性文学的思潮鼓舞下产生的，“虽然普拉斯的诗歌创作和生命在女权主义的新意识开始表现自己之前就结束了，但是她的作品已经成为女权运动的一个试金石，她和塞克斯顿代表了一个诗意的潮流，它是女权运动最初阶段文化特性中的主要方面”[②]。

一、传统社会角色导致的女性生存困境

美洲曾经是欧洲人的殖民地，因此他们必然继承了欧洲的文化和价值观，女人待在家中服侍男人这种传统的欧洲妇女观在美国殖民地根深蒂固。美国工业革命的开始促进了男女分工的发展，剥夺了以家庭作为生产场所的职能，在美国社会广泛确立起男人在外从事生产劳动，女人在内专事家务和育儿的分工模式，那种认为女性的传统角色就是单一的家庭角色，即只能作为母亲、妻子而存在，她们承担的责任和所履行的义务都应该属于家庭的观点得到社会的默认。美国大萧条时期，出于经济上的需求，就业妇女的人数不断增加，二战爆发后，为满足社会与就业对于大量劳动力的需求，许多妇女纷纷离家，像男子一样工作，社会广泛宣传和赞扬工作的妇女。然而二战后的美国，“传统主义是很有生气的，家长制的历史也被蒙上了一层罗曼蒂克的色彩。战争岁月里的清苦生活使得亲密的家庭诱人了”[③]，媒体舆论和社会专家告诫妇女，她们的本分就是努力成为贤妻良母，那些追求自己的事业、受高等教育、享受政治权利的某些女人是神经不健全的，是不幸福的，是值得怜悯的，妇女们“一遍一遍地听到传统的呼声和弗洛伊德复杂理论的说教，说她们只该在自身具有的女性特征内荣耀一番，舍此不能别有企求”[④]，因此二战后的很长一段时间里，美国妇女的梦想就是做一个“生活在郊区的家庭主妇”，对她们而

言，那样就是寻求到了女性真正的满足。

普拉斯作为一位敏感的女诗人，对现代女性的生活和命运进行了深刻冷峻的思考，她认为社会宣扬的所谓理想的婚姻对于女人来说在某种程度上是痛苦的，由于她们在经济上完全依赖丈夫，因而她们处在一种被支配的地位，在这种情况下，她们是男人的附属品，女性真正的自我又在哪里？在《申请人》（Applicate）一诗中，普拉斯用推销者的口吻向申请人推销一个作为商品的妻子，表现了在传统男权制社会里单一家庭角色对妇女的要求，在深层意义上刻画了男女婚姻中的不平等。诗中推销员向申请人推销自己的商品——首先是一只“愿意／端来茶杯，揉走头痛／你要它干什么它都干／……临终时为你翻下眼睑／溶解忧愁”的手，很显然，申请人的性别应该是男性，而女性其他器官在这里已被淡化，仅仅被物化成为一只手。接着推销者又向申请人推荐了一套黑色的具有多功能的衣服，这里衣服可以指代女性，有句话说“女人如衣服”，合适就穿上，不合适就脱掉，决定权掌握在男人手中，表现了女性在婚姻中的被动与悲哀。诗中最具讽刺意味的是被推销者不断吹捧的男人的头竟是空的，解决的办法是选一个女人，如果没有女人，男人的头脑就会空洞一片。在婚姻开始时，女人“像一张纸般一无所有”，但是她“二十五年变成银的／五十年变成金的”，在这里，作者暗示女人的价值与她维持婚姻时间的长短有密切的联系，也就是说如果没有了婚姻或者不被男人选择，女人的价值就无从体现。最后推销者强调她只是“一个活玩偶”，“会缝纫，会烹调／还会说话，／很派用场”，女人在这里仍被物化，干着性别标签指派给“它”的活，展现出女性在不平等的婚姻生活中扮演的充满悲剧色彩的家庭角色。爱琳·艾尔德曾指出“普拉斯的独特性在于她自始至终表明女性的家庭、生育、婚姻世界也是一个包含着悲剧的世界”[⑤]。

然而，就如贝蒂·弗里丹所说的“就算男人像对小孩，对玩具娃娃，对一件装饰品那样宠爱她，就算男人给了她红宝石、绸缎、天鹅绒，就算她在家里感到温暖，跟孩子们在一起有一种安全感，难道她就就此满足，不再有别的什么期望了吗？”[⑥]在婚姻中她们根本不是作为一个真正的人而存在的，只是丈夫拿来伺候他、抚慰他、必须对他言听计从的一件工具，一个没有灵魂的“活玩偶”而已，甚至用了无性别的饱含侮辱意味的“它”来指代，这对于女人来说难道不是一种悲哀吗？

作为中产阶级的代表，塞克斯顿对女性传统社会角色也提出了质疑，现实是什么？女人理想的婚姻是什么？难道就是像个洋娃娃一样甘愿被困在狭窄的空间里，假装对男人自认为的他们对女性的慈悲和宠爱满怀感激？在《结局，中段，开头》（End，Middle，Beginning）一诗中她刻画了女性被动的命运及生存处境："岩石压着她的身体／迫使她日益缄默／虽不至于致命／却也满身青瘀……他们将她困在球中／她也只是蜷起身子，假装那是洋娃娃温暖的家／……慢慢的，爱情褪色消散／船儿变成了纸船，最终，她明白了自己的命运"[⑦]，在这首诗中"岩石"代表传统男权制社会的压制语境，"缄默"、"青瘀"等词语暗示女性在这种语境中的生存状态，她们在一个像"球"一样狭窄的空间里扭曲成长，当爱情逐渐地"褪色消散"，代表坚固大船的男性原来只是一艘小小的"纸船"，依附男人的女人的命运也随之没落。像普拉斯一样，塞克斯顿本人的婚姻也是不幸的，她的《夫妻》（Man and wife）的副标题就是"述说婚姻中的痛苦"，诗歌表现婚姻中的痛苦带给女诗人无法言语的窒息感，诗人说"我们不是情侣／甚至彼此陌生／我们表面相似／但是我们的灵魂并不默契"，语气中透出一种无奈和压抑的情绪，由于女性被繁重的家务缠身，她们没有机会去接触外面的世界，感受时代的进步，最后慢慢丧失了与丈夫的沟通能力，夫妻竟成了最熟悉的陌生人；在《家庭主妇》（Housewife）中塞克斯顿声称女人们"嫁给了房子"，她们无法按自己的模式生存，只能整天忠实地劳动，直至把自己累垮，塞克斯顿认为在婚姻的藩篱中，重复的家庭生活已将女性异化，使她们逐渐丧失了自我。

由于女性不能主宰自己的命运，不能拥有自己的理想，在社会中她们属于弱势群体。在这种社会环境下，普拉斯和塞克斯顿将女性内心的挣扎诉说出来，成为广大女性的代言人，她们对女性生存的现状表示强烈的质疑，通过诗歌暴露了女性个体生存的困境。"她们的诗暗合了当时女性运动的主题，在描述与她们处于同一时代妇女的生存处境的同时，敏锐的触及每个读者的痛楚，反映了当时社会现实的神经质"[⑧]。

二、女性对传统社会规则的反抗

随着女权运动的进一步深入开展，一些妇女认识到她们必须从自我需求和能力出发，摒弃传统的性别模式，为自己规划新的生活蓝图。在普拉斯和塞克斯顿的许多诗歌中，诗人鼓励、号召广大女性勇敢站起来，向传统的男性权威提出抗议。作为与男人地位平等的女人，要去积极寻找自己的主权和主体意识，向男人证明“女人并不是一面被动的，只反映外在的镜子，并不是一件装有花边但毫无用处的装饰品，并不是一种没有思想的动物，并不是一种连自己的存在都不能证明，听凭别人摆布的东西”[9]。在两位女诗人的心中一直希冀着一个两性平等自由、没有压迫的世界，在这个世界里女性不再是在男性意志下生存的女性。

普拉斯自称《爸爸》（Daddy）是一首有恋父情结的女孩所作的诗，诗中把父亲和丈夫分别比作法西斯分子和吸血鬼。她父亲在她十岁那年去世了，这给幼年的普拉斯造成了深深的心理创伤，在诗中她大声疾呼“爸爸，我早该杀了你”，表示作者努力摆脱父亲对自己的影响，诗中“父亲与纳粹”的意象在后面又延伸为“丈夫”，她用了整整一节诗，将自己的怒火发泄到过去的丈夫身上：“假如我杀死一个男人，或两个——/他自称就是你的吸血鬼/喝了我一年的血/如果你想知道真相，已有七年”，了解诗人生平的人都知道“七年”的含义[10]，诗人将自己的丈夫比作“吸血鬼”，并将其杀死，诗人说“假如我杀死一个男人，或两个”，她不仅宣告了恋父情结的结束，更是对令人感伤的爱情与婚姻的彻底弃绝。在这里，“她不仅仅摆脱了自己的噩梦，也寻回了普天下妻子的主权和主体意识”[11]，全诗以尖锐的语言、极端的描写把诗人对大男子主义的愤慨和受此压迫的女性的哀怨表达得淋漓尽致。《女拉撒路》（Lady Lazarus）也被认为是普拉斯的一首女性主义作品，整首诗是一个暗喻，诗人把自己比作一个能够起死回生的女人，向代表传统男权社会的“上帝/魔鬼”发出挑衅的宣言：你得小心，我披着一头红发在灰烬里复活了，但此时我已不再是那个微笑的女人，而是一个食人如食空气的女妖。

传统社会认为女性的形象应该是“家庭的天使”，或者“男性的附属”，就连许多女性也认为她们应该努力使自己成为社会以及她们的丈夫所希望的那种类型，然而塞克斯顿却大声地表示拒绝，她用女诗人感性的语言和丰富的想象否定男性定义的单一女性形象，甚至不惜称自己是“女巫”，是“荡妇”。在《她的类型》（Her Kind）一诗中，主人公“我”有三种角色，第一种角色是勇敢、疯狂的“女巫”，诗人在诗中运用了“黑色”、“罪恶”等词语来表示“我”与男性眼中的“天使的形象”有巨大的差异；第二种角色是一个家庭主妇，但不同于传统意义的家庭主妇，她敢于“抱怨”，表达自己的不满，在另一方面诗人也肯定了女性在日常生活中的价值；第三种角色是一个裸露臂膀的荡妇，洛伊斯·班纳在《现代美国妇女》中谈到弗洛伊德论者们强调“对妇女来说，真正性生活的满足是以做母亲为基础的”[12]，在婚姻中男人占主导地位，而女人只是屈从，但诗中的“我”竟敢公然裸露自己的臂膀，勇敢追求性解放，并不在乎被人当作一个荡妇，这需要很大的勇气。在每节诗的最后一句，叙述者运用第一人称反复强调“我就是她那种类型”，而不是说“我这一类型”，表明叙述者对自我身份多样性的认定，表达了在这个两性世界里女性人格具有的多重性。塞克斯顿用自白的真实表现女性内心的真实，她意识到在女性体内被男权文化压制和抹杀的不同人格的存在，在她的诗中这种存在被强调和肯定着。

波伏娃在《第二性》中提出传统社会“定义和区分女人的参照物是男人，而定义和区分男人的参照物却不是女人；她是附属的人，是同主要者对立的次要者。他是主体，是绝对，而她则是他者”[13]，在传统封建枷锁长期的束缚下，女性被灌输的思想是她们天生就是弱者，与男性相比是“第二性”，然而，就像波伏娃所说的那样：“一个人不是天生成为女人，而是变成女人的，没有生理的，心理的或经济的命运能够决定人类女性在社会中的形象”[14]。

三、女性自我发展与社会要求的矛盾导致的“角色危机”

贝蒂·弗里丹曾谈到在美国1945年到1960年期间上大学的女生们几乎无一例外地在大学里学到一点，即除了结婚和生孩子之外，别对任何其他东西太感兴趣。二战后，随着和平的到来，女性回到传统角色再次成为美国公众关注的中心。当时的美国教育体系对早已过时的婚姻形式大加赞赏，并对在校女大学生不断灌输传统的女性角色观点，告诉她们结婚做母亲就如同进入天堂那么幸福。

普拉斯正属于成长于这一时期的女大学生，得益于二战后美国迅速复苏的经济与高等教育，普拉斯及其他同龄女性能够与男性一样接受高等教育。她本人才华横溢，一方面渴望发展个人兴趣，施展自己的才华，另一方面又不断受到来自社会、家庭对她施加的压力。她是一个将诗歌看作自己生命的诗人，她渴望通过诗歌作品寻求生活的意义，找寻自我存在的价值，与其他普通的女性相比较，她更有自我意识，更追求事业的成功，她与英国桂冠诗人休斯的相识相恋直到闪电般结婚，在很大程度上也是因为普拉斯认为休斯会在诗歌创作方面给她许多有益的启示与帮助。然而在婚后，照料丈夫的起居，帮助丈夫整理诗稿，加上孩子的出世，各种琐碎的家务占去了普拉斯大部分时间，于是婚姻与事业的不和谐逐渐显现，性角色和诗歌生涯发生激烈冲突。当缪斯、母亲、妻子这三重角色发生激烈的无法调和的矛盾时，“结果不是她作为女人失败，就是作为诗人失败”[15]。普拉斯又是个极度敏感的女人，根本无法忍受这种挫败感，而长期以来她的情感与想象力找不到合适的途径来释放，使她的精神一直处于紧张状态，直到后来休斯背叛了他们的婚姻，压力终于冲破她心理承受的极限，最终导致其精神压抑与疯狂，致使她陷入严重的角色危机，所以不难理解她在后期写了许多充满死亡、复仇意象的诗歌，像《女拉撒路》《边缘》（Edge）等，由于本文主要探讨她们诗歌中的女性意识，所以在这里对其诗歌中的死亡意识不做讨论。

塞克斯顿是现代妇女解放运动的先驱之一，她也患有精神疾病，她开始创作就是听从医生的建议，希望通过写诗来治疗自己的疾病。她的精神疾病肯定有其生理原因，但也不能忽视社会原因，由于战后女性传统角色与个人追求之间的矛盾和现实与理想之间的冲突，使五十年代的美国妇女患上一种难以诊断的带有普遍性的“迷惘”精神病。塞克斯顿在与芭芭拉·凯沃斯的一次谈话中谈道：“我是美国梦——资产阶级、中产阶级的梦的受害者。我当时希望的只是拥有自己的小日子，结婚、生孩子。……我竭尽全力去过一种传统式的生活，因为我就是在这种生活中长大的，我丈夫也希望我如此。但你修的这道小小的白色围篱是挡不住噩梦的。……我精神开始崩溃”[16]。塞克斯顿的这番话也是广大妇女真实的心声。她在《坐着电梯飞向天空》（Riding the Elevator into the sky）中表达了希望自己能够超越肉体，实现真正的自我的愿望，她“（乘坐电梯）升到六十层，大树和天鹅都隐身不见／两百层，山峦静默如猫／五百层，信息和文字已千年般古老／六千层，众星闪烁／一柄巨大的钥匙，在远方开启”，在诗中诗人描绘了一幅梦幻般的画面，她幻想自己冲破地球引力（世俗的压力与束缚）升到高空，俯瞰曾经巍峨的山峦，她粉碎了天空，在众星的照耀之下她收获了“一柄巨大的钥匙”，这柄钥匙代表光荣与成就，也代表自己的梦想。

随着妇女解放运动的发展，妇女的政治、经济地位得以确立，许多妇女走出家庭去寻找那柄“巨大的钥匙”，于是妇女参与政治生活和经济生活的社会角色也相应产生，广大妇女“不仅继承了历史遗传的家庭角色，而且新添了各种重要的引起质变的新的社会角色”[17]，但“男主外，女主内”的生活方式在新的时期里仍旧长期存在，女性仍然是家务劳动的主要承担者，除此之外，她还必须承担起家庭之外的社会责任，接受社会和男性眼光的检验和评判。角色变化一方面带给妇女权利的复归，另一方面也带给妇女双重角色冲突的苦恼和新旧角色协调上的困难，使她们陷入左右为难的境地，类似的一些内在难题随着女性解放运动的进行渐渐浮出水面，如果不彻底解决这些难题，女性永远无法获得真正意义上的解放，对于这一点，塞克斯顿是很清楚的，她在《无知的诗人》（The Poet of Ignorance）中表达了自己那种无奈与失落，“我有一副躯体／我无法逃脱它／我很想飞出我的大脑／但那是不可能的／命运之书上面已经写好／我注定要囚于这人形之中”，“我”的灵魂被传统的社会世俗所囚禁，想挣脱束缚却发现一切努力都只是徒劳，因为“我”的命运早已注定，无法更改，我们也似乎听到了诗人绝望的哭泣。

女权主义批评者认为，一个女人要想做一个成功的作家，必然会丧失做母亲或情人的角色，这是社会对妇女的压迫所致。普拉斯和塞克斯顿对艺术生涯和生活之间激烈的冲突导致的角色危机有深刻的体会，她们都企图把传统方式的生活和诗人的生活结合起来，但最后都失败了，不过“她们的真实遭遇赋予了她们的作品一种超乎单纯的文学声音的重要意义”[18]。

四、女性话语权利的建立

美国著名女权主义批评家肖瓦尔特指出“女性写作是出于一种共同的心理和生理体验：青春期、行经、性心理的萌动、怀孕、分娩和更年期闭经等女性特有的生理过程体验及作为女儿、妻子和母亲的社会角色的独特心理体验等”[19]。普拉斯和塞克斯顿以女性特有的细腻挖掘女性自身独特的体验，不仅写女人繁重的家务，作为家庭妇女的痛苦和空虚，也敢于在创作中越过禁区，探索前人不敢问津的题材，在她们的作品中以巧妙的意象谈到了月经，怀孕，分娩，流产等，通过对女性主题的深入探讨建立起了60年代美国女性话语内容，为妇女作家开拓出一条道路，扩大了她们的经验领域。

普拉斯对女人生育的体验可以说是有着切身体会的，她生育了两个孩子，之前还有过两次流产，快乐过，也痛苦过。她的长诗《三个女人》（Three Women）以“生育”这一女性经验作为题材，通过产房里的三个女性的独白，表达女性在生育过程中的矛盾和挣扎，书写了三种不同的女性生命体验和生存状态，在诗中出现了白色医院，寒冷冬季，流着鲜红的血的噩梦，黑暗，婴儿等众多意象，不论是顺利分娩还是流产，都构成了与性和生殖相关的女性经验；《没有孩子的女人》（Childless Woman）表现了一个不能生育的女人的悲哀：“子宫／把它的荚摇得咯咯响，月亮／离开树梢，无处可去∥我的风景是一只没有掌纹的手，／……吐出的都是血——尝尝它，深红色！”诗中的女主人公希望自己能生儿育女，但她是“一只没有掌纹的手”，即不能生育，吐出的血是指月经，月亮“无处可去”暗示流出的月经没有归宿。对于一个女人而言，月经是女性重要的生理特征和性现象，代表女人的生育能力，但女主人公不能生育，因此她的月经象征的是死亡，她的身体也成了一片死亡的风景，全诗以死亡的意象告终[20]；在题为《隐喻》（Metaphors）一诗中，诗人以谜语的形式描绘了女人怀孕的状态和过程，全诗共九行，每行九个音节，与九个月的怀孕期相符合，诗中“大象”、“笨重的屋”等意象暗示孕妇的形象，用词精确，构思巧妙。塞克斯顿的描写更为直接，从不闪烁其词，她有一首诗题目就是《流产》（Abortion）：“该诞生的却消失了／从生的小草像细香葱一样坚韧／……我想知道任何脆弱的生命怎样才能幸存……”。

法国女性主义学派代表人物埃莱娜·西苏认为在传统的父权制社会里，妇女受到压制被迫保持沉默，而写作不但可以“实现妇女解除对其性特征和女性存在的抑制关系，从而使她得以接近其原本力量”，还可以“归还她的能力与资格、她的欢乐、她的喉舌，以及她那一直被封锁着的巨大的身体领域”，而由于父权制文化长期占据统治地位，妇女没有自己的语言，只剩下自己的身体可资依凭，于是西苏提出了“描写躯体”的口号[21]。

普拉斯的《郁金香》（The Tulips）描写了一位躺在医院病床上的女人的自白，诗人写道“我的身体如一颗卵石”，“从前从没有人像现在这样注视过我”，在这个由来苏水、药箱、手术刀和药棉签为媒介物的人际关系中，“我瞧见了自己，扁平，可笑，一个剪纸／影子”，诗人用自己的眼光打量自己，重新认识了自己的身体。塞克斯顿在《赞美我的子宫》（In Celeration of My Uterus）中骄傲地宣称“我就是这个女人的灵魂／我就是这个生命的主体和它的快感／我为你歌唱。我敢于生存／

哦，灵魂……／每个细胞都有一个生命／这里有足够的生命使一个民族兴盛／……为赞美作为女人的我”，女人的生育天赋是照亮黑暗的一盏灯，没有女人，人类的繁衍也将终止，所以诗人在这里赞美代表生育能力的子宫，她为女人是生命的缔造者而感到骄傲。塞克斯顿认为妇女解放首先必须实现性解放，《爱情集》（Love Poems）就是一部性解放的宣言书，《抚摸》（The touch）、《乳房》（The brease）、《我们》（Us）等从女性生理、身体感官等角度入手来歌颂性爱。《星期日评论》的查尔斯·西蒙指出“塞克斯顿的诗在主题上与波伏娃著名的女权主义著作《第二性》有相似的地方，就是她用令人惊骇的激烈声音唱出了波伏娃平静讨论的情感”[22]。

结语

不论后人如何评价她们，这两位才华横溢的女诗人惺惺相惜，互相撞击，互相推动，对女性的命运和生活进行了深刻冷峻的思考和解剖，用充满激情的语言描绘女性心理和精神体验，用诗歌表达出女性自我意识的成长与变化，用她们独特和敏感的心灵探寻被社会忽视的女性经验，突破了男性诗人统治的语域，正如有论者指出的：“女性话语只有从自身指涉向生命深处，女性意识只有成为洞见世俗人生的一种独立的审美意识，而不仅仅被她的社会性别禁锢在心时，才可以真正走出自我，到达生命的真实”[23]，普拉斯和塞克斯顿的诗歌创作无疑帮助女性向前大大迈进了一步。

注释：

① 唐根金：《20 世纪美国诗歌大观》，上海：上海大学出版社 2007 年版，第 161 页。

② ⑱丹尼尔·霍夫曼：《美国当代文学》（下），北京：中国文联出版公司 1984 年版，第 522、524 页。

③［美］洛伊斯·班纳：《现代美国妇女》，侯文蕙译，北京：东方出版社，1987 年版，第 225、228 页。

④ ⑥⑨［美］贝蒂·弗里丹：《女性的奥秘》，程锡麟等译，哈尔滨：北方文

艺出版社 1999 年版，第 2、85、84 页。

⑤ ⑮⑯⑳㉒转引自彭予：《美国自白诗探索》，北京：社会科学文献出版社 2004 年版，第 111、114、109、113、112 页。

转引自彭予：《美国自白诗探索》，北京：社会科学文献出版社 2004 年版，第 111 页。

⑦ ⑧㉓转引自薛春霞：《安妮·塞克斯顿诗歌的女性个体意识延续和异化》，《上海师范大学学报》（基础教育版），2006 年第 11 期，第 116、116、118 页。

⑩ 1956 年 2 月还在剑桥求学的普拉斯与英国著名诗人特德·休斯（Ted Hughes）一见钟情，同年 6 月两人在伦敦秘密结婚，因为休斯移情别恋，他们的婚姻仅维持了七年，1963 年 2 月普拉斯在伦敦的寓所自杀身亡。

⑪ 肖小军：《疯狂的颠覆——论普拉斯名作〈爸爸〉的主题思想》，《漳州师范学院学报》（哲学社会科学版）2003 年第 3 期，第 75 页。

⑬ 转引自［美］约瑟芬·多诺万：《女权主义的知识分子传统》，赵育春译，南京：江苏人民出版社 2003 年版，第 170 页。

⑭ 转引自［美］佩吉·麦克拉肯：《女权主义理论读本》，桂林：广西师范大学出版社 2007 年版，第 190 页。

⑰ 张广利，杨明光：《后现代女权理论与女性发展》，天津人民出版社 2005 年版，第 155 页。

⑲ ㉑转引自张岩冰：《女权主义文论》，济南：山东教育出版社 2001 年版，第 74、118 页。

（熊北雁，女，汉族，山西朔州人，文学硕士，现在中北大学朔州校区工作，研究方向为外国文学）

序跋评述

丫丫诗集序跋三题

◎陆燕姜

一、《变奏》自序：抓拍思想“变奏”的幻姿

2009 年 7 月 16 日，我开通了新浪博客，2009 年 11 月 12 日我在博客上发表了第一首诗。自此，我弹琴的手指便从黑白键移到了电脑键盘上。我不知道，这对于我，是怎样的一种意味。我不知道生命的戏剧性会给一个喝羊奶长大的人什么惊喜。但我知道，这三年，与诗歌相伴，我很充实，很享受，很幸运，也很奇迹。

很多时候，不得不承认命运的诡秘和变幻。我学音乐出身，却不会唱歌。开始学习声乐的时候，我伤了嗓子，唱艺没学成，却得了“慢性咽喉炎”。我十分沮丧，我无法像其他同学一样用嗓音表达情感！

自认并没有多大舞蹈天赋的我，渐渐地，将情感表达的出口转移到肢体表达上。我尝试用舞蹈表达内心积聚的情感。

慢慢地，我发觉自己在舞蹈方面也并非十分差劲。似乎冥冥中有一股无法收紧的暗力，一直在默默地推涌着我。当我站在练功镜前，我仿佛进入到另一个世界，那个深藏在内心的我，便会自动蹦跳出来。好像迫不及待地，想表达什么？我甚至能够感觉，每当我投入地用肢体表达音乐时，自己身上血液漩涡的搅动，那么无法自制！那种挥发、释放的欲望让我着迷！只要一有时间，不管是完整的，零碎的，我都会往练功房跑，将整个身心完全地沉浸在四面镜子的舞池中。镜子成了我的影子，我随身携带着镜子。后来甚至将家里的书房、衣橱、浴室都装上了大面大面的镜子。是的，在看清这个世界之前，我要先看清自己。

只有在对着镜子的时候，我才能感觉找到了自己。

当我像爱上舞蹈一样爱上诗歌，甚至比舞蹈更狂热于诗歌。我发现，面对一张

白纸，同样有着面对镜子般的奇效。

对着摆在面前的纸张发呆时，那个隐匿的我，甚至是那群隐匿的我，就要集体叛乱，结伙冲涌出来。那些闪动的灵光，总是让我迫不及待地抓起笔。那些拥挤的词，好像会自觉地来到我的笔管，它们挤兑着，呐喊着，生怕不被我发现。它们渴望自己能够“入选”，顺利地来到我的笔尖，成为我笔下的一员。那种感觉真是太奇妙了！我仿佛成了一个女巫。“来，你。对，没错，就是你啦。你到这儿来！还有，你，站这儿；你，坐那儿；你，暂时不需要出场，先一边待着……”我点拨着那些字词，让它们找到自己的位置，安排着它们出场的先后次序。仿佛自己不是在写诗，而是在编舞，安排着舞者各自的位置和角色。

我被一种特殊的节奏裹挟。紧促，缓慢，行进，停顿……

和谐的纯律、分解和弦、偶尔出场的赋格和装饰音……我甚至不知道自己，是处于诗歌之中，还是音乐之中，或者舞蹈之中。但我清醒地知道，我拿笔的手在挥动，我的思想在舞动，我要用笔记录下来，我要抓拍自己思想时刻变化的幻姿，我要伸出探察这世界的触须，用文字呈现真实的生活。我已等不及了，也绝不会逃避。既然，诗歌选择了我，既然，诗神有意无意地抚过我的头颅。

这个世界时刻逼视着我们，瞬息万变的时代逼视着我们。而我的脑袋，我的双手一直没工夫空着。我在忙碌着什么？我在等待着什么？我的肢体在舞蹈，我的思想在舞蹈。而场景一直在转换。情景的，戏剧的，是诗歌，也是人生。

在镜子前，在一页白纸之前，我的思索从不停止——

《变奏：片段》：巨大的浴镜前 \ 我小心翼翼 \ 穿上—— \ 不锈钢内衣 \ 塑料背心 \ 红木短裙 \ 玻璃外套 \ 橡胶连裤袜 \ 水泥长筒靴 \ 最后不忘戴上 \ 亲爱的纸花小礼帽 \ 你站在镜子背面 \ 一语不发 \ 拿着透明螺丝刀 \ 不慌不忙，将我 \ 一件一件，一点一点 \ 拆下来…… \ 我终于成了 \ 一堆废土

这首诗的出现，就是我在镜子前抓拍了自己思想乍现的灵光。这里的“片段”，实质上已是完整的人生。你可以任意解读，就是误读，也无所谓。“误读是诗歌最大的要义”。一首有弹性的诗，必须允许不同层次的读者找到与他（她）相对应的呼吸高度。在时光之手将我们虏获之际，我们的一生，便这样转瞬即逝。《变奏》系列中同样对时光（时间）的思考的诗作还有《变奏：容器》《变奏：参照物》《变奏：幻象》《变奏：由一粒纽扣说起》《变奏：宅时代》……

我想写出与这个时代相呼应，相匹配的诗。像《变奏：一个人的酒会》《变奏：阳痿者》《变奏：木偶》《变奏：致黑暗书》《变奏：之外》《变奏：参照物》《变奏：清晨》《变奏：静物》等诗作，都是我在这方面的尝试。高蹈的，狭隘的，梦呓般的，不切实际的，向来都是诗歌的大敌。诗歌必须具有时代感。我个人认为，所有抛弃诗人所生存的时代的诗写都是扯淡！努力让自己的诗歌具有与这个时代同步的心跳，是我诗写的追求。

太多太多的场景需要我们去发现。除了记录，除了抓拍，除了收藏，我还能做什么？充满变数的人生，出其不意的生命，谁会知道，下一刻，又将会发生什么新情况和新变化？

《变奏》系列诗的诞生，是一个自然而然的过程。自 2011 年 3 月 19 日至 2012 年 3 月 27 日，一年零八天，共写作了 162 首，这本集子收存了 150 首。尽管“系列诗”这样的命名显得有些松散，并没有明显的内在联系。但在我的世界里，它是连贯的、整体的。每一首“变奏”，都是世界瞟给我的一个眼神，暗示我抓拍下的某个瞬间。而诗歌中的每一个词，每一个字，是我瞟给读者的眼神，如果读者能够意会，那当然最好，我愿意和他（她）一同探索这个世界。如果读者无法意会，甚至误读，那也没有关系。多解性，多层性，空间感，是一首好诗最基本的魔力。解构、重建、呈现、反观汉语字词，让它们在我“私有”的节奏中闪现、裂变、碰撞、组合，甚至相互质疑和瓦解，最终被我的思想铆定，它便独成一个个性的世界。

《变奏》给了我一个巨大的空间。我要的诗歌形式，我要的生命乐音，都可以任我创造。但我很清楚，高于语言并不是诗歌的最高境界，诗歌的最高境界应该是它的提示性和对主流文化的负载，它应该更新意义和镜像本身。

“音乐是比一切智慧、一切哲学更高的启示。谁能说透音乐的意义，便能超脱常人无以振拔的苦难。”当我携带着音乐的魔布与诗歌相遇时，我再也无法将它们二者分辨开来。诗意在乐声中汹涌而来，每一次“变奏”，盘旋的音节便在灵魂深处轻轻荡漾。生命里的咏叹调，可以是行板，可以是蓝调，可以是回旋曲，而那些经由生活淘洗过的词，闪烁着音阶中完美的光芒。

我经常会因为写诗而制造不少“事故”。诸如烧饭只下米不下水，烧坏了饭锅数只；放洗澡水制造水漫满屋的“温泉”事件等等，类似的囧事时常发生。但我乐在其中。在我看来，这些都是生命中的变奏瞬间。我“病”了！“病”得多么快乐！这种对某件事物的彻底投入，让我感觉痛快。

我仍会继续“变奏”下去。人生，何尝不是由每个变奏的瞬间组成？

所有已经出现，正在出现，将要出现的丫丫诗歌的读者，我都珍惜着，我珍惜着你们的注视。我相信，当你的目光触摸到我这些混搅着笑与泪、痴与爱、痛与悦、静与狂的文字时，该会有一种未曾有过的感受终将到来。如果你“被触电”，我愿意裸呈自己的心灵，与你共享在电波中盛放的紫蔻的奇香。

结集，是否意味着某种告别？不。我清楚地知道：这一切，只是刚刚开始。

感谢上帝，让我和你在这里相遇……

二、《静物在舞蹈》后记

这本集子收集的是我 2012 年 4 月至 2015 年 1 月创作的“舞蹈系列诗”，共分为八个小辑。按写作时间顺序第一组“舞蹈诗”应该是“静物在舞蹈”，第二组是“舌尖在舞蹈”，然后是“金木水火土”五组：“铁器在舞蹈”（金）、“木头在舞蹈”（木）、“水滴在舞蹈”（水）、“火焰在舞蹈”（火）、“泥土在舞蹈”（土），最后一组“节气在舞蹈”是我 2014 年写的二十四首“节气诗”。“舞蹈系列诗”是我在“变奏系列诗”之后构思的另一组诗歌。在这个系列诗中，“舞蹈”不仅仅作为一种简单的命名或标签出现。我尝试着探索将舞蹈元素迁移到诗歌中，打通诗和舞这两种不同的艺术方式。

在我以往的诗歌写作中，我很注重把握诗歌中的节奏。在这几组“舞蹈诗”中，我更有意识地将舞蹈中的基本要素：节奏、构图和表情，融入诗行中。

“舞蹈节奏”，在诗歌中我将它与诗歌行进、停顿以及适当的分行对应起来，像舞蹈中动作、姿态、造型上力度的强弱、速度的快慢、时间的长短、幅度的大小等方面的对比规律。

比如《铁器在舞蹈》一组中，每一种铁器，都是一种力量，诡异而神秘，它们有着内在的行进速度，有力、坚锐、干净、纯粹，时而闪烁着火花，时而哐当作响，时而迸发出幽光。比如《锤》的暴力感，《针》的尖锐和刺痛感，《钗》的绵续和稳重感等等，无不伸展着它们深入世界的触须，而每一种铁器有着不同的力度。每一首都是一种不同的舞蹈造型，它们像舞者身上的裙摆，被一种特定的节奏圈系起来，表达着统一的舞台主题。“铁器”——坚硬，坚定，坚强。这是这组诗歌的潜台词，像舞蹈中的潜动作。当一首诗歌开始行进，我打开笔下所写物种与世界的关联，一如舞者在台上瞟给观众，瞟给这个世界的眼神，所谓“给你一个眼神，让你去猜。”这方面舞蹈和诗歌本身就是共通的，虽然它们一种是外现的艺术，一个是内藏的艺术，但都是为了表达和传递。给观众，给读者。

宇宙中万事万物都有自己的内在节奏，舞蹈节奏的多种方式就像诗歌中的多种修辞，因不同舞蹈节奏区别着不同舞蹈风格，也因不同表达方式区别着不同的诗歌风格。

“舞蹈构图”，是舞蹈对动作形态、运动线及色调反差等各方面关系的合理布局。其中包括舞蹈队形变化中形成的图案和舞蹈静态造型所构成的画面。这对应于诗歌中整体结构。一首成功，或者说优秀的现代诗歌，结构的完美是很重要的。在我的“舞蹈”系列诗歌中，我有意识训练自己的“构图”能力。词语的形态，词语的线条，词语的温度把握等等，像“木头在舞蹈”组诗中，基本的色调和构图均呈现出队形的低点和迂回。就像舞蹈队形中“领舞”与“协舞”之间的关系，无论是单独出场还是群体有序出场，均为了表达一个画面，呈现给观众（读者）以独特的视觉享受。

“舞蹈表情”，通过舞蹈家创造的人物形象表达人的情感和思想。在我的舞蹈诗中，与之相对应的是诗歌中的词眼，是能感受到的读者所可能触摸到的词语的温度和亮点。词眼就像舞蹈演员给出的个性化表达。记得在毕业会演时，我交上去作为汇报演出的节目是一个独舞，编排时我下意识将芭蕾舞的动作融糅进中国的民族舞蹈傣族舞之中，这在当时有些不可思议，我知道这样做是很冒险的。这是一种“禁忌”，老师可以差评到低点，也可能眼前一亮。在我看来，这是一种创新。为什么不可以呢？艺术的张力就在于个性和创新。在一首诗中，你也完全可以这样做。舞蹈表情不仅仅是指舞者的面部表情，它还指人体各部分协调一致的、有节奏的动作、姿态和画面来表现的情感。词语也然，调动词语的“暧昧”功能，我认为这对于诗歌的张力表现，是很有效的。舞蹈表情必须通过舞蹈节奏和舞蹈构图来体现，而在舞蹈表情中，面部表情特别是眼神占有十分重要的位置。在诗歌中，“眼神”就是词眼。一首诗歌，如果没有一个闪光的亮点抓紧读者的眼球，这样的诗歌，只会遭遇让人过目即忘的命运。我想这是可悲的。就像一个舞蹈演员，她原本有双晶亮剔透的大眼睛，但却不懂用它来抓住观众的心一样。在我的舞蹈系列中，像“木头在舞蹈”组诗中的《棺》，表情冷峻，“舞者”的眼神沉郁而惊颤，一种对生命终极的思考，让舞者（写作者）保持着复杂的面部表情，词语的色调混调，“阳光”“火光”的暖，“木匠”“钥匙”的冷，生与死的必然与对决，“最后一层门，被打开”，这给观众（读者）是一种怎么样的震颤？多么复杂而难以阐述。这是词与物的双重互写：物通过词找到自己的构形和表达方式，词通过物恢复其本有的陌生。但最重要的是，词与物有时互为隐身衣，在不可见的黑暗中，有一种反抗绝望的力量。

诗歌、音乐、舞蹈它们的共同命脉都是节奏。节奏之外，音乐尽量向“和谐”方面发展，舞蹈尽量向姿态方面发展，诗歌尽量向文字意义方面发展，而如何发展和发展得如何，就得看艺术家的本事了。赋予词语以身体性，或者反过来，将身体的动感词语化，这种舞蹈与诗歌的艺术交融，在文字中的体现对写作者有着极高的要求。美学特征、表现手段、动作姿态、思想感情、情感共鸣、动作共鸣、节奏性、抒情性，这种交汇，是舞与诗的共舞，无论是作者，还是读者，要对其进行深层体验，都是不简单的事。

而我，一直在努力。“舞蹈系列诗”，便是一种尝试。因为我有足够的决心在更高的艺术难度上与这个世界相遇。

三、《骨瓷的暗语》跋

这本集子收录了我自 2009 年 12 月起笔写诗至 2013 年 4 月除去“变奏”和“舞蹈”两大系列诗之外的部分作品。首部诗集《变奏》出版不到半年，呈现在你面前的《骨瓷的暗语》接踵而来，而第三本集子《静物在舞蹈》也在筹备之中。我不知道生命的戏剧性还会给我带来什么，我只知道，写诗这四年本身就是一首超验的诗歌，诗意与玄学的胶着多么迷人：那些上世未完待续的缘分，那些改变我工作和生活秩序的神明，那些默默帮助而不愿留名的人们，那些隐身在我诗歌意象中的事物，那些住在分行空白处真实或虚幻的情境……他们在缪斯的召唤下，一一出现。这是多么令人欣喜，丫丫多么欣喜，陆燕姜多么欣喜，这些年写下的歪歪斜斜的诗句多么欣喜！这本集子中稚嫩的诗作，这些我诞下的歪瓜裂枣般的孩子，我是多么爱它们！它们像一种气候开始前的烟云凝集，像一种相遇发生前的因缘征兆，引来了你，此刻手捧此书一字一行读着我的诗行的你。当我牵出这些灵魂和身体健全或残缺的孩子：丑的，俊的；泼皮的，乖巧的；残疾的，精致的；圣洁的，诡秘的……列队来到你的面前，你爱不爱它们都无所谓，反正我爱。它们身上流淌着我的思想和血液，有着我的神情和印记。到底是什么原因让我如此痴爱制造一个个多眼缺鼻的孩子，又是什么原因让我有如此勇气牵着它们上舞台？是的。因为它们为着某种不能被说出的"意义"而生。我的纸上舞台，除了天使，也欢迎魔鬼的加入，但是不论魔鬼或天使，它们来到我的笔下都必须有可爱的模样。你可以将他们自由组合搭配，寻找我的影子，探访我内心的幽谧，勾画出一个你心目中的女诗人丫丫或陆燕姜。我唯一的建议是：不要带有任何阅读的偏见，骨瓷的暗语不是任何人都可能听见，这要看缘分。一首诗的外延在你眼力的尺度中，我从不强求什么。另外，这本集子诗与影的设计意念是我臭美的极端表现，与个人性格趋向有关，与诗歌无关。反正你读诗也可以，读人也可以，她们浑然一体，彼此互为补给。

我一直是一个清醒的醉徒，我多么沉迷于制造生命新戏剧的游戏。当一个先天五音不全的音乐生误闯文学的领地并惊扰诗坛，当一个教务缠身的女教师在课间十分钟将诗句挤在备课薄或教案空白的间隙，当一个活蹦乱跳的舞者变成深夜的安静阅读者，当一个足不出户的家庭主妇站在了香港中央图书馆或山东临沂九间棚风景区纪念馆或其他领奖场景中，当你在这里遇见我的文字，我的灵魂在你的眼中裸呈……你是否和我一样轻轻叩问：到底陆燕姜是如何变成女诗人丫丫的？

宿命。

这是唯一的答案。

并且我愿为此付出一生。

"用字符和音符垂钓另一个我"，在此我诚以诗歌的名义邀请你和我一起见证。当现实中的陆燕姜遭遇诗人丫丫，丫丫用诗歌为陆燕姜解绑，日常生活的散漫之处在诗歌中得以凝紧，拘谨之处在诗歌中得以自由。

最后，感谢参与本书出版的编辑、设计师、摄影师，是他们用精湛的技艺创作了丫丫诗歌之外的诗意。感谢我的评论家师友们的肯定和鼓励，感谢在我身后一如既往支持着我的家人，特别要感谢的是凯普公司和不愿留名默默奉献的挚友，是大家的合力，让这本记录着我成长足印的集子得以顺利体面地出版。

感谢生命，让我和你如此真实地遇见。

是为跋。

（陆燕姜，笔名丫丫，广东潮州人，80 后女诗人，中国作协会员，二级作家，韩山诗群代表诗人，韩山诗歌创研中心理事，以创作为主，兼及评论）

穿越大洋的文脉

——新加坡画家梁振康的艺术追求与审美精神

◎沉　沙

波涛汹涌的太平洋让中国和新加坡相隔遥远，蓝色美丽的太平洋又将中国和新加坡连接在一起。

人们习惯把世界文化简单地分为东、西方文化，20 纪初欧美人类学家还把世界区分为西方文化圈（拉丁文化圈），东亚文化圈（汉字文化圈），伊斯兰文化圈（阿拉伯文化圈），印度文化圈（南亚文化圈）和东欧文化圈（斯拉夫文化圈）五大文明区。汉字文化圈，代表儒学文化和后来的佛教文化，包括中国、日本、朝鲜等国，以及以华语作为民族语言之一的新加坡，表现在东亚文化圈的共同特色有汉字、儒家思想、中国书画艺术等。有着共同文化根基的东亚文化区域表现出强大的内聚力，从世界历史来看，汉字文化圈既是中国的，又是亚洲的，既是东方的，又是世界的，它源远流长，影响深远。

不久前“心灵对话——吴为山、克罗德·阿巴吉雕塑展”在巴黎举行，东西方两位艺术家各自根植于自己民族文化土壤又超越了本民族文化，在达到人类精神的同一高度上描绘着人类的心灵和命运。法国雕塑家克罗德·阿巴吉与比他年轻三十二岁的中国雕塑家吴为山在芸芸众生中的相遇、相识，缘于克罗德·阿巴吉在中国旅行时偶然看到吴为山雕塑作品，对之赞叹不已，此后两人结下了友谊，形成了这次展览。相对于法国雕塑大师克罗德·阿巴吉在大千世界芸芸众生中发现了与他心灵相通的中国艺术家不同，新加坡画家梁振康发现的是整个中华文化，是艺术世界中的中华元素、中华意境、中华文脉、中华境界，并与西方现代形式美感有机结合，融会贯通地进行诗书画印的研究和创作，数十年孜孜不倦践行着他的新加坡梦、艺术梦，从而形成了生动鲜明的南洋艺术气韵和审美品格，以其作品独特的思想性、艺术性和观赏性，包前孕后、文脉传承，在东南亚和中国大陆及港澳台艺术界产生极大影响。

新加坡地处中西枢纽，是一个多元文化的现代国家，新加坡艺术局面的开展，与中国艺术界人士移居南洋有十分密切的关系。出生于50年代的梁振康自幼在新加坡多元文化语境中熏陶、成长，60年代中期，梁振康同时接受中国画和儒家文化与西方绘画的启蒙教育。他的授业恩师陈景昭出身金石书画世家，早年负笈上海，深得谢公展、黄宾虹、叶恭绰等名师指授，其中国画以花鸟为主，尤以菊花见长，书法各体皆精。陈景昭1949年到新加坡，从事教育工作之暇，融情于书画，热心参与新加坡的艺术活动。梁振康在南洋艺术专科学习西洋绘画的老师许振第、施香沱、陈文希等，和陈景昭一样都是新加坡第一代南洋画派的开拓者和先驱。梁振康发现和接受中国画和儒家文化的青少年时代正值中国大陆破四旧毁坏传统文化之时，但他不改初衷，义无反顾，探索儒家文化源头、梳理传统文脉、寻找中国绘画形式的文化精神。1976年，梁振康从南洋艺术学院毕业两年后，与弟弟梁振建一起赴英进入英伦诺定咸丹茵士大学（NOTTINGHAM TRENTUNIVERSITY）艺术设计系深造。西方艺术大师梵·高、毕加索、马蒂斯、美国艺术大家吉生保罗（Jaoon pollo）等人的艺术思想让梁振康理解了西方的绘画体系，他分析并掌握了野兽派、立体派等艺术流派的精华，提高了自己的西画技艺。此后，梁振康在雕塑家玛那丽修士（Brother Joeph Menally）创办的在新加坡拉萨新航艺术学院执教11年，2000年，他再度前往澳洲墨尔本皇家理工大学就读纯艺术硕士学位。这次留学，西方多元媒体混合交相引用使他大开眼界，让他看到了一个更广阔的绘画世界。

然而，作为生于新加坡的华裔族画家和第三代南洋画坛的领军人物之一，梁振康的艺术世界及其美学价值始终和儒家文化分不开，他的独特性在于他全然拒绝了西方艺术的正典，他从新加坡的土地上、从东亚儒家文明中寻找源生泉流，为时代而歌，为他所关心和成长的世界造像，拓展了水墨艺术新的地理空间和美学疆界。梁振康的艺术创作囊括了诗书画印各种艺术样式，诗书画印总称“四绝”，诗书画印的结合是文人画的基本体式，具有长久的生命力，并成为文人画家一生的追求。梁振康从小就喜好唐诗宋词，他大量的书画作品图文并茂，临场一挥而就的诗文，即使画面生辉，又表达了“诗言志”的情怀。梁振康的书法以创意书法为特色，用现代画的理念去透视汉字艺术，对甲骨文、大篆等进行深入研习，感悟汉字的奥秘，把古文字的文义加以演绎，对其形状进行创造性组合，字字给人以美感，幅幅作品仿佛掷地有声，形成独特的笔墨文脉。他书写的“龙”字，把易经中的“神龙在天”的意涵演绎出来，并为作品进行必要的装饰，使作品形成别有趣味的文化内涵。篆刻是一门微观艺术，梁振康在方寸之间研究篆刻，他的雕刻在用料和雕刻刀法上既尊重传统，又不拘泥于古法；既敢于突破陈规，又不失法度，在方寸之间感受到他的刻刀下对书法笔墨厚度以及对精神境界的追求。

梁振康读万卷书，行万里路，足迹遍及亚、欧、美许多国家，又时常跨海越洋在中国大陆神州万里行，瞻万物而思纷，得自然之灵气。他的新水墨山水画的创作，将西学东用，让西方理论、技法、观念与东方精神相融汇，注重静中有动的自然爆发力，山水造境，着力于“天地氤氲，万物化醇”的效果。他以胶彩破墨写云水，所得景象，淋漓苍茫，自然天籁。他常以大破墨、大破彩方式表达内心世界。他开创了山水意境新范式，采用褶皱法、纸印法、墨染法、布印法和色与墨的冲击法、倒流法，展开想象力在日本卡纸、中国宣纸上一次次探索破墨、破彩效果，按照自己创新理念，淋漓尽致地挥洒，使有限的画面尽显宇宙气象，其一幅幅精品佳构，洋溢着东方意蕴和南洋精神，跳动着时代的脉搏和韵律。

梁振康指墨是他的又一受到广泛赞誉的创新之作。指墨以指代笔，蘸墨作画。指墨艺术是中国画中的一朵奇葩，从唐代张璪“手摸绢素”到清代高其佩开宗立派，源远流长。梁振康先生对指墨艺术进行了一次新的诠释，他追寻的是指墨墨韵的厚重、笔画的精简。作为指墨的传承者，梁振康在表现题材上也较前人更丰富。他在传统指墨的基础上，把创作题材拓宽至南洋风景等，或花鸟山水结合等形式。指墨虽没有毛笔的平、圆、留、重、变特性，但手指落墨时会产生毛笔难以达到的稚拙、朴实、挺健的独特韵味。指墨运用点、擦、勾、压等用指方法，做到使指如使笔，使指如使意，其线条如屋漏痕似断非断、似直非直的指触墨迹，线条中的飞白也使指墨苍劲老辣之态超脱了笔画的表现能力。指墨足以检验梁振康作为一个创新型画家的综合艺术修养与专业品质。

梁振康的人物、花鸟更有别样情趣，于重墨浓彩中编织出地域风情之美，给人以清新之感。梁振康说，我用最朴实的语言表现新加坡风格和特色，既不是中国也不是西方，但又是东方和西方的融合。他画过梅花、菊花等传统中国题材，但笔下更多出现的是南洋常见的鹦鹉、鹭鸶、白鹭、凤凰木等。他喜欢用最简单的笔触把飞鸟勾勒在河滩草丛中，掩映在茂盛林木中，不仅让画面变得灵动活泼，也通过笔墨描绘，动静对比，带出大自然上演的飞翔嬉戏，把观众带入此时无声胜有声的风情画卷中。梁振康经常在新加坡双溪布洛湿地、植物园、飞禽公园等地写生，也到印尼峇厘岛、柬埔寨吴哥窟等周边国家写生。他的一系列柬埔寨荷塘作品，呈现出柬埔寨旱季骄阳似火，荷塘层层叠叠的荷叶仿佛晒焦了似的，深深浅浅的青色、黄色和枯黄的柬埔寨的荷花比中国西湖的荷花还要鲜亮、丰盈，清雅，带着一种坚定和倔强。梁振康强调现场作画，有当下的笔触、笔锋和情绪，光影变幻不拘，画面有真实感，富有鲜活的生命力。

中国画由技入道，以道御艺，是赞天地之化育出的人文载体，具有相对的独立性和自然美，包含着深刻的审美思想和人文性，成为一代代画家文心所系的文化形式。梁振康敬慕东方文化，与中国画结缘无怨无悔，殚精竭虑、孜孜以求。他心中仰慕八大、石涛巨匠，取法叶恭绰、谢公展、黄宾虹、张大千等诸大家。“外师造化，中得心源。”在他看来，中国画不只是从技巧层面理解如何用笔用墨，更重要的是在传达一种精神和境界、一种哲学意蕴和人类情怀。他从儒家几千年文明史和悠久的绘画史中真正洞见了中国画笔墨“技进乎道”的光芒。

“忽闻海外有仙山，山在虚无缥缈间。”（李白）南洋对于古人而言曾是一个烟波浩渺、极其遥远，不易达至的世界，而在今天全球化的“地球村”时代，很像是池塘一侧之邻居。以往及现在，成千上万炎黄子孙走到了海外，步履所至，中华文脉也随之而至。今天，梁振康像他的前辈一样回望传统，从中华优秀文化之中吸取丰富养料，把传统当作一支握在手里的接力棒，在传承和发展的践行中彰显出继往开来的新加坡智慧和独特的南洋艺术精神。

现在，人们越来越认识到世界是一个整体，文化总是在不断传播和相互影响。俯仰古今，环视全球，无论是世界五大文化圈还是东、西方文明，从来都是一股道上跑的车。“文律运周，日新其业。”（刘勰）中华文脉婉转曲折，源远流长，如今，她越过大陆和海洋，春水漫溢，与日俱新。

（沉沙，男，现居北京宋庄，系世界汉诗协会副会长，韩中日国际美术家协会中方代表，主要从事当代诗歌、绘画艺术的创作与研究）

观今鉴古，重建历史

——简评曾纪鑫《历史的刀锋》和《千古大变局》*

◎李　钧

在曾纪鑫的二十多部著述中，其文化历史散文集《历史的刀锋》和《千古大变局》最引人瞩目，一版再版。2015 年 2 月，九州出版社隆重推出新版，作者借此机会补充了一些新发现史料，并对文字进行润色校对，从而使之成为所有版本中装帧最为精美、文采最为华赡、史料最为翔实的一个版本。

在《历史的刀锋》和《千古大变局》两书中，作者认同黄仁宇的“大历史观”，持守“观今鉴古，重建历史”的意图，做到了“人性、现代性与传统性”的融合，形成了鲜明的文化历史诗学。

曾纪鑫对笔下的历史人物抱持“同情的理解”态度。黄仁宇《中国近代史的出路》一文认为：“中国人重褒贬，写历史时动辄把笔下之人讲解成为至善与极恶。这样容易把写历史当作一种抒情的工具。”中国古代有史官传统，史官职责是记录历史并做出道德判断。由于史官态度与意识形态紧密纠结，在历史书写中就会采取简单的二元对立思维：成王败寇，是此非彼，褒一方而贬一方，其笔下的人物都变成了道德符号，丰富的人变成了平面人。而真正的历史研究者则应重视事件的因果关系，而不是主流意识形态和私人情感好恶；应关注历史何以如是展开，而不是谴责历史的如是展开，从而为历史正本清源；对待历史人物，则应当如钱穆所讲，对正反两方面的当事人都抱一种适度的温情与敬意，而不是粗暴而简单地针砭臧否、道德判断，唯其如此，才能重建“人的历史”。《历史的刀锋》和《千古大变局》一扫历史本质主义书写中“见物不见人”的弊病，正如曾纪鑫所说：“《千古大变局》的创作过程，很大程度上也是去魅、去惑、去蛊的过程，为近代人物正视、正

---

* 《历史的刀锋》《千古大变局》，曾纪鑫著，九州出版社 2015 年 2 月最新修订版。

听、正名、正身，去掉‘神化’或‘鬼化’的外衣，还原为七情六欲的真实的‘人’。”因此，曾纪鑫写人，不虚美，不隐恶，不随意臧否。这使他的散文充满人的声音、人性细节，有了“复调”品格，也打破了“神鬼史观”，那些人物不再是神圣化或妖魔化的怪物，而是血肉丰满的圆形人物。如《悲剧时代的悲剧人物》讲述慈禧作为一个女人一生追逐权力与享乐的过程及其后果：叶赫那拉·玉兰出身寒微，入宫后想尽办法向上爬；得咸丰帝之宠，生下咸丰唯一的儿子载淳，载淳1861年登基，这位27岁就守寡的皇太后开始追逐更大权力与享乐，这里面有一个女性的必然；她不仅生前穷奢极欲，而且死后陪葬了价值约六千万两白银的珍宝；军阀孙殿英1928年炸毁东陵，掠走财物，还将慈禧尸体“砍为碎片，四处丢散，无从辨认”；溥仪对此“掘祖坟”的行径深感耻辱，发誓报仇雪恨，因而在日本人策划下于1931年成立满洲国……在这里，无论是慈禧还是溥仪，都是一个人，而不是妖魔化的道德符号，历史事件的发生发展也就有了人性的线索，也发现了偶然性在历史中的意义与作用，也使他的散文获得了新历史主义的审美特质。

曾纪鑫散文的现代性，首先表现在对封建糟粕的批判态度。在历史题材的文学创作中，很多作者会被吸入历史黑洞，着迷于中国独有的厚黑学、权谋术、帝王术，以之为国粹，把玩不已，深为同化，然而这些作者浑然不觉，还自鸣得意，以为发现了打开历史之门的钥匙，公之于众，谬种流传，贻害无穷。曾纪鑫作为一个具有理想主义情怀的启蒙思想者，始终以现代民主、科学、法制观念抨击人治社会的谋略术和潜规则，洞悉一切而能出乎其外，葆一颗知识分子的清醒头脑，持一种决绝的批判意识。他为中国散文带来了一种悲壮之美，以其真挚的忧患意识和深沉的现实关怀，打破了中国散文的乐感精神。

其次，曾纪鑫的现代性在于其“大历史观”和历史整体观。黄仁宇认为历史学家的责任在于“检讨过去的错误，以作将来的警戒”，“大历史”观旨在以国际性的眼光进行比较研究，“以原始的眼光重新检讨”、“收集未曾被滥用的资料”，从而发现一些“超过党派的分别，也超过国际的界限”的规律性认识。曾纪鑫认同黄仁宇的历史观念，并“尽可能地以西来的启蒙思想为参照，将历史与现实联系在一起，打通文、史、哲之间的联系与通道，以历史与历史人物为载体，用哲学的思维审视反思，以文学的方式描摹再现，熔历史的厚重、文学的灵动、哲学的思考为一炉”。这使他具有了超乎一般历史研究者的历史整体意识：《历史的刀锋》从“改变历史”的角度，选取了11位对中国古代历史产生过举足轻重与巨大影响的人物，他们是周文王姬昌、吕不韦、秦始皇、刘邦、董仲舒、曹操、拓跋宏、李世民、赵匡胤、朱元璋、吴三桂等，作者通过对这些人物的叙述与评说，试图给我们提供一部解析中国历史文化的密码，旨在厘清中国封建专制社会超稳定结构的形成过程；《千古大变局》则锁定晚清至民初的社会转型之际，选取洪秀全、曾国藩、李鸿章、张之洞、严复、慈禧、康有为、梁启超、孙中山、袁世凯、宋教仁等11位枢轴式人物，分11个篇章对他们的生命与精神历程进行解析，以人物写意为切口，在文化泼墨与历史钩沉中走向对政统、道统的审问及对中国传统文化、制度的质疑，旨在揭示中国传统社会是如何在现代化冲击下走向衰亡的。

第三，曾纪鑫的现代性还表现在他具有无证不信、孤证不立的现代史学态度。他将思想奠基于翔实的史料基础之上，让人们接近历史真相，从而创制出有学术的思想、有历史的文学，而不会犯“建构论唯理主义”错误，更不会去营造空想乌托邦。他的散文中多有如下的细节：一度被官方历史教科书神话化的三元里抗英事件，只不过是一场侥幸的胜利，“综合各方面资料，英军伤亡的实际数字为死亡五至七人，受伤在二十三至四十二人之间。尽管如此，三元里抗英在鸦片战争期间所进行的诸多战役中，英军伤亡人数排名第四”；“整个鸦片战争期间，英军伤亡的实际情形是，死于疾病的数字远远大于阵亡。纵观历次战役，英军损失最多的一次当属镇江之战，计三十九人死亡，一百三十人受伤，三人失踪。尽管如此，英军仅用一天时间，就攻下了镇江”……这就让读者看到了“历史的谎言”，不能不发出“历史上究竟发生了什么”这样的新历史主义的追问。

曾纪鑫散文的民族性在于其中葆有着中国文学的忧患传统。在曾纪鑫身上有一种屈原式的“三楚精神”，即心忧家国、德行高洁、力行务实。他热爱这片土地，所以才充满激情；他希望这个古老的民族真正成为东方醒狮，湔洗近代史上的耻辱，实现伟大复兴。因而，当人们高歌盛世中国的时候，他却揭出病苦，让人深思。他指出：近代中国“受制于封建传统文化，我们步履蹒跚。悠久的历史、灿烂的文明反而成为民族前进的包袱，成为抗击西方文明的利器，成为回避先进文明的遁词与隐居所”；即使在当代，许多人的思想观念也并没有走出多远——所谓社会定律都还是“血酬定律”，所谓游戏规则都是人治的“潜规则”，所谓政治仍旧停留在权谋术层面，中国政治还陷在传统的泥淖中，离真正的现代民主相去甚远，因此，应对新老保守主义保持高度警惕。他以普世价值来观照“中国特色”、民族题材，故能烛幽发微，洞达一切。他抓住了中国特有的题材，不仅写出了历史事件，刻画了历史人物，揭出了历史本质，更写出了中国的国民性……人们面对这样的文字无法不思考“其兴也勃焉，其亡也忽焉”的黄宗羲定律，不能不深思这些悲剧为什么会一再发生！恰恰是这些地方，最能折射曾纪鑫关注现实的旨归和观今鉴古的意图。

（李钧，男，文学博士，曲阜师范大学文学院教授、副院长，研究方向为中国现当代文学）

编后随感

◎编者

一叶知秋。斑驳的落叶，翔舞如褐色之蝶，于清秋的虚空中撞醒视线。蓦地，聆听到一阵钟声在校园的上空响起，那声音滑过楼群和树木，仿佛音律萌动时，化成金黄的呼唤。

这是收获的征兆，同时预示着一个季节的来临。

此时，置身于江南大地，四周的景致似乎并无多大变化，只是夏日的蝉鸣不知跑哪里去了，时空显得如此安宁。天高云淡，共享秋光，人间仿佛也清朗了起来。空气不再闷热躁动，浑身也不再汗流浃背，早晚渐渐流露出凉意，金风携带丹桂的清香送来了爽朗。夏秋的过度显得平静而自然，尽管未能看到田野正在进行的收获，但我们分明感受得到。

四季更替，轮回流转。春种秋收，春华秋实，这是大自然的规律。作为一个写作者或研究者，可能不是这么季节分明，毕竟也有不同的种与收的感受。随时多想着种点什么的，满眼皆是种子，只管默默地施肥和耕耘；种的不多想得多的，在收获上费的心思也多，寥寥几颗果子却也被打扮得花团锦簇。有的在本该流汗播种的季节就早早考虑起收获，有的在本已收获的季节依然琢磨着再种些什么。至于陷入瓶颈或困窘者，在苦闷与焦虑中，常常不知到底该种些什么。不管是面对阳光追逐梦想，还是面对月亮放飞希望；不管是在季节的抚慰下自由自在地孕育和生长，还是匍匐于内心的界限期待岁月的回声。对于真正的写作者和研究者而言，在不断拔节的日子里，一些种子可以落地生根，安身立命；在寻找意义的过程中，经历过蜕变、濯洗和攀援，生命可以延展出更广阔的疆域。在他们那里，往往不需要太多的聪明，甚至想法也不那么复杂，他们身上流露的更多是耕耘者的勤奋质朴与执拗坚守，其可贵之处在于只管耕耘与播种。以这样的精神姿态凝聚的心血和结晶的文字，如盈芳硕果挂满生命的枝头。正所谓纸上春来早，字里秋味浓。我们也能清晰地感受得到。

人世间，许多翻来覆去的事，最终都要回到时间中，还原为历史。或者说，时间总是不紧不慢地走成一种记忆，一种向往，然后构成为一种历史。诺贝尔文学奖获得者辛波丝卡在《三个最奇妙的词》一诗的开篇曾咏叹："当我说'未来'这个词，第一音方出即成过去。"这"过去"即是历史。尽管我们都期待着岁月的进步，但我们和我们生活的世界，怎能没有历史，没有灵魂，没有骨骼？人类有其自身的人类史，科技有其自身的科技史。同样的，文学也有其自身的文学史。那么，文学史应如何叙述（书写），才能更理想地加以呈现？这是一个相当复杂和值得玩味的话题。

本辑"名家讲坛"推出的《文学史叙述：陈寅恪式与鲁迅式》，出自著名学者郜元宝之手笔。作者开章明义地指出，"中国现当代文学史研究"尽管有其特殊性，但好歹也算是一门历史科学，然而如果和其他历史类人文学科，如社会史、制度史、思想史、文化史、学术史等相比，似乎仍然感到底气不足。因为你的"历史癖与考据癖"与人家的"历史癖与考据癖"不是一码事！加之由于种种对"现当代文学史"学科价值和合法性的质疑，在许多从事具体历史研究的学者看来，文学史家很可能是最没学问的低层次学者，现当代文学史从业人员本身也有一种挥之不去的自卑感。该文洋洋大观，从容练达，洞若观火，站在特定的学术制高点，别具只眼地对近年来造成现当代文学史研究中一些值得注意的转变，或者说新的风尚和趋势进行俯瞰式的审视、梳理和描述，并展开有的放矢的辨析和阐述。的确，如何评判中国现当代文学的价值，如何更理想地呈现中国现当代文学史的叙述方式？注定是争讼不休的话题。古往今来，见仁见智是文学研究的常态，何况谈论的还有未经历史沉淀的当代文学。毕竟的，文学史也是一门特殊的历史，本身具有“文学”与“历史”的双重特性。然而，由于文学史自身的特殊性，使得文学史叙述的框架在设定过程中必然要遭遇一系列困境，这主要表现在怎样才能让“文学”与“史”构建平衡的坐标，文学史料的择取以及文学史观念的确定等诸方面。在作者看来，与其推崇陈寅恪式的“诗史互证”，不如重新审视鲁迅对中国古代文学和新文学的论述。全文高屋建瓴，充满问题意识，读后令人深受启迪，获益良多。

徜徉于“人文视界”，前辈学者王维燊谈论鲁迅《〈狂人日记〉的象征主义艺术》，虽系旧作，却具新意，文章联系沃尔夫冈·伊瑟尔的“游移视点”，论说细致入微，解读精细深入，视角独特，富有见地，且为相关研究提供了理论与方法上的参考。中年学者袁勇麟对杨绛《我们仨》的读解，从中读出“一场写尽悲欢离合的梦”，认为作家选择用梦来讲述，营造了一组梦中有梦、亦真亦幻的图景，如此解析可谓别开生面。2016 国际安徒生奖得主曹文轩的儿童文学创作早已蜚声海内外，其艺术成就和创作思想丰富多彩，善于借助新颖多变的儿童视角为读者营造一个颇具古典美的艺术世界，是其特色之一。滕万滨、刘红英的文章做了简明而中肯的论析。此外，澳洲华人女学者萧虹撰写的《〈世说新语〉树立的东方美学》，则从几个不同的元素（层面）来讨论自己提出的观点，兼谈这部古典名著对文学的影响，读来饶有情趣。

“专题研究”栏目里，留法女博士李敏的文章《伯希和敦煌学在法国的传播》，让我们了解到在敦煌学研究领域，国外学者相对重视资料的搜集和整理，国内学者则侧重于理论研究。有趣的是，徐振忠、蔡苏龙两位新老学者，同时把视线对准“东亚文化之都”的历史文化名城泉州，前者以翔实史料，结合具体感受，从多角度对“宗教与泉州”进行观察与思考；后者基于对珍贵的调查资料的定量分析，结合人口学理论对谱牒资料、文献资料的定性分析，着重对明清时期泉州海外移民的惯性原则与类型进行考察和探析。其他文章讨论的话题各有千秋，可圈可点。

诗无达诂。可见诗歌审美的差异性。因而，诗与诗学是不可大约而论的。“当代诗学”栏里既有对新诗前沿性理论问题的思考与言说，也有对具体文本的细读和诗人个案的评述。六位作者，从代际上看，老中青学人皆有；从性别上看，男性与女性平分秋色。彼此谈论的话题不尽相同，却各有新意。马永波以诗人的敏锐兼学者的睿智，就《客观化诗学的生态维度》作出自圆其说的、富有学理探究的揭示性论述；王珂教授则认为《新诗必须重视现代性研究及现代性建设》，坚持其一贯的诗学主张，即通过新诗的文体建设带动整个新诗的建设。老诗人张庆岭的“悬空阁说诗”，结合自己的创作体会，为我们烹饪出一席值得品味的丰盛佳肴。其他三位女作者的文章，各擅其长，同样值得一读。“序跋评述”诸文也都具体切实，无须引介。

曲水流觞，群贤毕至；秋风渐多，转眼白露。在这个一切都压缩了的快节奏年代，想要在“稻花香里说丰年”，恐怕真的需要一种不问收获的勇气和执拗，无论放飞的梦想多么富有高度，若不沉下心来埋头耕耘，稻花的香味，是难以结出盈芳硕果的。当我们在悠闲之中置身于自己的园子里、或散步、或奔跑、或嬉戏、或翔舞，走向季节敞开的怀抱，播种无处不在。守护着自己的果园，其实就是守护着心灵的自由、安详和宁静。这样的日子，总会有一些晶莹的果实芬芳在延伸的路上……

2016 年秋日编后记之